东北亚高校
内部治理现代化研究

杜岩岩　等著

图书在版编目(CIP)数据

东北亚高校内部治理现代化研究/杜岩岩等著.--重庆:西南大学出版社,2023.8
ISBN 978-7-5697-1752-5

Ⅰ.①东… Ⅱ.①杜… Ⅲ.①高等学校—学校管理—对比研究—中国、日本、韩国 Ⅳ.①G649.31

中国国家版本馆CIP数据核字(2023)第156542号

东北亚高校内部治理现代化研究

杜岩岩　等著

责任编辑：钟小族
责任校对：鲁　艺
装帧设计：魏显锋
排　　版：杜霖森
出版发行：西南大学出版社
　　　　　　重庆·北碚　邮编:400715
印　　刷：重庆市国丰印务有限责任公司
幅面尺寸：170mm×240mm
印　　张：15.5
字　　数：238千字
版　　次：2023年8月　第1版
印　　次：2023年8月　第1次
书　　号：ISBN 978-7-5697-1752-5
定　　价：68.00元

目录
CONTENTS

- 绪 论
  - 一、研究背景 ·· 1
  - 二、问题提出 ·· 3
  - 三、文献综述 ·· 10
  - 四、研究目的与研究价值 ································ 30
  - 五、研究内容与研究方法 ································ 33

- 第一章 研究的理论基础与分析框架
  - 一、概念界定 ·· 35
  - 二、理论基础、嵌入性分析工具与研究思路阐述 ············ 40
  - 三、东北亚高校内部治理现代化的分析框架 ············ 56

- 第二章 俄罗斯高校内部治理现代化
  - 一、背景 ·· 77
  - 二、俄罗斯高校内部治理理念的现代化 ············ 82
  - 三、俄罗斯高校内部治理体系的现代化 ············ 88
  - 四、俄罗斯高校内部治理能力的现代化 ············ 101

第三章　日本高校内部治理现代化

一、背景 ·· 111
二、日本高校内部治理理念的现代化 ·················· 120
三、日本高校内部治理体系的现代化 ·················· 124
四、日本高校内部治理能力的现代化 ·················· 135

第四章　韩国高校内部治理现代化

一、韩国国立大学外部治理的演进 ····················· 159
二、韩国国立大学内部治理理念的现代化 ············· 171
三、韩国国立大学内部治理体系的现代化 ············· 181
四、韩国国立大学内部治理能力的现代化 ············· 201

第五章　东北亚高校内部治理现代化：特征、问题与抉择

一、东北亚高校内部治理现代化的共同特征 ·········· 209
二、东北亚高校内部治理现代化的问题及其应对 ····· 222

第六章　启示：我国高校内部治理现代化的应然选择

一、我国高校内部治理的变革趋势与现存问题 ······· 229
二、我国高校内部治理现代化的应然选择 ············· 232

后　　记 ·· 239

绪　论

一、研究背景

"高校内部治理"是"大学内部治理"的同义概念,相关的理论研究和实践探索发轫于20世纪90年代。自新公共管理主义兴起以来,人们逐渐认识到,遵循"上行下效"的线性管理逻辑的科层制度体系并不能满足现代高校生存发展的需要,规模巨大、功能和利益主体多元化的现代高校需要就协调高校各利益相关者的相互关系、降低代理成本、提高办学效益进行一系列制度安排,这就是高校的治理[①]。高校内部治理与高校内部管理既有区别又有联系,高校内部治理概念的出现源自对高校管理理论和实践活动的反思,它自诞生以来便处在不断更新以适应高校现代化发展的状态中。正如李立国教授所言,应该以"现代大学的实践和问题导向的现实主义路径"来认识高校治理[②],使高校内部治理理论避免陷入形而上学和机械状态,真正服务于高校的现代化。

一个国家的高校内部治理水平与其经济社会的发展水平息息相关。一般来说,先发现代化国家(如北美、西欧国家)的高校内部治理模式较为先进,

---

[①] 李福华.大学治理与大学管理:概念辨析与边界确定[J].北京师范大学学报(社会科学版),2008(4):19-25.
[②] 李立国.大学治理的转型与现代化[J].大学教育科学,2016(1):24-40,124.

为后发现代化国家的高校提供了参考。东北亚高校模仿和借鉴西方先发现代化国家高校的内部治理模式,并在此基础上开展了一系列高校内部治理改革实践,希图通过自身治理水平的跃升,实现跻身世界一流高校行列的目标。近年来,由于国家实力的稳步提升和高等教育的快速发展,以及西方高校治理理论自身的局限性,东北亚高校普遍认识到有必要打破照搬西方高校治理经验的思维定式,以免高校治理的实践脱离本国国情和高等教育发展的现实需要。近年来,东北亚地区的中国、俄罗斯、日本和韩国先后推出了"推动高校内部治理体系和治理能力现代化""国家优先教育计划""国立大学法人化改革"和"大学自律化"等颇具代表性的方案,彰显了东北亚国家推进本国高校内部治理模式创新发展的信念。

党的十八届三中全会提出,完善和发展中国特色社会主义制度,推进国家治理体系和治理能力现代化是在新的历史起点上全面深化改革的总目标。"国家治理体系和治理能力现代化"是我国在"四化"建设的基础上所要追求的"第五个现代化"。高校内部治理作为国家治理的重要组成部分,应充分服务于国家治理现代化目标的实现,推进自身现代化水平的提高。国家大力推进治理现代化,以治理体系现代化和治理能力现代化为切入点,为新时代高校内部治理的改革提供了基本思路。对于重视国家制度效能的东北亚国家而言,建设现代国家、实现国家治理现代化是近代以来一直追求的目标之一,其价值不局限于政治领域,而是关乎整个国家的前途和命运,同时也对国家的各个领域提出了治理现代化的要求。东北亚高校内部治理现代化的进程也在这样的大背景下启动了。

二、问题提出

(一)高校内部治理现代化是国家治理现代化的关键组成部分

"高校内部治理现代化"可理解为高校对一种具有"现代性"的高校内部治理境界的持续追求的过程。高校内部治理现代化的直接动力是国家治理现代化进程的铺开,围绕"国家之治"所做出的一系列重大战略部署为高校内部治理现代化及相关改革提供了根本遵循[①]。

"现代国家"的核心特征是具有有效的行政管理机构和法治制度,它能够提供公共服务、维护社会秩序和保障公民权利。理想的现代国家的主权者既追求尽可能地缩减国家职能范围,也能持续地增强国家能力,从而使国家权力得以有效地辐射国家治理的核心领域,进而大幅提高国家治理的效率[②]。在某种程度上,"现代国家"与"治理成功的国家"具有同等内涵,而与之相对的则是"治理失败的国家"。美国学者阿西莫格鲁(Daron Acemoglu)和罗宾逊(James A.Robinson)提出了国家失败理论,指出现今世界中导致国家间存在发展水平差异的根本原因是各国政治制度及其能力的不同,任何国家在现代竞争中想要取得成功,就必须具备强大的政治制度与政治治理能力[③]。阿西莫格鲁等人将拥有独特政治制度的东亚国家的崛起和南美、非洲等地直接移植西式民主体制的国家的政治衰败进行了比较,揭示了自主建设现代国家体制和增强国家治理能力对于一个国家的重要性。

"建设现代国家"的远景目标往往以推进国家治理的现代化为现实表达。国家治理理论主张构建有利于多元利益主体参与的国家治理网络,从而实现国家职能范围的合理缩减,降低政府的施政成本。"治理国家"的要义是强调

---

① 葛信勇,王荣景.高校内部管理机构改革及其治理现代化的路径选择——基于国内五所"双一流"建设高校机构改革实践的调查[J].西南大学学报(社会科学版),2021,47(3):152-161.
② 弗朗西斯·福山.国家构建:21世纪的国家治理与世界秩序[M].郭华,译.上海:学林出版社,2017:18-21.
③ 德隆·阿西莫格鲁,詹姆斯·A.罗宾逊.国家为什么会失败[M].李增刚,译.长沙:湖南科学技术出版社,2015:315.

国家处理公共事务的效能,治理主体应该摆脱形式主义的枷锁,通过改革消解僵硬、刻板、繁复的科层式行政程序,并在最大程度上调动一切正式、非正式的组织与制度资源,从而提高国家各类公共事务的处理效率。推进国家治理的现代化,就是不断将"关注绩效,多元参与"的基本理念落实到国家治理的体制建设和机制调整之中、实现国家治理效益持续增值的过程。值得注意的是,国家失败理论提出了这样一种警示:移植和运用已被部分现代国家证实是有效的国家政治制度,并不一定会导向其他国家的政治成功。因此,推进国家治理现代化的主要施力方向不应确定为对西方国家治理体制进行模仿、借鉴,而应从本土的、本民族的传统和实际情况出发,权衡制度引进、制度改造和制度创生的收益,走"提高治理能力"的国家治理现代化道路。

在建设现代国家、推进国家治理现代化的过程中,高校内部治理现代化的意义逐渐凸显。高校是参与国家治理现代化建设的重要方面军[①],其活动是在现代国家的渗透、控制和影响下进行的,二者的双向互动关系决定了高校必然随着现代国家的建设而走内部治理现代化的道路。随着国家治理现代化进程的推进,在新公共管理理论等思潮的影响下,国家和政府越来越认识到,现代高校已成为现代经济社会发展的重要支撑力量,并与其产生了深度融合。那么,为了把高校对社会经济发展的"牵引力"开发到极致,国家和社会就应该对高校提出责任和绩效方面的要求。新的高等教育施政理念是问责取向的,高校的治理活动逐渐被置于国家和社会的严密监控之下,这需要高校重新协调其内部治理所牵涉的各类主体的相互关系。

高校内部治理现代化是国家治理现代化的关键组成部分,高校在内部治理现代化的过程中同样面临着来自"职能范围的再界定"和"增强治理能力"两方面的挑战。在职能范围上,现代高校职能的拓展、细化和复杂化,以及高校同国家、社会间广泛而深刻的联系,决定了现代高校内部治理的主体和价值取向的多元化。现代高校的内部治理活动是通过内外主体协调合作(或者说"多元共治")的形式展开的,单一的主体已经不具备妥善治理高校的能力了。高校内部治理的权力和组织结构应当进行适当的调整,为校外多方利益

---

① 苏向荣.论大学在国家治理现代化建设中的重要使命[J].江苏高教,2014(4):62-63.

相关者参与高校内部治理留出空间。在治理能力上，由于现代高校同市场经济的联系愈发紧密，面向高校的量化评估体系也日渐成熟，经济效益业已成为高校实施内部治理行为、衡量内部治理成效的重要根据之一。学术成果、人才产出的质量以及高校的经营状况，都与高校的内部治理能力息息相关。因此，高校内部治理现代化是以高校内部治理范围的扩大和高校内部治理实际效益的增强为线索的。总体上来说，无论是对高校内部治理范围的再界定，还是推动高校内部治理效能的最大化，都需要一定的制度体系来承载，现代高校制度建设及其体系化是高校内部治理现代化的基石。高校内部治理现代化是一个由奠定理念到设计制度再到激发制度效能的三位一体的过程，其生成逻辑可用图绪-1呈现。

图绪-1　高校内部治理现代化命题的形成逻辑

（二）高校内部治理现代化是我国实现高等教育治理体系和治理能力现代化的必由之路

从"管理"走向"治理"再到"治理现代化"，显示出我国治国方略的重大转型及高等教育政策的根本转变趋势[①]。在围绕推进国家治理体系和治理能力的现代化这一目标所形成的总体布局中，高校内部治理的现代化已成为国家的重要战略目标和任务之一[②]。早在2010年，中共中央、国务院就在《国家中长期教育改革和发展规划纲要（2010—2020年）》（以下简称《教育规划纲要》）中提出要完善中国特色现代大学制度，这可视为我国高校内部治理现代化的政策先声。在《教育规划纲要》发布后，有关部门又陆续出台了《高等学校章

---

① 周光礼.中国高等教育治理现代化:现状、问题与对策[J].中国高教研究,2014(9):16-25.
② 甘晖.基于大学治理能力现代化的大学治理体系构建[J].高等教育研究,2015,36(7):36-41.

程制定暂行办法》《学校教职工代表大会规定》《关于坚持和完善普通高等学校党委领导下的校长负责制的实施意见》《高等学校学术委员会规程》《普通高等学校理事会规程(试行)》等文件,完善和发展了以党委领导下的校长负责制为中心的现代高校内部治理制度体系,为我国高校的内部治理走向理性与自觉提供了法理性和制度性依据。随着高校内部治理政策体系的完善,我国高校内部治理研究的重心也发生了转移:从静态的治理制度、结构、模式转向治理能力;从治理主体转向治理规则;从治理体系转向治理能力;从治理目标转向治理效能。[①]政界、学界的动态显示出我国对推进高校内部治理现代化的现实诉求。

高校内部治理的现代化,不仅是国家治理现代化的重要组成部分,也是新时代我国高校推进内涵式发展、提升综合竞争力的内在需求[②]。在推进高校内部治理现代化的过程中,完善高校内部治理体系、激发高校内部治理能力是关键。我国高校内部治理体系和治理能力的现代化进程建立在中国特色现代大学制度不断完善的基础上。基于国家政策的引导与要求,当前我国高校大多已建立起内部治理体系,主要表征有:坚持和完善党委领导下的校长负责制;调整院系结构,实现了管理重心下移;建立了学术委员会,实行教授治学;健全了教职工代表大会制度,建立了有效的民主监督机制。可以说,我国高校在内部治理体系的现代化上取得了一定的成果。但有学者指出,拥有同样的治理体系、结构或制度的大学在治理绩效水平上仍会存在天壤之别,这些差距源自治理能力的差别,"能力不在场"现象的出现意味着高校内部治理体系的运转失灵[③],虚化了高校内部治理体系建设的价值,将使高校内部治理的法理、制度等沦为一纸空文,严重妨碍高校治理效能的发挥和办学水平的提升,进而对高等教育质量产生消极影响。长期以来,政府简政放权,提高高校办学自主权,以及促进高校内部行政、学术等各类权力运作的理性

---

① 李立国,张海生.国家治理视野下的高等教育治理变迁——高等教育治理的变与不变[J].大学教育科学,2020(1):29-36.
② 袁占亭.治理体系和治理能力现代化:"双一流"大学建设的重要保证[J].中国高等教育,2019(22):7-9.
③ 罗志敏,陈春莲.转进改革"下半场":大学治理能力的理论框架与院校生产[J].华东师范大学学报(教育科学版),2023,41(5):53-64.

化,是我国高校治理改革的重点。但从现实来看,"一放就乱,一统就死"、行政权力异化以及高校内部民主水平不高等现象仍然存在,仅仅强调高校内部治理的法制建设不能解决高校内部治理"名不副实"(即相关规则、制度不能发挥其实际效能)的问题。为了突破困境,下放权力的承接及治理结构的细化和落实已成为高校内部治理体系建设的主要任务。

从以上所述可以看出,推进高校内部治理现代化需要实现高校内部治理体系建设和高校内部治理能力激发"同频共振"。在国家治理现代化的大背景下,走内部治理现代化道路是我国高校的必然抉择,而实现高校内部治理现代化的关键则在于建设怎样的高校内部治理体系以及采取何种方式充分激发这一体系所蕴含的效能。

(三)东北亚国家的实践探索为我国高校治理现代化提供重要的参照系

我们开展高校内部治理现代化进程的比较研究,目的是为我国高校内部治理现代化的推进提供可供参考的经验。

东北亚高校内部治理现代化发生于后发现代化国家之中,且深度嵌入国家现代化的整体架构。我国高校与俄罗斯、日本、韩国高校的内部治理现代化进程体现出一定的同一性,在更新高校内部治理理念、调整高校组织架构、完善高校内部治理制度和更新高校治理运行机制等方面体现出同质性,所依据的理论和改革的价值取向也是相似的。全球化和区域合作意识的强化为东北亚区域教育交流提供了动力和催化剂[1],这使得东北亚高校具备了进行治理经验借鉴乃至开展协同改革的天然条件。

进行东北亚高校内部治理现代化研究,有助于国家治理现代化和高校治理现代化的理论研究与实践探索的深入。东北亚高校内部治理现代化是东北亚国家现代化的子进程之一,对于推进东北亚国家现代化具有重大战略价值。东北亚高校内部治理现代化研究是基于国家治理理论和现代化理论而进行的研究,反过来它又能够验证和充实国家治理理论和现代化理论,从而

---

[1] 冯增俊.走向大国下东北亚区域教育互动与合作战略探讨[J].外国教育研究,2011,38(8):1-4.

助力国家治理现代化的研究与实践。东北亚高校内部治理现代化的实践,能够反映出后发现代化国家是如何应对高校内部治理现代化问题的,有助于丰富高校内部治理现代化的理论资源,为其他后发现代化国家提供经验和案例支撑,开辟后发现代化国家高校治理现代化的新思路。

进行东北亚高校内部治理现代化研究,有利于我国高校内部治理现代化进程的推进。东北亚高校内部治理现代化具有明确的主题和清晰的方向,与各国的政治、经济形势和文化传统有着紧密联系,这体现出后发现代化国家在应对高校内部治理现代化问题时的独立精神和创造性,能为我国提供更具借鉴价值的高校内部治理现代化经验。

东北亚国家推进现代化建设的直接目的是赶超先发现代化国家,摆脱国家在经济、科技等方面受制于人、依附于人的局面[①]。与先发现代化国家相比,东北亚国家在政治、经济和文化资源的占有上居于劣势。二战后所形成的世界政治、经济和文化的差序格局影响深远,东北亚国家在其中处于相对边缘的地位,一定程度上受制于处在格局中心地带、具有现代化先发优势的国家。现代世界政治、经济形势的瞬息万变又无差别地影响着差序格局中的每一个国家,建设现代国家的目标出现在当今世界几乎所有国家的重大战略规划之中。英、美等老牌资本主义强国正积极谋求国家治理的转型升级,东北亚国家等后发现代化国家也进行了相应的规划与部署。在国家现代化的潮流面前,先发现代化国家和后发现代化国家所面对的问题和挑战具有相似性,追求国家治理的现代化是全球性的趋势。

与先发现代化国家不同的是,后发现代化国家在"国家现代化"这场国际竞赛中的"起跑条件"相对不利。如果完全按照先发现代化国家的模式进行现代国家的建设,将很难弥合由既有的差序格局所形成的差距。因此,后发现代化国家在建设现代国家的进程中须另辟蹊径,将重心放在强化国家能力上,同时审慎地看待国家体制建构的问题,根据自身的需要制定和实施现代化战略。

在东北亚国家推进国家治理现代化的进程中,东北亚高校的外部治理状况发生了相应的变化。国家的现代化需要保存、传递和创造高深知识的高校

---

① 张登文.经济全球化与后发资本主义国家[M].北京:人民出版社,2007:44.

提供牵引力和推动力,寻求治理现代化的国家对高校内部治理改进提出了要求。同时,谋求内部治理的转型升级也是东北亚高校提升自身办学质量的需要。东北亚国家普遍实施了以"建设世界一流高校"为主题的高等教育及高校改革举措,高校治理的现代化是其中非常关键的环节。这不仅有利于提升东北亚高等教育的整体实力,更是身处现代社会之中的东北亚高校摆脱传统的"象牙塔"式的或自上而下的科层式管理体制,适应同国家、社会的深层互动的大好契机[①]。

东北亚高校内部治理现代化进程的推进遵循两大线索:一是有选择地引入先进的高校内部治理理论及实践模式,快速、准确、科学地理解高校治理的普遍原理,完善本国的高校内部治理制度体系;二是在把握本国国情和高等教育传统的基础上,彰显东北亚高校内部治理的地域特色,改造、更新既有的制度体系。

纵观东北亚国家在历史上所推行的高校内部治理改革,可以发现其中不乏对外国经验的照单全收和忽视、否定植根于国情、校情的事例,因此,还要特别注意两条线索的协调并举,防止出现盲目照搬别国经验的倾向。

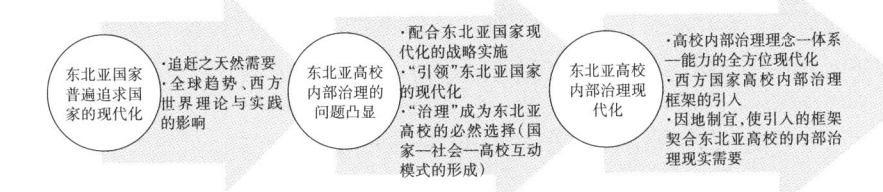

图绪-2 东北亚高校内部治理现代化命题的形成逻辑图

如图绪-2所示,东北亚高校内部治理现代化与东北亚国家现代化之间具有密切的关系。从逻辑上来看,东北亚国家现代化的需求驱动着东北亚高校内部治理现代化,东北亚高校内部治理现代化是东北亚国家进行现代国家建设、推进国家治理现代化的总体布局中的一部分,始终以国家的需要为基本导向。我国和俄、日、韩三国的高校内部治理现代化进程均服务于"赶超先发

---

① 李立国.大学治理变迁的理论框架:从学术-政府-市场到大学-国家-社会[J].清华大学教育研究,2020,41(4):1-9.

现代化国家"这一直接目的,在这个前提下,东北亚高校内部治理现代化在一定程度上反映了东北亚国家治理现代化的框架在高等教育领域中的辐射作用。在"借鉴先发现代化国家"和"因地制宜"两大原则的指引下,高校内部治理理念的更新带动高校内部治理制度体系的建构和完善,而理论和实践层面上的努力最终指向高校内部治理的实际效能。持续推进国家主义价值取向引领下高校内部治理理念、体系和能力的协同现代化,是我国与东北亚国家高校内部治理现代化的应然路向。

三、文献综述

依据文献的主题,本书将所搜集到的与本研究相关的中外文献资料大致分为"高校内部治理现代化的相关研究"和"东北亚高校内部治理现代化的相关研究"两个模块。"高校内部治理现代化的相关研究"包括对高校内部治理现代化的定义、高校内部治理现代性标准的探讨,还有对高校治理问题的诸多研究成果;"东北亚高校内部治理现代化的相关研究"包括高校治理改革动因研究、高校治理结构研究、高校治理制度研究、高校治理成效研究等。

(一)高校内部治理现代化的相关研究

1.对高校内部治理问题的研究

20世纪70年代以来,凯恩斯主义同自由主义的争论使人们认识到,无论是政府还是市场,它们在解决发展问题时都不是万能的。在这种背景下,"治理"(governance)的概念出现了。学者们主张政府放权和向社会授权,以弱化政府政治权力、解构一元化的管理模式并实现政府与社会的多元共治,人们开始热衷于用公共治理的方式来应对政府和市场失灵的问题。[1]可以看出,

---

[1] Мальцева Г И.Стратегическое управление университетом[J].Университетское управление:практика и анализ,2005(2):15-23.

治理理论主要强调政府职能的转变和对社会公共事务的有效管理,主要特征包括国家、政府权力的部分让渡和多元主体的参与,实现"管理""统治"向"治理"的转化。在这一过程中,治理的主体、理念及方式均要发生相应的变革和转型,以创设"多元参与,协同共治"的局面,实现治理效果的优化。治理理论的流行是现代社会转型及公共事务处理思维转变的结果。

高校内部治理是治理理论扩散到高校事务处理领域当中所生成的一类研究主题。最早在这一主题下进行研究的是美国学者Corson,他于1960年出版了 *Governance of Colleges and Universities* 一书,介绍了处于"治理"状态下的大学和学院的状况,这是该词首次出现在高等教育研究领域中。目前对于高校内部治理的研究已经十分流行,成果比较丰富,如Hermawan(2021)在其所撰的"Building Good University Governance on Universities in Indonesia"一文中呈现了印度尼西亚大学达到"善治"境界的路径方案,指出"建立良好或高质量的大学治理体系"是大学持续提供优质服务之必需。Muhammad等(2021)研究了在尼日利亚大学推行IG(Information Governance,即"信息治理")框架的可能性并给出了框架的具体内容,其中包括对大学人口增加、技术复杂化和改善利益相关者信息管理系统的关切,他们认为这有助于帮助尼日利亚大学应对现代大学面临的信息管理方面的巨大挑战[1];Areiqata等(2020)强调高校治理对于提高竞争力和教学质量的意义,提出了扩大参与、增加透明度、协助高校符合其他方面标准以及胜任等高校治理标准[2];Abdulrasool等(2020)设计了基于COBIT(Control Objectives for Information and Related Technology,即"信息及相关技术控制目标")框架的信息技术治理模式,该模式以安全性、风险性和合规性来驱动,体现着高校独特的组织结构及文化[3];Bellandia等(2021)研究了新型社会治理中民营企业、社会、政府和高校四类主体的"四重

---

[1] MUHAMMAD J S, ISA A M, SHAMSUDDIN A Z H, et al.Constituent of information governance framework for a successful implementation in Nigerian Universities[J].Education and Information Technologies,2021,26(5):6447-6460.

[2] AREIQATA A Y, ZAMILB A M, FATHI A, et al.The concept of governance in universities:reality and ambition[J].International Journal of innovation,creativity and change,2020,13(1):951-969.

[3] TAWAFAK R, ROMLI A, MALIK S, et al.IT Governance impact on academic performance development[J].International journal of emerging technologies in learning(iJET),2020,15(18):73-85.

螺旋伙伴关系",该研究中提到,高校内部应建立保障主体间共享战略实施和学习反馈等机制,以便高校能够适应这种新的社会治理形式[①];Liu Xu(2020)探讨了国家与高校的关系,提出中国共产党的党委组织在中国的高校内部治理模式构建中发挥了重要的影响[②]。

我国学界在高校内部治理领域的研究成果主要包括:对高校内部治理理念的研究,如刘晖(2008)所提出的"关乎中国地方大学的产生、发展与治理的主流价值观是现实主义或实用主义的"[③],李立国(2019)提出的高校的"应然治理"[④],盛宏寿(2006)还从治理理念的流行下府学关系变化的视角出发,建议高校打破科层化的纵向层峰式管理,让管理体现协商和服务的精神[⑤];对高校内部治理"要素"的研究,如钱颖一(2015)在对比欧洲和美国大学治理模式的基础上所构建的中国现代大学制度基本框架——"办学自主、政校分开、教师治学、校长治校"[⑥],又如邱水平(2020)在其文章中对党委领导下的校长负责制在中国特色大学内部治理中作用的表述[⑦];对高校内部治理权力的研究,如师小达等(2020)提出的高校行政权力的监督落实路径[⑧]、宋丹等(2019)提出的通过扩大学生参与强化高校内部民主权利的设想等[⑨];高校内部治理理论的有关研究,如胡建华等(2019)所著的《大学内部治理论》[⑩]等。

以上关于高校内部治理的国内外文献显示出高校内部治理研究的以下几个特征:第一,在当今学界,高校内部治理问题已经扩展为一个全球性的问

---

① BELLANDIA M, DONATIB L, CATANEOC A.Social innovation governance and the role of universities: cases of quadruple helix partnerships in Italy[J].Technological forecasting and social change,2021,164:120518.

② LIU XU.Institutional governance of Chinese private universities: the role of the Communist Party Committee[J]. Journal of higher education policy and management,2020,42(1):85-101.

③ 刘晖.地方大学治理:特征、理念与模式[J].教育研究,2008(07):54-58.

④ 李立国.什么是好的大学治理:治理的"实然"与"应然"分析[J].华东师范大学学报(教育科学版),2019,37(5):1-16.

⑤ 盛宏寿.科层、治理、经营:大学管理理念现代化的嬗变之路[J].现代教育科学,2006(11):102-104.

⑥ 钱颖一.大学治理:美国、欧洲、中国[J].清华大学教育研究,2015,36(05):1-12.

⑦ 邱水平.中国特色现代大学治理的若干重要问题探析[J].北京大学教育评论,2020,18(1):120-133,191-192.

⑧ 师小达,梅士伟,金鑫.治理视角下大学行政权力监督的实现路径[J].黑龙江教育(高教研究与评估),2020(7):63-65.

⑨ 宋丹,刘晏如,赵哲.大学治理中的学生权力审视及其实现路径[J].大学教育科学,2019(4):41-46,125.

⑩ 胡建华,等.大学内部治理论[M].南京:南京师范大学出版社,2019.

题,而不再仅为欧美学者所关注,这一领域已有越来越多的来自东亚、东南亚、中亚等高等教育后发地区的学者和研究成果涌现;第二,国内外相关研究的价值取向体现出一致性,主要体现在对高校"善治"境界的追求上,这体现出对高校治理能力和成效的重视,国内外学者普遍希望通过良好的内部治理对高校进行全方位的提升,但这也意味着"如何实现高校善治"仍是一个悬而未决的难题;第三,国外学者倾向于以提供技术性建议的手段来帮助高校适应现代环境,实证研究较多,而我国学者偏向于研究高校内部治理的相关概念、理论等方面较为宏观的问题,实证成果并不多见。

2.对高校内部治理"现代化"及"现代性标准"的研究

由前面的文献综述可知,当今的高校内部治理相关研究呈现出两个大趋势:一是来自高等教育后发国家的学者越来越关注高校内部治理研究;二是全世界都在寻找高校"善治"的方案。这两个趋势都体现出提高高校内部治理水平的迫切需求,也说明了良好的内部治理状况对现代高校的价值,更说明了高校内部治理有着巨大的完善、改进空间。现代条件下的高校内部治理应不断"现代化"并具备"现代性"。

对于高校内部治理的"现代化"及"现代性"的内涵,不同国家的不同学者给出了不同的定义。我国学者大多从体系与能力的角度出发研究高校内部治理的现代化。华起(2018)提出,治理理念革新、治理结构去碎片化和信息化治理手段的精准定位是实现高校内部治理体系的现代化重构的三种有效方案。[1]何健(2017)认为,现代化的高校治理体系的构建应遵循整体性、适应性和开放性的原则,并且要服务于高校治理效率、法制化和民主化水平的提高及社会民生的改善。[2]何慧星和孙松(2014)指出,我国高校治理面临着体系、制度和能力三方面的困境,为此需构建多元共治体系、完善高校治理制度和提高高校治理能力。[3]周光礼(2015)提出,中国大学内部治理的现代化应处理好学校与基层学术组织的纵向分权问题,应建立以大学章程为核心的具

---

[1] 华起.新时代高校内部治理体系现代化重构——基于"整体性治理"理论的视角[J].高教学刊,2018(18):10-13.
[2] 何健.高校治理体系现代化构建:原则、目标与路径[J].国家教育行政学院学报,2017(3):35-40.
[3] 何慧星,孙松.论高校治理体系和治理能力现代化[J].高等农业教育,2014(9):3-6.

有规范性、权威性的高校治理制度体系。[1]徐蕾(2016)从系统治理的角度出发,阐述了大学治理现代化的要素、内涵、根本原则及实现路径。[2]孙杰远(2020)将大学治理现代化纳入国家治理的背景中进行考量,认为大学治理现代化的本质是国家领导和社会协同下的大学自治,其目的是唤醒大学中学术自由的文化基因并赋予其时代精神。[3]眭依凡(2019)指出,大学治理体系现代化就是用以效率为目的的现代大学治理模式取代传统的以控制为目的的大学管理模式,实现大学治理的理念、结构和能力的现代化。[4]

在国外,与高校内部治理现代化直接相关的研究成果并不多见。外国学者很少将"高校治理现代化"或"高等教育现代化"这样的主题作为直接的研究内容,并给出精准的相关概念。眭依凡曾提到,在2013年中国高等教育学会所举办的高等教育现代化国际论坛上,应邀做报告的5位外国学者并无一人直接对高等教育的现代化做出表述,他们认为"现代化"是难以准确把握的概念,高等教育的现代化应是一种在高等教育发展的过程中所体现出来的价值取向。[5]由于持有这样的观点,他们通常以治理理论等为基础研究大学治理的理念、结构和组织形态等要素的变革和创新。Corson(1971)的研究呈现了大学现代化所带来的功能变化对大学治理的影响[6];范德格拉夫等人(2001)编著的《学术权力——七国高等教育管理体制比较》[7]是关于大学管理的权力问题研究的代表性著作;Kennedy(2003)将大学内部和外部的各类关系视作一个整体系统[8]。博克(2012)认为现代大学的治理应该秉持"共享治

---

[1] 周光礼.实现三大转变,推进中国大学治理现代化[J].教育研究,2015,36(11):40-42.
[2] 徐蕾.系统治理:现代大学治理现代化的现实路径[J].复旦教育论坛,2016,14(2):23-29.
[3] 孙杰远.国家治理背景下大学治理现代化的本质与策略[J].国家教育行政学院学报,2020(2):3-8.
[4] 眭依凡.关于一流大学建设与大学治理现代化的理性思考[J].中国高教研究,2019(5):1-5+48.
[5] 眭依凡.高等教育现代化的理性思考[J].高等教育研究,2014,35(10):1-10.
[6] CORSON J J.The modernization of the university: the impact of function on governance[J].The journal of higher education,1971,42(6):430-441.
[7] 约翰·范德格拉夫,等.学术权力——七国高等教育管理体制比较[M].王承绪,等译.杭州:浙江教育出版社,2001.
[8] KENNEDY K J.Higher education governance as a key policy issue in the 21st century[J].Educational research for policy and practice,2003(2):55-70.

理观",而共享治理的成效取决于大学治理主体间是否能够互信与合作[①]。Brown(2001)从提高大学绩效的角度出发,提出了"教师在参与大学事务尤其是学术事务上的能力越强,大学绩效越好"这一观点。[②]

总体上看,高校内部治理现代化是一个复合式概念,是"高校""内部治理""现代化"三个范畴性概念的有机组合体,它与国家治理、社会治理、公共管理等概念紧密联系,同时又有明显区别。我国学者所总结的高校治理的现代性特征大致包括高校治理的整体性、高效性、民主化、法制化和信息技术化,高校治理现代化所涉维度则基本划分为体系和能力的现代化。外国学者的高校治理现代化研究往往是问题导向的,他们往往从高校内部治理的理念和结构入手,探讨现代化的高校治理形态之"应然"。高校内部治理的现代化,就是实现高校内部治理的形式(即高校内部治理体系)和实质(即高校内部治理能力)有效性的显著提升并使其达到较为先进的水平,使高校内部治理具备法制化、民主化和高效性等现代性特征。

在研究范式应用上,理论的运用需要因地制宜,盲目照搬理论无益于研究的进行。东北亚国家的高校内部治理有其独特的现代化路径,而"治理体系现代化"和"治理能力现代化"是中国高校内部治理研究语境下的概念,俄、日、韩三国的高校治理发展过程中并未出现与之相对应的概念,不能简单地套用。因此,本研究需要进一步界定核心概念,以明确何为"高校内部治理现代化"。

(二)东北亚高校内部治理现代化的相关研究

笔者搜集到的国内文献来源于中国知网、万方数据库、维普期刊网、全国图书馆联盟网站等,包括专著、期刊及硕博士论文,时间截至2020年12月,检索主题为"东北亚高校""东北亚高等教育""东北亚高校治理""日本大学治理""韩国大学治理""俄罗斯大学治理""大学治理改革"等,搜集到相关文献共计299篇。在外国文献方面,笔者主要通过谷歌学术、伦卡科学电子图书馆

---

① 德里克·博克.大学的治理[J].曲铭峰,译.高等教育研究,2012,33(4):16-25.
② BROWN Jr.W O.Faculty participation in university governance and the effect on university performance[J].Journal of economic behavior and organization,2001(2):129-143.

网站、日本国立国会图书馆网站、J-STAGE、RISS、韩国国会图书馆网站来进行检索,主题包括"Управление университетами""大学ガバナンス""대학 거버넌스"等,检索到相关外文文献共计49篇。在检索过程中,笔者发现国内外以"东北亚高等教育""东北亚高校""东北亚教育"为主题所进行的研究较少,国内外学者对东北亚地区各国高校治理的研究大多是按国别进行的,研究内容可以划分为四个方面:东北亚高校内部治理现代化的动因、东北亚高校内部治理理念的现代化、东北亚高校内部治理制度的现代化和东北亚高校内部治理能力的现代化。

1.东北亚高校内部治理现代化的动因

俄罗斯、日本、韩国的高校内部治理现代化通常是在某种战略考量的基础上展开的,这一进程始终处于时代背景、国家抉择和高校自身发展需要的综合作用下。

我国学者解瑞红(2018)提出,俄罗斯大学的治理改革是以苏联解体后俄罗斯政治、经济、文化和意识形态的全面转型为大背景的,促进改革发生的其他动因还包括教育的市场化、高深知识的生产模式变化以及俄罗斯大学在国家转型期间面临的生源、财政和办学理念冲突等多重危机。[1]肖甦(2000)指出,20世纪90年代以来俄罗斯教育领域出现了私有化趋势,使得俄罗斯教育管理转向了非集中化和自治化[2],这是为了缓解和避免政府教育经费匮乏所造成的困难局面。她还以《俄罗斯联邦国民教育要义》的内容为例,阐明了教育战略目标的实现对俄罗斯国家发展的重要意义[3],揭示了俄罗斯教育变革中国家的地位;杜岩岩(2014)认为,苏联解体初期俄罗斯高等教育领域的改革是对"非政治化和非意识形态化"原则的接受和强化,普京时代的俄罗斯大学则要服务于建立"符合俄罗斯地域价值观的政治经济模式"[4];单春艳和肖甦(2008)将俄罗斯的高等教育改革归因于"顺应教育国家化的总体趋势"的

---

[1] 解瑞红.转型期俄罗斯国立大学治理变革研究[D].南京:南京师范大学,2018.
[2] 肖甦.俄罗斯教育的私有化进程[J].比较教育研究,2000(S1):63-68.
[3] 肖甦,单丽洁.俄罗斯教育政策与国家发展[J].比较教育研究,2005(11):7-11.
[4] 杜岩岩.俄罗斯高等教育体制的源流考察及其创新发展[J].现代教育管理,2014(1):120-123.

需要①。俄罗斯学者梅科沃娃等(2017)的研究指出,大学传统的线性功能管理结构越来越无法适应教育市场化的趋势,大学将无法灵活应对外部环境的变化,为此进行大学的合并以丰富其管理组织结构是一个可行的过渡办法②。

在黄福涛(2016)看来,日本国立大学改革有来自国内外两方面的驱动因素,包括新自由主义理论的影响、国际高等教育竞争加剧、文部科学省政策诱导、市场机制的引入等③。田凤(2018)指出,日本国立大学的法人化改革同日本整个社会的政治、经济改革密不可分,是20世纪90年代以来日本政府应对经济萧条及社会"少子高龄化"等严峻问题的诸项改革措施之一。④杨旎和张国庆(2013)总结了日本国立大学法人化改革的动因,包括国立大学管理低效、市场化趋势下国立大学的财政危机及社会与大学联系的日益紧密等。⑤日本学者规矩大义(2015)在其研究中提到,日本中央教育委员会和大学小组委员会将日本大学治理变革的动因总结为"知识社会的到来、ICT的普及和全球化的迅猛发展"。⑥大场淳(2009)指出如今的国立大学变革是在市场化的大背景下进行的,市场机制和竞争机制的引入影响着大学治理的改革方向。⑦齐小鹍和郝香贺(2018)认为日本政府对新自由主义和新公共管理理念的接受是其放宽对大学的限制和加快大学改革的重要因素之一。⑧

索丰(2011)指出,韩国的高校治理模式除了受到林德布鲁姆(C.E.Lindblom)所划分的消费者市场、劳动力市场和院校市场三种市场体制的影响之外,还受到由工商企业、各种民间团体、基金会等所构成的外部市场的作用,企业响应韩国政府的号召创办和资助高校,同时也根据自身发展需要影响高

---

① 单春艳,肖甦.俄罗斯高等教育层次结构及学位制度的改革与现状评述[J].比较教育研究,2008(9):46-50.
② Майкова С Э, Окунев Д В, Салимова Т А, et al. Моделирование организационной структуры управления объединенным университетом[J].Интеграция образования, 2017, 21(88): 421-440.
③ 黄福涛.日本大学质量保障体系的建立与基本特征[J].深圳大学学报(人文社会科学版),2016,33(4):143-149.
④ 田凤.日本国立大学法人化改革及其启示[J].教育研究,2018,39(8):148-152,159.
⑤ 杨旎,张国庆.对公共服务市场化改革的再考量——初评日本国立大学法人化改革得失[J].中国行政管理,2013(2):89-93.
⑥ 規矩大義.変化することが目的なのでしょうか[J].電気学会誌,2015,135(4):197.
⑦ 大場淳.日本における高等教育の市場化[J].教育学研究,2009(76):185-196.
⑧ 齐小鹍,郝香贺.日本国立大学法人化改革:成效、问题及启示[J].现代教育科学,2018(3):150-156.

校的治理[1]。孙启林和周世厚(2009)认为,第二次世界大战后的韩国教育是西式自由民主价值观支配下的产物,到了20世纪六七十年代,现代化、全球化与民族感的协调成为韩国教育改革与发展的主题,进入21世纪后,个性化、信息化和全球化是韩国教育发展的基调[2]。张德伟等(2016)在《东北亚区域教育比较研究》中提出,金泳三政府所进行的新自由主义改革对韩国社会的方方面面(自然包括教育领域)都产生了重大影响[3]。赵伟(2003)研究了韩国"5·31教育改革"对中国教育改革的影响,认为韩国进行新自由主义性质的教育改革的直接目的是提高国家竞争力,满足全球化和信息化的要求[4]。

统观各国学者的研究成果可以发现,东北亚国家高校内部治理现代化的动因大致可以从国家战略、国际比较及相关理论在世界范围内的流行、高校自身等维度来认识。其中,俄罗斯和日本高校的内部治理现代化起步更多地受到新自由主义管理理念和市场经济发展的驱动,韩国高校内部治理的改革往往同"民族自豪感""国家竞争力"紧密联系在一起。东北亚高校内部治理现代化的最直接动因是传统的高校管理体制难以适应现代环境,为此必须展开基于治理理论等理论基础的改革,以使高校在适应外部环境的前提下实现自身的良性发展,而高校的良性发展最终是为东北亚国家提高国际竞争力和经济、社会、文化发展水平的迫切需求服务的。总的来说,这三方面的因素均是东北亚国家高校内部治理现代化的重要动因,作为高等教育后发国家,自然会对全球形势和理论前沿保持敏感,重视高校对国家的价值并不遗余力地促进高校管理水平的提高。

2.东北亚高校内部治理理念的现代化

任何现代化的国家治理体系背后都有一整套符合现代性要求的价值体系作为支撑。构建现代化的治理价值体系、塑造现代治理理念是国家治理现

---

[1] 索丰.韩国大学治理研究[D].长春:东北师范大学,2011:76.
[2] 孙启林,周世厚.东北亚教育变革中的文化冲突与融合——对中国、日本、朝鲜和韩国教育变革历程的审视与反思[J].外国教育研究,2009,36(12):1-7,46.
[3] 张德伟,等.东北亚区域教育比较研究[M].长春:东北师范大学出版社,2016:366.
[4] 조위.한국 5·31교육개혁이 중국 교육개혁에 주는 시사점:신자유주의에 대한 교육개혁의 적용문제[D].성남:한국정신문화연구원 한국학대학원,2003.

代化的首要前提①。对于高校内部治理来说,构建现代化的治理价值体系同样至关重要,高校内部治理理念能否率先现代化,决定了整个高校内部治理现代化的质量。

我国学者胡弼成和欧阳鹏(2019)从构建大学法治化格局的角度出发,认为大学的治理应当在"共建、共治、共享"的社会理念的引导下展开。在"法治化"的前提下,以"共建"为基础,以"共治"为方法,把"共享"作为大学治理的可持续动力,才能建成大学治理的法治化新格局,从而实现大学的"善治"②。凌健和许益(2020)指出了高校党委书记同校长在高校治理中的核心领导作用,认为二者应当不断强化"协商共治"的治校理念③。陈锡坚(2020)提出,大学治理要符合存在于大学内部的学术理性逻辑,为此应从大学内部治理的学术活力、学术效益、学术环境出发,树立起创新发展、协调和重视绿色生态的理念④。许杰(2020)将大学的治理理念视作大学治理的价值定位,价值维度是大学治理的源头和逻辑起点,他认为大学治理体系在价值构成上要凸显自治价值、自由价值、多元共治价值和民主价值。⑤

1994年,《俄罗斯联邦教育法》中列出了俄罗斯教育的基本原则:教育应体现和观照人道主义性质、全人类共有价值、人的生命与健康、个性自由发展的优先性,培养公民觉悟及对祖国的热爱;教育的自由和多元化;教育管理的民主性和国家-社会性、教育机构的自主性等。⑥以上原则一定程度上能够体现当时俄罗斯高校治理的基本理念:自由、民主、多元化和重视个体价值,这也体现了现代俄罗斯高校治理理念早期追求全盘西化的特点。李盼宁(2017)认为,在20世纪90年代俄罗斯高等教育的"去国家化"阶段,俄罗斯高

---

① 虞崇胜,唐皇凤.第五个现代化 国家治理体系和治理能力现代化[M].武汉:湖北人民出版社,2015:88.
② 胡弼成,欧阳鹏.共建共治共享:大学治理法治化新格局——基于习近平的社会治理理念[J].中南大学学报(社会科学版),2019,25(6):153-161.
③ 凌健,许益.协商治校语境下大学党委书记和校长治校理念的实证分析[J].现代教育管理,2020(9):53-60.
④ 陈锡坚.大学内部治理的学术理性探索[J].现代教育管理,2020(3):7-12.
⑤ 许杰."价值-制度-行动"三维一体:大学治理体系构建的基本逻辑[J].国家教育行政学院学报,2020(10):17-23.
⑥ 国家教育发展研究中心.发达国家教育改革的动向和趋势——日本、英国、联邦德国、美国、俄罗斯教育改革文件和报告选编[M].北京:人民教育出版社,1994:4.

校奉行的是"大学自治,学术自由"的西式大学办学理念;而普京执政后的俄罗斯高校治理理念则是国家主义、市场化办学理念和高校民主管理理念的混合体[1]。刘淑华(2016)认为在俄罗斯高校治理的变迁过程中,"大学自治"的理念越来越受到关注,但20世纪90年代的俄罗斯高校自治是自由模式的,如今集中模式的高校自治才是俄罗斯高校治理的基本形态[2]。肖甦(2003)提出,俄罗斯教育是由"高度中央集权"转向"以社会需求和个人需求为调节杠杆,推崇人道化、民主化、个性化原则和创新精神"[3]。孙春梅和肖甦(2007)认为,融入博洛尼亚进程赋予俄罗斯以"融合教育现代化与传统"的任务,这也是俄罗斯高校提高自身的国际化程度和国际竞争力并最终推进高校现代化进程的必然选择[4]。俄罗斯学者科年杰夫(2005)指出,进入21世纪后,大学的行政式管理的方式与"大学治理"在本质上是不同的概念,法律、制度开始取代行政命令在大学运行中的地位,大学治理的原则趋向于放权和去中心化[5]。加拉津斯基(2016)在其对《参与大学管理》一书的书评中提出,如今古典意义上的大学理念已被"世界一流大学3.0"的观念所取代,"3.0"的观念基于三个方面:资源集中、人才和有效的管理体系。他还十分认可该书作者所提出的在利益相关者参与基础上的"共享治理"的模式[6]。乌瓦洛娃(2008)提出了基于知识的治理创新型大学的综合理念,在这一理念看来,俄罗斯高校管理人员应掌握充分的"组织知识"并将它运用于治理活动中,这是知识经济时代俄罗斯高校发挥其创新使命的一个必要条件[7]。

田爱丽(2008)提出,日本国立大学的法人化改革主要是沿着高等教育哲

---

[1] 李盼宁.俄罗斯高等教育治理模式研究[D].西安:陕西师范大学,2017:31-34.
[2] 刘淑华.近20年来俄罗斯的高等教育外部治理变革[J].高等教育研究,2016,37(7):90-97.
[3] 肖甦.世纪之交的俄罗斯教师教育改革——打造连续师范教育的完整体系[J].比较教育研究,2003(4):37-42.
[4] 孙春梅,肖甦.走进欧洲统一的教育空间——对俄罗斯加入博洛尼亚进程的分析[J].外国教育研究,2007(4):11-15.
[5] Князев Е.А,Обунмверситетах,страгическое управления университом[J].универсигетское управление,2005(4):9-17.
[6] Бычкова О В,Жидкова Н Г,Земнухова Л,et al.Участие в управлении университетом[J].Университетское управление:практика и анализ,2016,5(105):156-159.
[7] Уварова Татьяна Георгиевна.Интегральная концепция управления инновационным университетом на основе знаний[J].Университетское управление:практика и анализ,2008(6):90-94.

学的政治论主张推进的,但同时认识论哲学也发挥着一定的影响力①。黄海啸(2014)认为法人化改革将校长集权治校、扩大高校自主权以及企业目标管理三大核心理念引入了国立大学内部治理中②。黄福涛(2016)在一项研究中提到,对日本高校的"第四阶段认证评估"的实施是由政府修改《教育基本法》开始的③,这一项目体现了政府、高校和第三方机构协作的精神。傅林和夏志刚(2016)指出近代日本大学形成了大学自治、学术自由、教授治校等传统,但国家主义的影响是不容忽视的,服务国家需要和从政府手中争取自治权是该时期日本大学的发展理念,而20世纪50年代后,自主办学和自由民主成为日本大学的主流精神,大学管理也更趋向于民主平等④。张锦华(2017)认为,进入21世纪后,日本政府将"新管理主义"理念运用于高等教育领域,促使国立大学生成了"学术资本化"的学术发展理念和"大学企业化"的管理理念⑤。日本学者小笠原道雄(2017)指出柏林大学对日本大学的"学术自由"理念影响最为深远,揭示了日本大学传统精神的来源⑥。日本学者馆山弘毅(2000)提出当今社会中的国立大学问题的本质不是"国立大学的存亡",而是如何思考"知识"和"金钱换不来的东西",现代性的大学治理理念有必要法律化和制度化⑦。水田健辅(2015)认为,政治、产业、财政当局的共同利益给高等教育部门带来了巨大的压力,国立大学等公共机构面向未来的选择与市场的自由选择相去甚远,提高效率是其未来发展的优先目标⑧。

索丰和孙启林(2010)认为,自1987年韩国修订宪法开始,提高大学的自律性和竞争力一直是韩国政府高等教育政策的基调,而"自律化"也是大学自

---

① 田爱丽.日本国立大学法人化改革的哲学探析[J].复旦教育论坛,2008(6):80-84,96.
② 黄海啸.日本国立大学法人化改革的有效性研究——基于"中期评估"结果的分析[J].比较教育研究,2014,36(1):86-92.
③ 黄福涛.日本大学质量保障体系的建立与基本特征[J].深圳大学学报(人文社会科学版),2016,33(4):143-149.
④ 傅林,夏志刚.渗透与抗争——近代日本国家主义、军国主义与日本大学[J].社会科学战线,2016(4):215-221.
⑤ 张锦华.21世纪初日本国立大学内部治理改革研究[D].大连:辽宁师范大学,2017:18-19.
⑥ 小笠原道雄.大学のガバナンスと研究・教育の自由:独立行政法人化後の国立大学の変容と問題点[J].子ども学論集,2017(3):27-36.
⑦ 館山紘毅.大学自治の憲法論・再論[J].法の科学,2000(29):101-108.
⑧ 水田健輔.高等教育のマクロ・ガバナンスに関する論点整理[J].高等教育研究,2015(18):9-28.

身的理想之一①。孙启林在《战后韩国教育研究》一书中指出,1945—1960年的韩国高等教育管理奉行"自由放任"的理念,整个20世纪60年代则强调政府对高校的高度管控,而20世纪70年代以来,政府对高校开始实施"扶植与控制并行"的方针,特色化、自由化的办学理念开始盛行②。韩国学者尹权秀(2015)指出韩国国立大学的法人化进程受到两派意见相左的势力的影响:法人化改革的支持派认为法人化有利于大学自主权的落实和竞争力的提高,反对派则强调教育的普遍性和公平性,政策核心信念之间由此出现了对立和冲突③。申贤硕(2013)认为韩国大学治理中存在着对高等教育政策理念的落实不到位等问题,提出应当以分层、协作和"自我"的治理形式代替原有的治理模式④。崔载俊和金池秀(2018)提出大学治理"IT化"的构想,两位学者基于Cobi Cube开发了一套大学组织框架,以使大学信息化渗透到大学结构的各个方面,提升大学治理的透明度和效率⑤。

  学者们的研究体现出了中、俄、日、韩四国高校内部治理现代化进程中的理念特色,如在我国,"党委领导"是高校内部治理的根基所在;俄罗斯进入普京时代后则主推"国家-社会"双向参与的高校治理;日本高校在"学术自由"的基础上获得了自主运营的权力,并在内部治理中引入民间经营的要素;韩国政府始终希望高校能够实现"自律化"和"特色化",以支持韩国振兴。但从东北亚的视角来看,上述四国高校治理理念中的价值取向在大学自治、学术自由、依法治理、信息化治理和为国家、社会服务等方面存在着显著的共性。东北亚国家普遍将民主治校、科学治校、依法治校等作为现代化的高校内部治理理念的关键要素,这也显示出东北亚高校内部治理理念价值取向多元化的趋势。

---

① 索丰,孙启林.韩国大学自律化政策探析[J].外国教育研究,2010,37(12):32-36,51.
② 孙启林.战后韩国教育研究[M].南昌:江西教育出版社,1995:139-144.
③ 윤권수.정책옹호연합모형을 적용한 국립대학 법인화 정책변동 과정 분석 : 서울대학교 법인화 중심으로[D].서울 : 건국대학교 대학원, 2015.
④ 신현석.대학정책 거버넌스의 혁신 : 쟁점 분석과 대안의 탐색[J].한국교육학연구, 2013, 19(1):165-198.
⑤ 최재준, 김치수.대학정보화 거버넌스를 위한 CobiT 기반 프레임워크 개발[J].정보처리학회논문지.소프트웨어 및 데이터 공학, 2018,7(10):367-376.

3.东北亚高校内部治理制度的现代化

制度保障是大学治理体系的核心[1],现代高校治理是依托制度展开的,制度作为一种软实力,直接决定着高校治理的质量和成效。

"中国特色现代大学制度"是当下我国大学治理研究领域的热点主题。杨岭(2020)从自由与秩序平衡的角度出发思考中国特色现代大学制度构建的路径,指出基于自由与秩序平衡的大学改革只有走教授治学、依法治校、民主监督、社会参与的路径,才能不断趋向中国特色现代大学制度的建设目标[2]。邱水平(2020)认为,推进大学治理体系和治理能力现代化,意味着大学治理不能脱离大学所处的时代及其角色和使命,"党委领导下的校长负责制"是中国高校的鲜明特色和最大优势,也是中国特色大学治理模式的基石。中国特色社会主义现代大学的建设,要从"中国特色""社会主义大学""现代大学""世界一流大学"这四个角度切入,突出大学的国别特征、本质属性、时代要求和质量标准[3]。杨仁树(2020)将"中国特色"视为"双一流"建设的方向与灵魂,为此要坚持党的领导和民主集中制,不断完善以党委领导下的校长负责制为核心、以大学章程为基础,以学术委员会、教代会为支撑的现代大学制度体系[4]。

刘淑华(2009)指出,现代俄罗斯大学的内部治理机构根据《俄罗斯联邦教育法》的规定可分为四部分,分别是作为决策机构的各级学术委员会,作为咨询审议机构的各种专门委员会,校、系、教研室三个层次上的执行机构和由专门检查机构以及工会、大学校长委员会构成的监督反馈机构[5]。肖甦和王健红(2007)在研究了俄罗斯教育督导体制的变革后,认为该体制具有鲜明的法制性、独立性[6],体现出俄罗斯对依法进行教育管理和监督及相关法律、制

---

[1] 许杰."价值-制度-行动"三维一体:大学治理体系构建的基本逻辑[J].国家教育行政学院学报,2020(10):17-23.
[2] 杨岭.中国特色现代大学制度的构建——基于自由与秩序平衡的视角[J].高教发展与评估,2020,36(2):1-12,109.
[3] 邱水平.中国特色现代大学治理的若干重要问题探析[J].北京大学教育评论,2020,18(1):120-133,191-192.
[4] 杨仁树.统筹"六学"思维 迈向中国特色世界一流大学建设新征程[J].中国高等教育,2020(1):39-41.
[5] 刘淑华.走向大学自治——俄罗斯扩大高等学校自主权的改革述评[J].比较教育研究,2009,31(6):36-41.
[6] 肖甦,王健红.试析俄联邦教育督导制度新变化[J].比较教育研究,2007(7):7-11.

度建设的重视。刘淑华和刘欣妍(2015)认为,俄罗斯大学的治理是以校长和校级学术委员会共同执掌权力为结构大框架的,校长、主席、副校长、系主任、教研室主任等掌握着学校各级行政管理权,而各级学术委员会则组成纵向领导系统[1]。俄罗斯学者库兹米诺夫等(2016)指出,俄罗斯的高等教育系统存在较强的纵向(行政)控制和较弱的横向(学术)控制。这种权力分配在很大程度上是由国家学术市场的衰弱和机构之间教师流动性低造成的[2]。马卡洛娃(2014)等指出,从20世纪末开始,面对外部环境的迅速变化,俄罗斯高等教育机构开始开发和运作新的更灵活的组织结构,它具备"小规模""少层级""群体性"等十项特征[3]。塞拉菲莫维奇(2017)认为,今日的俄罗斯教育走上了"学术资本主义"之路,传统的等级制管理结构已经不再适用了,横向式、协调性的网络组织结构有利于高校的创新发展和教研质量的提升。[4]

郭丽(2008)认为,在法人化改革后,日本国立大学内部形成了"校长治校、教授治学"的治理结构[5]。黄福涛(2012)在分析日本法人化改革后国立大学内部权力格局的变化后指出,法人化改革使得国立大学的管理权集中于以校长为中心的校级管理组织,学术权力遭到削弱,校级管理组织通常由"役员会""运营协议会"和"评议会"构成[6]。苏青和辛越优(2015)研究了国立大学教授会的职权变化,认为法人化改革后的教授会在职能上由"治校"转向"治学",在性质上由决策机构转变为咨询机构[7]。姚荣(2020)认为,日本大学存在着国家管制与学术自治的双重集权结构,在新公共管理理念的影响下,大

---

[1] 刘淑华,刘欣妍.走向治理:俄罗斯高等教育内部管理体制变革取向[J].比较教育研究,2015,37(2):19-23,67.
[2] YAROSLAV KUZMINOV,MARIA YUDKEVICH,韩梦洁.横向学术治理与纵向行政约束的博弈——俄罗斯大学治理模式变革案例分析[J].中国高教研究,2016(5):73-76,80.
[3] Макарова Елена Львовна, Сербин Виктор Дмитриевич, and Татаров Сергей Владимирович. Анализ современных организационных структур высших учебных заведений[J]. Проблемы управления в социальных системах, 2014,7(11):43-55.
[4] Диев Владимир Серафимович. Управление университетом в условиях академического капитализма:иерархия или сеть?[J].Идеи и идеалы,2017,1(31):128-135.
[5] 郭丽.治理理论与日本国立大学法人化[J].日本学论坛,2008(1):78-82.
[6] 黄福涛.日本国立大学法人化的变化与影响——基于院校调查结果的分析[J].比较教育研究,2012,34(7):21-24.
[7] 苏青,辛越优.从"治校"到"治学":日本国立大学教授会职能的应然转变[J].高教研究与实践,2015,34(4):40-44,57.

学自治的内部权限分配呈现管理自治机制、利益相关者引导机制、竞争机制的强化以及学术自治机制弱化的趋势[1]。黄福涛(2002)也对法人化改革后日本国立大学各类校级管理机构的具体职能做了进一步说明:"运营协议会"由校外有识之士和校内管理人员组成,主要负责大学经营的相关事项;"役员会"由校长、副校长与校外人士组成,对国立大学的重要事项进行讨论和做出决定;"评议会"由校内教师等学术人员代表组成,主要审议教学事务[2]。日本学者大场淳(2007)介绍了国立大学治理结构的改变,指出法人化改革后校长和董事会成员权力得到加强,大学的发展不再仅仅是校内人员的事务,校外人士也会参与学校管理[3]。黑木登志夫(2014)概述了法人化改革实施以来国立大学在人事管理、教学事务、经营事务以及财务方面的一系列重大变革[4]。

胡瑞华(2011)以韩国全北国立大学为样本介绍了韩国大学的内部管理组织架构。该校下设院、系,拥有负责行政事务的教务处、学生处等8个处室,学校的重大方针由教授会审议,校、院、系的行政管理人员一般由教师轮流担任[5]。张雷生(2015)通过对大学章程文本的分析展示了首尔国立大学的内部治理结构,由法人理事会、大学评议会、校长组成,理事会执掌决策权,评议会是大学自身进行审议和为理事会提供决策咨询的机构,校长则统管学校一切事务[6]。韩国学者韩甲姝和韩石栋(2014)基于自治、民主和问责制的价值观进行研究,比较了美国加州大学和韩国首尔国立大学在治理结构上的差异,并得出了加州大学更重问责制、首尔国立大学更强调民主的结论[7]。闵允京(2019)使用了Braun与Merrien的高等教育治理概念模型来分析韩国国立大学的治理,探讨了体系内部出现"形式性依从"现象的原因,指出新自由主义

---

[1] 姚荣.新公共管理语境下大学自治权限分配的公法争议及其解决[J].重庆高教研究,2020,8(2):72-90.
[2] 黄福涛.日本国立大学结构改革的现状与趋势[J].比较教育研究,2002(10):31-34.
[3] 大場淳.Incorporation of national universities in Japan[J].Asia pacific journal of education,2007(3): 291-303.
[4] 黒木登志夫.法人化10年と大学のガバナンス[J].現代の高等教育,2014(6):16-20.
[5] 胡瑞华.韩国大学内部管理特点及对我国大学去行政化的启示[J].高教探索,2011(6):83-85.
[6] 张雷生.韩国世界高水平大学章程的文本分析[J].高等教育研究,2015,36(4):103-109.
[7] 한갑수,함석동.서울대학교와 캘리포니아 대학의 거버넌스 비교 연구[J].교육법학연구,2014(26):255-287.

管理理念下韩国大学治理结构中存在的矛盾和局限性[①]。宋智光和韩相渊（2005）提出应该通过强化大学理事会及教授会的权力和扩大社会参与的方式来对目前韩国大学以校长为主导的治理体系做出调整[②]。

通过上述国内外学者的研究成果可以看出，东北亚国家的高校内部治理制度体系目前均处于变革阶段，正经历着在一定理念指引下不断调整和充实的过程：我国高校在坚持党委领导下的校长负责制的基础上，正努力寻求"教授治学、民主管理"原则的落实；俄罗斯高校内部治理正努力在保持国家转型后形成的法制性、独立性的基础上，谋求治理效率和全国统一程度的提高，俄罗斯学者还热衷于运用各种理论框架和技术手段对本国高校内部治理结构的调整给出建议；日本学者更关注高校内部治理中校长与教授、校外人士与校内人士、学校与学部的权力关系；韩国学者则主张高校治理的民主化并提议弱化校长的权力。从大体上来看，东北亚高校内部治理结构调整具有一个共同的主题，即构建现代化的高校内部治理制度体系，协调高校内部治理中行政权力、学术权力以及其他类型权力之间的关系，改变高校内部治理的单一、刻板的逻辑和主体力量失衡的局面，提高高校内部治理的效率。

4.东北亚高校内部治理能力的现代化

治理能力是由不同方面的能力构成的能力体系[③]。高校治理的总体能力依赖能力体系来发挥作用。提高高校内部治理的能力，合理安排各项制度设计，才能充分发挥高校内部治理制度体系的效能，从而推动高校内部治理的现代化。

冉亚辉（2020）认为中国大学的内外部治理需要遵循三重逻辑——大学的教育逻辑、大学的行政逻辑及大学的政治逻辑[④]。大学治理必须以遵循教育逻辑为基本出发点，坚持政治正确性，同时高度关注本身的行政逻辑。骆聘三和张才君（2019）从利益相关者理论的视角出发，将大学治理中的学生参

---

① 민윤경.국립대.거버넌스 제도에 대한 대학의 형식적 순응 현상 분석[D].서울:서울대학교 대학원,2019.
② 송지광,한상연.한국 대학의 거버넌스 체계 개선방향[J].교육행정학연구,2005,23(3):353-378.
③ 虞崇胜,唐皇凤.第五个现代化:国家治理体系与治理能力现代化[M].武汉:湖北人民出版社,2017:8.
④ 冉亚辉.论新时代中国大学治理的三重逻辑[J].贵州社会科学,2020(3):110-116.

与定义为"核心利益相关者的参与",因此大学治理的重心应该下移,学生要真正成为大学治理的"主人翁"之一[①]。迟景明等(2020)认为,学院组织有效运行的关键是在制度规范下建立一种协调学院内部多元利益主体之间权力关系的运行机制,学院治理的核心内容在于建立治理结构,确保各主体间权责利关系的平衡[②]。多强与钟名扬(2018)认为应该对大学内部治理中行政权力行使的随意性加以限制,行政权力必须在以学术权力为本位的"学术-行政共同体"中按照大学的逻辑行使才具有合法性。[③]

王旭阳和肖甦(2011)的研究显示,俄罗斯拥有一个全国统一的教育质量评估体系,这是为了维持国家的"统一教育空间",尽可能地消除地方分权及院校自治给教育治理带来的潜在风险[④]。赵慧敏(2014)认为,俄罗斯高校内部形成了由学术委员会决策,各类专门委员会负责咨询和审议,校、系、教研室三级执行,专门监察机构、工会和大学校长委员会进行监督反馈的运行机制[⑤]。宋丽荣(2008)指出,俄罗斯高校的校务委员会、学术委员会及校长之间有着明确的分工,共同合作管理高校,内部管理遵循"国家-社会-校长-教师-学生"相结合的民主化原则[⑥]。刘德禄(2015)提出,俄罗斯高校有其独特的管理模式,即以院校为核心,各个系别以及教研室协助院校进行管理[⑦]。俄罗斯学者普罗科菲耶夫等(2011)指出,结构单位的有效互动是大学发展计划取得成功的一个关键因素,应该根据项目活动的条件构建能够促进大学各单位间有效互动的机制[⑧]。肖甦与朋腾(2021)认为,俄罗斯顶尖高校在"5-100"计划的支持下,能够从六大方面提升自身的教研实力并实现创新发展[⑨]。森德洛

---

① 骆聘三,张才君.重心下移:大学治理中的学生参与[J].内蒙古社会科学(汉文版),2019,40(1):173-177.
② 迟景明,任祺,张弛,何志程.学院治理:权力关系机理、模型与实证分析[J].江苏高教,2020(10):22-28.
③ 多强,钟名扬.大学内部治理中行政权力行使的随意性分析[J].高教研究与实践,2018,37(4):61-65,79.
④ 王旭阳,肖甦.俄罗斯现行教育质量评估体系述评[J].比较教育研究,2011,33(2):76-80.
⑤ 赵慧敏.俄罗斯高等教育管理体制现代化研究[D].哈尔滨:黑龙江大学,2014:36.
⑥ 宋丽荣.俄罗斯高校内部管理体制改革及其启示[J].西伯利亚研究,2008(4):51-53.
⑦ 刘德禄.俄罗斯高等教育管理体制现代化借鉴研究[J].继续教育研究,2015(10):118-119.
⑧ Прокофьев Андрей Брониславович, Прохоров Александр Георгиевич, and Ткаченко Иван Сергеевич. Механизмы эффективного взаимодействия структурных подразделений в исследовательском университете [J].Высшее образование в России, 2011(12): 14-22.
⑨ 肖甦,朋腾.俄罗斯高校离世界一流还有多远?——基于世界大学排行榜最新结果的分析[J].教育科学,2021,37(2):75-81.

娃(2011)研究了俄罗斯一流大学学术活动的管理机制,指出有必要实现大学单位资金集中和分配的透明化,同时要明确大学学术活动领域管理职权的归属[1]。弗拉基米尔诺夫等人(2006)提出促进治理基础民主化、强化大学理事会的作用、支持院和系的自主权同时赋予其一定的决策责任等构想,认为建立起利益相关者参与的预算机制和监督、激励机制是大学管理在经济方面实现现代化的有效举措[2]。

黄福涛(2012)在对日本广岛大学的案例分析中指出,法人化改革后广岛大学的经费比例发生了较大变化,来自国家的运营费交付金占比逐年下降,科研经费收入、产学研合作收入及捐款收入的占比则稳步上升,这显示出国立大学在法人化改革后减少了对国家拨款的依赖,提高了自身筹措经费的能力。此外,管理人员还认为,法人化改革后大学自主权的提高降低了行政成本[3]。郭丽(2006)指出,法人化改革后,日本国立大学内部形成了以校长为核心的自上而下的决策机制[4]。此后,国立大学校长具备了大学管理者和经理人的双重角色,"校长治校"的体制确立了下来[5]。齐小鹍等(2018)认为,法人化改革使日本国立大学的管理和运营机制更加完善,经营协议会、理事会同教育研究评议会之间形成了合理的分工关系,现有的管理体系是自上而下式的[6]。日本学者光本滋(2015)指出,日本大学的自治制度多数都不是法律法规引导下的产物,而是在大学内部规则的基础上构建的,传统的内部规则对大学运营的影响较之法律法规更甚[7]。村泽昌崇(2014)以对日本部分大学的组织改革、教授地位等方面的实证调查结果为基础,指出"强化校长领导""自

---

[1] Шендерова Светлана Валерьевна.Внутривузовские механизмы управления академической деятельностью в ведущих университетах России[J].Университетское управление: практика и анализ,2011(4):87-94.

[2] Владимиров В,Карпасова З,Мокрецова Г.Модернизация управления университетом:экономический аспект[J].Высшее образование в России,2006(3):52-56.

[3] 黄福涛.日本国立大学法人化的变化与影响——基于院校调查结果的分析[J].比较教育研究,2012,34(7):21-24.

[4] 郭丽.日本大学教授会自治的形成与演变[J].外国教育研究,2006(6):29-33.

[5] 郭丽.日本国立大学校长角色的历史演变述论[J].比较教育研究,2007(7):41-45.

[6] 齐小鹍,郝香贺.日本国立大学法人化改革:成效、问题及启示[J].现代教育科学,2018(3):150-156.

[7] 光本滋.改正学校教育法と大学自治・ガバナンスー内規改正の動向・影響を中心に[J].日本教育学会大會研究発表要項,2015(74):116-117.

上而下的治理逻辑是有效的"等建议过于简单,只关注大学内部的权力分配和治理的参与关系的治理理论是无稽之谈,大学治理改进应该是对其内外部治理和高等教育进行细致和持续的调整,一蹴而就并不现实①。

南淞靓(2020)指出,首尔大学内部治理的开放性和参与性正不断提高,其事务决策的程序是严谨的、民主的,具有成文法律和学校规章的依据②。索丰(2011)指出,韩国大学内部治理的要素包括校长、大学评议会、教授会、学生会及产学合作团,校长握有决策权,大学评议会负责审议决策并提供咨询,教授会虽无法定地位,但有权参与校务决策,产学合作团则主要通过理事会、运营委员会等机构发挥作用,学生会的力量最为弱小③。赵洪锡(2013)认为政府握有国立大学校长人选的决定权是不符合大学自治精神的,这也导致大学校长在校内的权力过盛,教授选举校长的权利应当被保障,他们在大学事务中的话语权也需要被强化④。宋智光、韩相渊(2005)的调查显示大学理事长和校长的权力过重使得韩国大学内部治理结构处于失衡状态,必须使教授会和大学评议会的职能和运作法制化,以确保高校的办学自主性⑤。金钟成(2015)指出韩国的国立大学的最高决策者是受教育科学技术部监督的校长,大学成员并未有效参与决策机制,国立大学也应设置理事会这一机构⑥。

以上文献表明,东北亚国家目前的高校内部治理能力建设策略都存在显著的"自上而下"的特点:校级机构掌握着主要决策权力;校内形成了层级分明的决策执行体系;校长这一角色对于高校来说至关重要。如此看来,东北亚国家高校内部治理能力体系的现代化方向便应是在强化其内部领导能力的同时促进多方参与,以提高高校内部治理的效率和法制化、民主化程度。对于东北亚高校内部治理能力的研究,我国学者以介绍性研究为主,如罗列各国高校的内部治理机构及其职能、运作方式。此外,我国学者还比较关注东北亚国家的一流高校建设项目,如日本的"COE"计划、韩国的"BK 21"和

---

① 村澤昌崇.大学ガバナンスを考える:諸々の調査から[J].高等教育研究叢書,2014(128):51-74.
② 南淞靓.韩国首尔大学内部治理研究[D].金华:浙江师范大学,2020:32-34.
③ 索丰.韩国大学治理研究[D].长春:东北师范大学,2011:121-124.
④ 조홍석.대학자치와 국립대학 총장 선출방식[J].공법학연구,2013(14):121-138.
⑤ 송지광,한상연.한국 대학의 거버넌스 체계 개선방향[J].교육행정학연구,2005,23(3):353-378.
⑥ 김종성.대학자치와 국립대학의 거버넌스:대학평의원회를중심으로[J].사회과학연구,2015(26):171-194.

"BK 21 PLUS"工程、俄罗斯的"5-100"计划等。俄、日、韩三国的学者则对本国的高校内部治理颇有不满,强调对高校的进一步放权、清除内部治理系统中的积弊以及对相关机制进行革新等。内部治理能力的提高是东北亚高校共同期待的,就强化新制度的执行、坚持民主和法治原则、实现高校内部平权化等方面,东北亚国家体现出了方向上的一致性。

四、研究目的与研究价值

(一)研究目的

高校内部治理的现代化,是破除现代条件下"高校失灵"的困局,推进一流高校建设和高等教育内涵式发展,进而实现教育强国的有效路径[①]。本研究聚焦于东北亚高校内部治理的现代化历程,通过呈现东北亚高校个性化的内部治理现代化实践路径,总结东北亚高校内部治理现代化的共同趋势,了解该过程的代表性方案、既有成就和经验教训,并谋求进一步揭示该过程的内在规律,获得相关的启示,以期为我国及世界上其他后发现代化国家对高校内部治理现代化的探索提供文献上、理论上和视角上的贡献。

(二)研究价值

1.理论价值

通过以"东北亚"为主题和关键词检索国内外文献资料,笔者发现,目前围绕"东北亚"所进行的研究集中于政治学、经济学、地理学、历史学和环境科学等学科领域,而与教育学、高等教育相关的研究成果则非常罕见。东北亚国家都在努力推行本国的世界一流高等教育建设计划,但以东北亚区域的角度进行的比较研究却并不多见。以我国为例,截至目前,以教育为主题的东

---

① 华起.新时代高校内部治理体系现代化重构——基于"整体性治理"理论的视角[J].高教学刊,2018(18):10-13.

北亚区域比较研究仅有张德伟等编著的《东北亚区域教育比较研究》、黄亨奎的《东北亚学校政治教育比较研究》两本专著和为数不多的期刊论文,这说明以东北亚的视角进行的教育研究仍不充分。而"高校治理"这一主题实际上非常适合进行基于东北亚区域的比较研究,其原因有三:第一是现实层面的原因,东北亚高校普遍存在着实现高校内部治理现代化的需求,国家、政府、高校也持续做了大量的工作,这为进行比较研究提供了切实的可比性保障;第二是理论层面的原因,"高校治理"所包含的"高等教育"和"治理"两个要素决定了这一话题不仅涉及高等教育学领域,同时也要借助政治学、管理学来进行研究,日本学者中岛领雄就曾说:"从事区域研究,应首先掌握一个主学科或专业,此外再掌握一个副学科或专业。"区域研究中最不可或缺的就是跨学科的研究方法,从这个意义上讲,进行东北亚高校内部治理相关研究也非常合适;第三是文献方面的原因,近年来,国内外学者在按国别进行的东北亚地区高等教育研究上积累了丰富的成果,但这些国别研究大多集中于某国高等教育领域某一时期的热点问题,应用性的、有时效性的研究更受学者青睐,而整体视角下的高校内部治理研究属于基础研究的范畴,这方面的文献相对陈旧且数量不多。因此,本研究能够在一定程度上填补当前东北亚地区高校内部治理研究文献资料的空白,为后续的东北亚地区高等教育研究梳理和提供可供参考的文献资料。

"高校治理"是源于西方高等教育强国的概念。目前,介绍美、英等发达国家高等教育体制和大学治理经验的著述颇为丰富,东北亚各国对西方国家成熟的高校治理模式已经有了一定程度的了解,并能将相关的经验运用到本国高校治理中。但需要注意的是,美、英等国的高校治理理论与实践是内生于其特有的经济、政治和社会文化环境之中的,而东北亚国家这样的后发国家在经济、政治、文化、社会等方面都与西方国家存在显著差异。东北亚国家高等教育体制形成和发展的条件迥异于西方国家,所以无法全盘照搬西方国家高校的治理方案。比方说,源自西方的高校内部治理权力论在分析高校内部治理问题时,通常将"行政权力-学术权力"二元结构或者"行政-学术-市场"三角模型作为研究框架,这是由于以美、英为代表的西方国家素来有"大学自治、学术自由"的传统,国家和政治权力很少干涉大学事务。而东北亚国家的情况不一样,国家和政治的影响力是无法忽视的,因此,对东北亚高校内部治理进行研究就需要从与其实际情况相匹配的视角出发,这也能够丰富和完善高校内部治理理论。西方国家的高校治理理论与实践经验不能解决所有问题,"以彼之'实然'为我之'应然'"的方式不一定适合所有国家的高校治理的现代化变革,盲目地套用赶超目标的模式,本国的高校治理将很可能陷入永远追赶"应然"状态的尴尬境况。日本学者涉谷英章就指出,当前的比较教育研究范式应在从"追赶现代化"框架中的教育向"为国际做贡献的教育"的转变之中做出应有贡献,要为加强国际教育的交流与合作服务[①]。

所以,东北亚国家的高校内部治理现代化发展历程可以提供与西方强国不同的、后发国的思路。东北亚各国在改革道路上努力尝试发挥东亚文化的独特价值,并通过扎根本国传统与民族特色来实现其高校实力和高等教育水平的跨越式、特色式发展。围绕该主题展开的研究,能够为世界上其他高等教育后发国家提供一种全新的选择。

2.实践价值

中国作为高等教育领域的后发国家,尽管多年来在扩大高等教育规模和维持高等教育质量等方面取得了巨大成就,但总体来看,"大而望强""大而未强"仍是对我国高等教育发展现状最为准确的写照。将数量巨大的高等教育入学群体最终转换为质量兼具的人才资源,充分发挥高校在培育人才、科学研究和公共服务上的优势,最终令高等教育和高校真正成为引领国家进步的"火车头",这些都是当下需要完成的艰巨而迫切的任务。高校治理现代化的基本目的是实现高校"善治",优秀的治理状况可以为高校职能的正常发挥保驾护航。从当前来看,无论是教书育人,还是科学研究,都是需要按规律循序渐进的活动,不可能指望一夜之间全国的高校在顶尖人才培养和前沿理论技术上就能实现重大突破,这些活动不是一蹴而就的。但是,高校内部治理可以是一项"反思即改,改即生效"的事业,它不能直接创造人才和知识,却能为

---

① 渋谷英章.地域教育研究の可能性-「地域教育事情」からの脱皮-特集 地域教育研究のフロンティア[J].比較教育学研究,2001(27):16-28.

其提供适当的条件,最大程度地保证其活力。所以,高校内部治理现代化是我国高等教育事业发展具有性价比的一条路径。

我国作为东北亚国家中的一员,与俄、日、韩这些国家在高等教育发展上有着类似的历史、现实诉求和行为。追溯高校治理的历史,东北亚高校的治理模式多是模仿和借鉴的产物,如俄罗斯学习欧洲,日、韩借鉴美国等;但在诉求上,东北亚国家无一不试图摆脱"模仿者"和"追赶者"的定位,显示出本国高校治理的优越之处,并将高校治理的终极目标同振兴国家相联系;最终在行为上,由"西化"转向特色化、本土化、民族化的高校治理改革成为各国不约而同的选择,这一转变及其幕后动因具有研究价值,对我国凭借中国特色社会主义制度优势构建符合国情且卓有成效的高校治理方案来说具有一定的启发意义。

五、研究内容与研究方法

(一)研究内容

笔者试图围绕"东北亚高校内部治理"这一主题,运用现代化理论与治理理论的观点,并以区域的研究视角进行研究。研究的具体内容由绪论及以下各章构成:绪论的内容包括选题缘由、文献综述、研究目的与研究价值、研究内容与研究方法;第一章为对研究基础的阐述,本书选取国家治理现代化理论、现代化理论和治理理论作为基础,结合东北亚高校的情况,构建了高校内部治理现代化分析框架;第二章到第四章,从理念、体系和能力三个维度出发,分别论述俄罗斯、日本、韩国的高校内部治理现代化;第五章,以整体视角归纳东北亚高校内部治理现代化的总体特征、共同趋势及制约条件,展望东北亚高校内部治理的现代化走向;第六章,揭示东北亚高校内部治理的现代化进程对我国的启示,结合我国高校内部治理现状,提出我国高校内部治理现代化的应然选择。

(二)研究方法

1.文献研究法

本研究是在检索、阅读、整理和分析与研究主题有关的国内外文献的基础上展开的。目前所搜集到的文献包括东北亚各国官方发布的涉及高校治理的法律法规、国内外期刊及学位论文、专著等。本研究将基于文献对东北亚高校内部治理现代化进程的脉络进行梳理,进而展开研究。

2.比较研究法

本研究将从纵、横两个维度,对东北亚地区的俄、日、韩三国的高校内部治理现代化进行比较。纵向上,通过梳理东北亚各国高校内部治理现代化的历程,比较一国高校内部治理的历史状况同现今状况的异同之处,以现代化的视角分析高校内部治理改革所带来的变化;横向上,进行上述各国高校内部治理当前状况的比较,总结东北亚高校内部治理现代化的共通经验和各国改革的特色,最终为我国的高校治理现代化提供有价值的参考。

3.案例研究法

本研究将在对东北亚国家高校内部治理现代化的整体面貌进行介绍的基础上,选取俄、日、韩三国具有代表性的高等学校进行较为深入的研究,剖析其治理理念、制度、结构及运行机制,力求以更微观的角度呈现东北亚高校内部治理现代化进程中的变化。

第一章
研究的理论基础与分析框架

一、概念界定

(一)东北亚高校

"东北亚高校"这个概念包括两个核心要素,分别是"东北亚"与"高校"。关于何为"东北亚",东方学界一般认为是指包括中国的东北地区和内蒙古东部地区、俄罗斯远东地区、朝鲜半岛、日本和蒙古国在内的广阔区域。[1]东北亚地区人口集中、经济活跃、发展迅猛,是亚洲经济与文化最发达的区域。区域研究一般牵涉具体国别的划定,但在既有的文献中,研究者们对于究竟哪些国家是"东北亚国家"并无统一的意见,这是由于严格意义上位于"东北亚"这一区域内的国家数量较多、类型相对庞杂。如果不考虑实际的研究需要,则难以准确地(亦无必要)划定究竟哪些国家是"东北亚国家"。

金熙德(2001)认为,"东北亚"既是一个地理概念,又是一个国际关系概念,甚至是一个地缘政治概念。[2]张德伟等(2016)指出,研究东北亚教育问

---

[1] 万峰.日本近代史[M]. 北京:中国社会科学出版社,1981:101.
[2] 金熙德.中国的东北亚研究[M]. 北京:世界知识出版社,2001:2.

题,宜将"东北亚"视为一个文化圈。[①]在相关理念的影响下,研究者通常以"东北亚"的地理概念为基础,结合本学科及研究问题的情况划定自身研究中"东北亚"的范围。

东北亚高校内部治理现代化研究,是基于区域教育比较的方法和现代化理论而开展的研究,应选取东北亚地区高等教育发展水平较高、高等教育治理模式具有代表性的国家。俄罗斯、日本、韩国是东北亚地区中政治影响力与综合国力位居前列的三个国家,社会的快速发展和彼此间日益密切的经济、政治、文化交流为三国的高等教育区域合作发展创造了有利的条件[②],也成就了三国的高等教育在东北亚地区的领先地位。根据现代化理论,俄、日、韩三国属于在国家现代化道路上起步较发达国家迟的后发现代化国家,同时也是高等教育后发国家。相较东北亚地区的其他国家,上述三国的国家现代化、高等教育现代化成就较为显著,适合进行比较研究。因此,综合考虑国家类型、综合国力和高等教育特征等因素,本研究中的"东北亚"特指俄罗斯、日本和韩国这三个国家。

"高校"即高等学校,指对公民进行高等教育的学校,是以实施高等教育为主要职能的机构。高等学校可以由政府、社会组织、国际组织、个人、私人团体、教会等举办,采取全日制、部分时间制或者业余学习等方式,提供可(或不能)获得某种学位、文凭、证书的高等教育。简言之,高校就是以提供高等教育与进行科学研究为本质功能的知识型社会机构,其性质和层次是丰富的,包括教育型、研究型的公有或私有属性的学院或者大学。

综上所述,本研究中的"东北亚高校"指的是俄、日、韩三国的高校。考虑到高校类型、定位与办学实力的差距,还须对概念中"高校"的含义做进一步厘定。当前在东北亚国家中承载着"推动高校内部治理现代化"这一使命的高校,一般是能够得到东北亚国家和社会鼎力支持、声誉较高、教育和科研质量较为突出的高校。集中资源扶持一批顶尖高校,使之接近、赶超世界一流水平,继而带动整个高等教育体系的发展,是高等教育后发国家为冲击现有

---

① 张德伟.东北亚区域教育比较研究[M].长春:东北师范大学出版社,2016:149.
② 单春艳,宋芳.日、韩、俄等东北亚国家高等教育发展态势及启示[J].高等农业教育,2014(3):124-127.

的全球高等教育差序格局而普遍采取的措施。在高等教育后发国家中,走在探索高校内部治理现代化道路前列的一般也是得到国家和社会重点支持的顶尖高校,这些高校的内部治理现代化方案、效果也往往最具代表性。因此,本研究中的"东北亚高校"选定的是俄罗斯的国立大学、联邦大学、国立研究型大学,韩国和日本的国立大学。这些高校在东北亚国家中历史悠久、实力顶尖,承载着国家现代化的使命,适合作为本研究的对象。

综上所述,本研究中的"东北亚高校"指的是位于东北亚地区的俄、日、韩三国的国立、公立属性的,办学实力在本国内具有明显优势的研究型或综合型高等学校,私立院校、网络高校以及专科学校等则不列入本研究的讨论范畴。

(二)高校内部治理现代化

"治理"(governance)一词最早出现于拉丁语和希腊语中,意为"控制、引导和操控",与"统治"(government)的含义接近[1]。现代意义上的"治理"一般认为是1995年发布的《天涯成比邻》报告中首次提出的,它的界定是:治理是或公或私的个人和机构经营管理相同事务的诸多方式的总和。在这之后,西方学术界围绕"治理"提出了一系列观点,比较具有代表性的是罗西瑙(J.N. Rosenau)所提出的关于共有目标指引下的活动的"主体非政府化"和"手段去强制化"的观点,以及罗兹(Robert Rhoads)对"治理"的六种定义等[2]。可以看出,现代意义的"治理"已经明显有别于传统的"统治"或"管理"的概念,是一种新型的处理公共事务的理念与手段。在新公共管理运动盛行之际,"治理"很快成为流行术语,来自经济学、公共管理学、社会学及政治学等诸多领域的学者都尝试着从自身研究的需要出发去定义"治理",但正如普莱特纳(Marc F. Plattner)所言,"一个术语一旦成为流行词,就很难赋予它一个精确的含义"[3]。"治理"到底为何物,时至今日尚无定论。就当前"治理"的运用情况而言,其具体含义仍然要取决于作用的对象与范围。现在一般认为,治理是公

---

[1] 俞可平.治理与善治[M].北京:社会科学文献出版社,2000.
[2] 孙曙光.治理理论视阈下我国公立大学内部制度研究[D].长春:吉林大学,2017:28.
[3] 马克·普莱特纳,宋阳旨.反思"治理"[J].国外理论动态,2014(5):23-29.

共部门与私人部门、公共部门之间以及私人部门之间进行互动、协调彼此关系的一系列过程,它明显地区别于公共部门以控制为目的而制定一整套规则、形成一种正式制度的活动①。这种观点将"治理"与"统治""管理"等传统概念区别开来,体现出"治理"的多中心、多元参与、非控制性和互动性等特性。

"治理"与高校的内部事务处理相关联,就形成了"高校治理"的说法。"高校治理"(university governance)最早由美国学者科尔森(John Colson)于1960年在其著作《学院与大学的治理:结构与过程的现代化》中提出。科尔森认为,传统的"管理"概念更适合于运用在对工商企业、政府机构的运作的分析当中,而"治理"一词更契合于专门针对高等学校所进行的思考。科尔森所主张的高校与"治理"间的契合性,是在把握了中世纪的"大学自治"传统和高校治理之间的渊源的基础上形成的。"治理"概念中所包含的非制度化、多元参与、多中心、民主以及非控制性等元素,与高校这类具有独立自治传统的学术机构的学术自由、管理扁平化和多中心等特质显示出高度的价值一致性。有学者提出,高校的自治传统与高校治理在本质上一脉相承,高校自治是高校治理的历史源头,高校治理是高校自治在现代的实现形式②。中外学者对于"高校治理"的看法同中有异,相同点在于,我国学者基本认同西方高校治理理论关于高校自治和学术自由的观点,接纳了高校内部存在多方利益相关者以及他们的权、责、利存在博弈关系的事实,明确了现代高校发展对于多元参与、协同一致的理想化局面的需要。这些相同点即是"高校治理"这一概念最具普适性的部分:主张在高校内部事务处理上实现多元参与和民主平等协商,协调好该过程中权、责、利关系的冲突,致力于高校内部多元协同共治局面的形成,最终使高校内部公共事务的处理效果较引入"治理"理念之前更好。

鉴于高校是一种"本身无法自立于多种力量之外"的社会机构③,其内部、外部存在着两个不同的权力中心④,因此,在探讨"高校治理"的相关问题时,

---

① 俞可平.走向善治[M].北京:中国文史出版社,2016:113.
② 胡建华,等.大学内部治理论[M].南京:南京师范大学出版社,2019:11.
③ 李立国.现代大学治理形态及其变革趋势[J].高等教育研究,2018,39(7):9-16.
④ 左崇良,胡劲松.英美大学的法权治理[J].比较教育研究,2015,37(6):44-50.

就一定要区分出"围绕高校外部权力中心所进行的治理"与"围绕高校内部权力中心所进行的治理",也即我国学术界统称的"高校外部治理"与"高校内部治理"。本研究的对象是"高校内部治理",它是由高校内部的权力主体(如董事会、校长、学术组织等)通过科学的制度安排所进行的治理活动,其主要功能是协调高校内部各种权、责、利关系,促进利益相关主体对高校内部重要事务的平等和民主参与[①]。本书将"高校内部治理"界定为:在高校内部发生的,围绕各种主体及其掌握的不同类型的权力的相互作用展开的促使主体间的权、责、利等关系达成动态平衡,最终促进高校高质量发展的过程。

在明确了"高校内部治理"的内涵后,下一步需要探讨的是"高校内部治理现代化"。根据"'现代化'即由'传统'向'现代'的转化过程,其目的是创造高度的物质文明和精神文明"[②]这一说法,高校内部治理现代化就是使相关制度和机制更加完善和合理、公共事务处理效果愈加优化的过程。考虑到治理理论运用到高校内部治理实践的过程中,原本就带有"使高校内部的公共事务处理的程序和结果得到改进和优化"的理念,高校以治理理论为指导所进行的内部公共事务处理的改革和"高校内部治理现代化"实际上可以看作不同话语体系下的同一过程,它们的阶段性目标均为"使高校内部的公共事务处理的程序和结果得到改进和优化"。这一目标根植于"国家治理现代化"的宏大战略背景之下,高校的内部治理现代化,本质上是国家治理现代化在高等教育领域的一种延伸。

综上所述,本研究将"高校内部治理现代化"界定为:在国家治理现代化背景之下,以高校内部公共事务处理的程序和结果的改善和优化为直接目标,不断促进高校内部治理在体系、能力等维度上接轨或赶超世界一流水平的过程。

---

① 肖应红.关于我国高校内部治理结构重建问题的思考[J].黑龙江高教研究,2007(9):10-12.
② 顾明远.教育与需求——现代教育发展中的主要矛盾(上)[J].比较教育研究,1995(3):1-4.

二、理论基础、嵌入性分析工具与研究思路阐述

(一)理论基础

高校治理是始于20世纪90年代的高校新公共管理式的管理改革。时至今日,以"治理"的理念和形式处理高校内外部的各种关系越来越受到世界各国的高度重视,"治理高校"的相关理论和实践已经广为流行。而随着"治理"理念的大行其道,以及高校治理质量同高校活动质量之间的正相关关系已被实践证明,如何实现高校治理水平的"现代化"(即把高校治理的水平提高到并维持在世界先进水平上)成为世界各国政府及高校的新目标,这直接关系到现代高校的当下竞争力和发展前景。如此一来,"高校内部治理现代化"命题便应运而生。"高校内部治理现代化"是包括了"高校""治理"和"现代化"在内的复合式概念体。对"高校内部治理现代化"进行研究,需要把治理理论和现代化理论作为构建分析框架的基础性理论。

1.现代化理论

(1)主要观点

现代化理论最早可以追溯到韦伯和涂尔干所构建的"传统-现代"二分的现代化理论框架[1]。这是一种诞生于20世纪60年代美苏"冷战"背景下的理论,当时以美国为首的西方发达国家需要争取美苏"两极"阵营外作为"中间力量"的部分第三世界国家的支持,于是开发出一套"可供新独立的发展中国家学习和接受的'新'理论和'新'价值观"[2],以策动这类国家进入西式自由民主的发展路径,在意识形态和政治经济体制上实现"亲西方化",经典现代化理论便是作为一种政治战略而初步成形的。

经典现代化理论的中心观点是唯有效仿西方国家曾经走过的现代化道路,新独立国家和发展中国家才有可能实现自身的现代化,即后发现代化国

---

[1] 李泽实.现代化理论与中国发展[J].开放导报,2014(1):64-66.
[2] 梁中堂.关于现代化理论研究的几个问题[J].中国特色社会主义研究,2003(1):24-28.

家应该在追求发达国家的发展水平的过程中实行资本主义制度,建立市场经济并信奉自由民主制度。帕金森(Cyril Northcote Parkinson)的社会现代化理论、阿尔蒙德(Gabriel A.Almond)的政治现代化理论和罗斯托(Walt Whitman Rostow)的经济成长阶段理论等都是体现西式现代化观念的典型代表。[①]经典现代化理论的主张因西方国家的普遍发达而备受追捧,一些后发现代化国家的领导人认为,既然世界上几乎所有的发达国家都实行以市场经济和自由民主为核心的体制,那么它必然是一条通往现代化的最有效的途径。在这种观点的驱动下,南美、非洲的许多第三世界国家陆续完成了市场经济和民主政治的改革,加入了西化的阵营。

但显然,经典现代化理论不能彻底解决后发现代化国家的现代化问题,一些走上西化道路的新兴独立国家仍然摆脱不了收入水平低、经济发展凝滞、社会秩序混乱等种种问题,这些国家也往往在进入发展平台期后就陷入"中等收入陷阱"之中无法自拔。由此,"西方中心"和"道路唯一"的现代化观点开始受到许多持有第三世界国家立场的学者的批判和修正,他们认为发达国家令自身的体制扩散到全世界的行为不断强化现存的不平等的全球政治经济秩序,而被卷入其中的后发现代化国家将持续处在发达国家的控制和剥削之下。上述认识促进了依附现代化、去现代化等主张的提出,如艾森斯塔德(S.N.Eisenstadt)认为,现代性的构建并不意味着传统性的同步瓦解,现代文明应该是现代性与本土性互相冲突和融合的产物;沃尔夫冈·查普夫(Wolfgang Zapf)指出,现代化是"未完结的历史过程",发展中国家追赶甚至超越西方国家的过程也应该被纳入现代化的考虑之中,西方国家的今天并非现代化的终点[②];阿根廷经济学家劳尔·普雷韦什(Raul Prebisch)应用"中心-外围"的二元结构揭示了不发达国家落后的根源是对发达国家的依附。我国学者温铁军则提出要通过"去依附化""去城市化"和"建设生态文明而非工业文明"来实现"去现代化"[③],唯有不追求西方国家所宣扬的现代化,才能破解现代化困境。以上几位学者的主张显示出当今现代化理论的多元化发展趋势。

---

① 林爽.现代化视域下沃勒斯坦世界体系理论研究[D].哈尔滨:黑龙江大学,2012:44.
② 沃尔夫冈·查普夫.现代化与社会转型[M].2版.陈黎,陆宏齐,译.北京:社会科学文献出版社,2000:8.
③ 温铁军.解构现代化:温铁军演讲录[M].北京:东方出版社,2020:88.

尽管现代化理论在发展过程中内涵日益丰富,而且就"现代化道路""现代化水平"等问题,学界尚存在诸多争议,这些争议使得现代化理论在当今继续呈现出不稳定和复杂化的发展趋势,但是,对于要不要现代化、应不应在"传统-现代"二分的基本范式下实现对传统的、旧的事物的革新,全球的回答和行动却非常一致。可以看到,目前世界上大多数国家都将创新、破旧和发展作为核心治理目标,这实际上就是现代化理论切中了这些国家的迫切需求、进而对其产生了强大影响力的一种表现。

在当下,为获得工业发达社会所具有的某些共同特征,几乎所有的社会都处在"文化与社会经济变迁的全球性过程"[①]之中。由于"追赶"需求的存在,大部分国家实际上没有理由拒绝现代化。也就是说,不论"现代化"的具体内涵到底如何,通往"现代化"的最佳路径到底如何,归根到底,人类文明和现代国家是一定要追求某种姿态的现代化的,这也是一切现代化理论的基本主张。这种主张强调对全世界、全人类文明发展进程的把握,即对所处的"原时代"和"当时代"产生清晰的理解,从而为自"原时代"迈向"当时代"做好准备。简言之,现代化理论所要实现的,就是在现阶段某个区域、国家和社会的政治、经济、文化的发展水平的基础上,不断地将各种落后、愚昧、消极的成分剔除,以使追求现代化的主体向着更具"现代性特征"的程度进化。

(2)适切性

现代化理论是运用于揭示社会形态由"非现代型"向"现代型"变迁的规律的理论。高等教育系统作为重要的社会子系统之一,必然也有着由传统向现代进化的需求,因此现代化理论可提供相应的理论支撑。当今时代,高等教育和高等学校对于国家发展和社会进步的推动作用已经被世界各国深刻地认识到,高等教育和高等学校逐渐被公认为在国家现代化发展进程中能起到关键作用的"牵引力量",所以,在国家整体走向现代化的背景下,实现高等教育和高等学校的现代化(为了发挥"牵引"的作用,高等教育和高等学校的现代化甚至应适当地超前于国家现代化)非常必要。在世界范围内,无论是

---

① MAGNARELLA P J.Tradition and change in a Turkish town[M].Cambridge, Massachusetts: Schenkman Publishing Company,1974:81.

继承了中世纪大学行会自治传统的高等教育系统,还是有着高度集权、统一管理历史的高等教育系统,都不约而同地在近二十年中选择以相近的方式(引入新公共管理思维,运用现代信息技术,推进自身的市场化、决策民主化水平和开放程度、技术含量等)进行转型,这种现象的出现代表着高校的某些"现代化特征"得到了研究界的广泛认可,体现了现代化理论的观点与高等教育变革的协调性。

高校内部治理现代化是当下高校管理领域的热门话题,它的内涵是高校在其内部公共事务的处理上由传统的"管理"形式转变为"治理"形式,之后实现治理的现代化。对于东北亚国家这类高校治理改革起步较晚的国家来说,借鉴西方国家一流高校的治理经验并对其进行本土化的改造,是一条可取的高校内部治理现代化之路。这一逻辑同经典现代化理论到现代的现代化理论的演进逻辑有着相似之处——由主张"西方中心主义下的现代化道路唯一"到承认"路径多元化的特色现代化"。东北亚国家针对高校内部治理所进行的一系列改革均可视作促进其高校内部治理由传统向现代转变的努力,这符合"现代化"的逻辑。应用现代化理论的观点对东北亚高校内部治理进行研究,还有利于促进现代化理论自身尤其是高校内部治理现代化的相关理论的丰富和完善。

2.国家治理现代化理论

(1)主要观点

"治理现代化"的命题是在综合治理理论、现代化理论、国家建构理论和协商民主理论的基础之上提出的,其主要目的是解决"传统公共事务管理模式与现代社会条件协调的失败"[1]这一难题,而这也是治理理论与现代化理论的契合点所在:改进管理方式,以更具现代性的"治理"取代传统的模式。治理现代化最初是一个适用于国家治理范畴的概念[2],因此,可以根据国家治理

---

[1] JESSOP B.The rise of governance and the risks of failure: the case of economic development[J].International social science journal,1998,50(155): 29-45.
[2] 冯丽莎.整体性治理视阈下地方高校内部治理体系现代化研究[D].衡阳:南华大学,2019:25.

现代化的观点来把握治理现代化的内涵。从定义上来说,国家治理是由国家主导的多元主体的共同治理[①],它的现代化过程主要涉及治理体系和治理能力这两个维度的现代化。国家治理体系是"一整套相互衔接、相互协调的国家制度"[②];国家治理能力主要指的是"国家制度的执行能力",即运用制度体系治理国家各层面事务的绩效和水平[③],它是由执政领导能力、执行决策能力、民主参与能力和监督能力等综合而成的。所以说,国家层面上的治理现代化就是国家治理体系和治理能力的现代化,就是构建现代化的国家治理制度体系并尽可能地发挥出制度的效能,以"收获符合预期的治理效果"为目标。

我国学者俞可平(2014)在国家治理的层次上提出了五项判断治理是否具有现代化水平的标准,分别是:公权力运行的制度化、治理民主化、法治化、效率优先、制度系统的协调性。

公权力运行的制度化所关心的是公权力能否在一种具有合法性的规范程序的限定之中运行。为此,必须构建一套完善、合理、科学的制度,以使各类治理行为能够发生在公众所认可的秩序中,从而避免出现少数权力主体根据个人或小集体的好恶恣意行使公权力的现象,使滥用权力、以权谋私的情况消失在源头,令公权力真正立足于其公共属性而发挥作用。

治理民主化是现代国家治理体系最基本的特质[④],现代国家治理应体现"主权在民"或是"人民当家作主"的精神。"治理"本就体现着一种强调"以同意代替强制""协商合作而不独断专行"的理念,主张与治理利益相关的所有群体都有权参与到治理的行动之中。现代公共事务的复杂程度和治理难度也推动着国家适度地将相应权力让渡给相关群体,以提高公共事务的处理效率,降低政府的行政成本。所以,无论从治理的公理还是实际效果来看,现代化的治理都应是建立在民主、协商基础上的治理。

法治化即一切治理行为都应被纳入体现法治精神的规则和程序之中。"法治"与"人治"有着根本不同:"人治"即"权力执掌者凭借其所有或行使的不受制

---

① 魏崇辉.当代中国国家治理现代化的理论指导、基本理解与困境应对[J].理论与改革,2014(2):5-10.
② 习近平.切实把思想统一到党的十八届三中全会精神上来[J].求是,2014(1):3-6.
③ 韩振峰.怎样理解国家治理体系和治理能力现代化[N].人民日报,2013-12-16(7).
④ 俞可平.国家治理体系的内涵本质[J].理论导报,2014(4):15-16.

约的权力,完全依据其个人主观意志"进行"治"的方式①,它是与治者的个人素质牢牢绑定的,治者能则政善,治者庸则政滞,治者恶则政坏。而即便是"能者善政",其所创造的良好政局也时刻遭受着"人走政息"的威胁。因此,"人治"的不确定性、风险性极大,造成这种特征的根源是统治者个人素质的良莠不齐,就像康德所提出的,人类的理性实际上就是感性的直观②,这是一种有限的理性,即"人类不可能永远保持理智"。而法治则正好相反,它所依据的是国家宪法及其他法律法规,制定和贯彻一套良法,可以保证治理长期、平稳、科学地运行,并能在最大程度上避免因个人因素导致的坏政的蔓延。

效率优先往往在国家治理的结果中得到体现,是国家治理能力的直接反映。国家治理的制度优势需要转化为治理效能,以使行政部门能够在付出适当的行政成本时更快更好地实现行政的目的,为整个社会带来切实的效益。

制度系统的协调性是针对由过度的分权制衡行为导致的"治理碎片化"困境所提出的。现代国家治理所要处理的是涉及面广且主体诉求高度分化的公共事务,治理及其制度设计也要分工和专门化,这可能造成不同的治理主体在不同的制度背景下权责界限不清和各自为政的状况,从而损害治理的效率。强调协调,就是希望国家治理体现出系统性和整体性,使参与治理的各方能够形成一种"合力",以协商、互补代替隔绝、分裂,以实现"善治"的共同目标。

东北亚地区的国家治理现代化表现出鲜明的"国家主义"倾向。"国家主义",顾名思义,就是在任何包括"国家"在内的参照系中都要坚持"以国家为中心"的关系处理准则③。东北亚国家治理现代化的"国家主义"特征是根植于东北亚国家治理行为的逻辑起点和现实关切之上的。

就逻辑起点来说,东北亚国家的治理向来是以政府为核心的治理。与西方国家强调政府、社会、市场等多主体协商治理的模式不同,在东北亚国家的传统中,政府基本上都处在整个国家行动系统中最为关键的位置,发挥着对国家整体运行的引导、控制作用。这一逻辑起点的形成主要是由于东北亚各

---

① 丁士松.论人治[J].武汉大学学报(哲学社会科学版),2008(4):567-572.
② 庄丽静,陶火生.康德有限理性的历史考察与阐释[J].西南农业大学学报(社会科学版),2013,11(5):67-69.
③ 蔡拓.全球主义与国家主义[J].中国社会科学,2000(3):16-27+203.

国政治的早熟（主要是指成熟官僚体系的建立和运作）和"强大国家"的传统的存在，经过千余年的历史演变，今天的东北亚国家普遍相信"政府对人类实现'善治'具有决定性作用"[①]。

就现实关切来看，东北亚国家对国家治理现代化的研究定位也不同于西方国家。现今西方国家的治理现代化研究，正呈现出内容丰富化（几乎涵盖当下一切公共管理领域的问题）和视角多样化（涉及政治学、经济学、管理学等不同学科）的趋势，罗伯特·罗茨就曾归纳出了六种"治理"概念，这显示出国家治理现代化相关理论研究的极大繁荣。但是，对于自近代以来就在整个人类文明体系中屈居落后地位和拥有"国家主义"传统的东北亚国家来说，治理现代化所具有的工具属性（也就是将其运用于强化政府/国家的政治能力的可能性）才是最值得关注的。相较于许多西方国家正在追求的"没有政府的治理"或是"小政府-大社会"的治理模式[②]，东北亚国家更需要以高效的政府为核心的治理。

综上所述，治理现代化内含了治理理论和现代化理论的核心观点：治理理论要求通过广泛的、网络式的协商合作机制处理公共事务，而现代化理论主张以更具现代性的形式取代传统的模式。总的来说，两种理论的最终目标都是使治理行为能够取得更加理想的效果，这也是治理现代化的使命所在。

(2)适切性

治理现代化可以被应用于对高校内部治理问题的研究中，这是由现代国家和现代高校的"双向互动"关系所决定的。在"双向互动"中，国家治理和高校治理无论在理念、制度，还是体系、能力上，都存在着相通和相近之处，因此，高校内部治理现代化与国家治理现代化有着密切联系：从地位上来讲，高校内部治理现代化是国家治理现代化进程的重要组成部分[③]；从性质上来看，现代高校的内部治理从来就不仅仅是一个教育问题，在社会、经济、政治、文化等因素的交叉作用下，它"深深地嵌入或是整合于现代国家的治理框架

---

① 俞可平.治理与善治[M].北京:社会科学文献出版社,2000:5.
② 陈明明.治理现代化的中国意蕴[J].人民论坛,2014(10):32-33.
③ 晏维龙.加快推进大学治理体系和治理能力现代化[N].学习时报,2019-12-06(6).

中"①,国家治理现代化决定着高校治理现代化的路径选择和价值逻辑②。鉴于东北亚地区高等教育的国家主义传统和"强政府"的政治特色,东北亚高校内部治理现代化过程对于东北亚国家治理现代化的"嵌入"程度自然要较英、美等自由主义盛行的国家中的高校更甚。这就意味着,国家主义的治理现代化理论非常适宜于运用在对"东北亚高校内部治理现代化"的探讨之中。

由于东北亚高校内部治理现代化进程天然且高度地嵌入国家治理现代化进程,因此,有许多东北亚国家的学者认为本国的高校内部治理现代化也应走本国的国家治理现代化的道路。这条道路的目标是:在构建一套具有现代性(即具备公权力运行的制度化、治理民主化、法治化、效率优先和制度系统的协调性这五项"治理现代化"的特征)的内部治理制度体系的基础上,增强制度的执行能力以发挥其效能。用中国学者所构建的话语体系来表示,就是东北亚高校要进行"治理体系与治理能力的现代化"。

除了"治理体系-治理能力"这个从国家治理现代化研究领域借用而来的维度外,高校内部治理现代化还须把高校在属性上和高校内部治理目的上的特殊性纳入研究和实践所要考虑的范畴。东北亚国家普遍存在的问题是"国家政府强势有余,高校自主发育水平相对欠缺",高校的生存发展状况主要由国家/政治权力来决定,这就有可能导致高校内部的权力关系畸形以及"治理"的名存实亡。所以,对东北亚高校来说,目前其内部治理的直接目的是划清内部不同权力主体的权责界限,理顺治理运行过程中的互动和协作关系③。更进一步来说,"高校善治"才是东北亚高校内部治理所要追求的境界,因为唯有"善治"才能确保东北亚高校在复杂多变的现代社会中妥善地处理公共事务,从而拥有良好的生存和发展状况。所以,东北亚高校内部治理现代化过程中的最基本的事实是,东北亚高校要逐步追求其内部治理的"善治化",在"善治"目标的指引下处理好内部各类权力主体间的权责关系,最终在适当地满足高校自身和高校内外部各种利益相关者需求的基础上,发挥好高校的功能和作用。所以在本研究中,治理现代化的观点及方法将在考虑"国家现

---

① 蒋达勇.现代国家建构中的大学治理——基于中国经验的实证分析[M].北京:中国社会科学出版社,2014:7.
② 孙杰远.国家治理背景下大学治理现代化的本质与策略[J].国家教育行政学院学报,2020(2):3-8.
③ 刘尧.大学内部治理亟待突破的八大困境[J].高校教育管理,2017,11(1):21-26.

代化"这一大背景的前提下,最终与"高校善治"语境相结合,并运用于东北亚高校内部治理现代化的研究中。

3.治理理论

(1)主要观点

"治理"是对传统的公共事务的"管理"或是"统治"方式的更新,代表着公共事务管理中的一种新的公共权力配置和运作形式[①]。"治理"仍服务于"创造条件以保证社会秩序和集体行动"[②]这一公共事务管理的目的,它与"管理"或"统治"的差异主要体现在行动和过程上,比方说,治理并不依靠一元的权威及其制裁,而要通过"多种能够进行统治并互相影响的行为者之间的互动"[③]来发挥作用;治理的特征是"以合同包工取代单向监督,以权力分散取代中央集权,以公私部门合作取代政府行政对公共事务的绝对支配"。所以,一般意义上的治理理论强调,要尽可能地促进相关主体对公共事务的平等、充分的参与,主张融合利用正式制度与非正式制度、正式组织与非正式组织的作用,避免出现由于过分依靠由国家或政府等正式机构所安排的"合乎规范"的流程而产生的困境。此外,治理更关注过程中的具体社会实践和活动及其带来的后果[④],体现出鲜明的"结果导向"特征,这也与"管理"或"统治"所重视的公共事务处理过程本身的规范化、秩序化不同。

治理理论的内涵极其丰富,许多个体和组织都根据本领域的研究需要,对"治理"进行了不同角度的理解,如詹姆斯·罗西瑙(James N.Rosenau)对"未得到正式授权的管理机制"的作用的阐释,格里·斯托克(Gerry Stoker)的"统治行为者互相影响"论和我国学者毛寿龙基于新公共管理理论的"政府掌舵而不划桨"构想等。它们都显示出"治理"的某部分特征,从而为治理理论的发展做出了贡献。在上述主张中,格里·斯托克(1999)的观点较为典型。他

---

① 徐勇.GOVERNANCE:治理的阐释[J].政治学研究,1997(1):63-67.
② STOKER G.Governance as theory: five propositions[J].International social science journal,1998,50(155):17-28.
③ KOOIMAN J, VAN VLIET M.Self-governance as a mode of societal governance[J].Public management an international journal of research and theory,2000,2(3):359-378.
④ BEVIR M.Governance: a very short introduction[M].OUP Oxford, 2012:21.

提出,"治理"的概念对理论的主要贡献并不在于因果关系分析这个层次,它的主要价值在于能够提供一种组织框架,人们可以据此求得对变化中的统治过程的了解[①]。斯托克进而又提出了关于治理的五个观点:治理是一系列来自政府又不限于政府的社会机构和行为者的复杂体系;治理意味着在解决经济社会问题时,各方的界限和责任是模糊的;治理明确肯定了涉及集体行动的各机构之间存在相互权力依赖;治理意味着参与者将形成自治、自主的网络;治理认识到办事的能力不在于政府下命令的权力或者政府权威的使用,政府可以使用新工具和技术来指导,以增强自己的能力[②]。斯托克的观点基本概括了治理理论所蕴含的精神:合作、行动者关系的网络化、对新技术的运用、公共事务处理流程的变化以及"结果主义"。简言之,这套理论的基本精神就是为了实现一定的目标,可以任意、灵活地运用关系和手段,它与僵化的传统科层管理模式过分重视行政程序、执行层次的取向有着根本不同。

本研究拟采用治理理论的一般主张:首先,治理是传统的公共事务管理在形式上的一种进化;其次,治理要求在公共事务处理中解构一元管理权威及其主导下的正式管理程序,它承认多个权力主体的存在,以"调和"而不是"支配"作为展开行动的基础[③];再次,治理中正式和非正式的制度、组织、机制等的混合令该过程中各方的权力、责任和利益等关系呈现出模糊和复杂的状态,这意味着公共目的达成前长期进行协商互动是必要的;又次,治理主体的多元化及他们之间相互联系的特点使得传统的"自上而下"的科层逻辑和体制被自主自治的"网络式"结构所取代,这有利于主体间的合作和发挥各自的主动性;最后,治理的开放、多样和灵活并不代表着治理过程是无序的、混乱的,治理本质上是公共事务管理的一种手段,是为了达成一定的公共目的而存在的,它依然需要处于核心地位的某种权威来提供基本的引导和控制,以使整个过程在特定的秩序中运行。

---

① 格里·斯托克,华夏风.作为理论的治理:五个论点[J].国际社会科学杂志(中文版),1999(1):19-30.
② 让-皮埃尔·戈丹.何谓治理[M].钟震宇,译.北京:社会科学文献出版社,2010:20.
③ 俞可平.治理与善治[M].北京:社会科学文献出版社,2000:271.

(2)适切性

治理理论是在现代公共事务管理转型的背景下诞生的,时至今日,治理的精神已经渗入从国家到社会的各个领域,无论是政府、企业还是其他类型的社会机构,在其运转过程中都存在着治理的问题[1],现代高校作为社会机构中的关键一员自然也不例外。Van Ees 和 Zattoni(2012)认为,源自公共管理领域的治理理论是一种服务于"在价值创造、创新和战略中发挥重要作用"[2]的理论。根据这种观点,高校作为一种重视创新和战略性发展的社会组织,显然具有进行公共治理和运用相关理论的需求。

今天,高校的职能已经在单纯的教育和知识创造的基础上扩展开来,其影响力也不再局限于校园,而是逐渐扩散到国家、社会之中,造就了多元的利益相关者,如企业、校友、学生家长等等。这样一来,高校内部的权力、利益关系愈发错综复杂,需要应对的利益诉求越来越多元化,促进变革的因素不停地涌现出来,传统的管理模式存在失灵的风险。

因此,高校面临着"当时代"的矛盾和冲突,一如瓦尔特·吕埃格(Walter Rtiegg)所言:"它们与权力当局之间那些宗教的、政治的或者经济利益的关系问题总是表现得非常复杂……引发了关于大学师生是否在教育、科学和管理方面拥有独立性的这一重要和持久的争论。"[3]这些问题超出了高校在其"原时代"形成的能力的处理范围,由此引发了高校对"更少的统治,更多的治理"的迫切需求。我国学者吴明华(2013)也提出,"更少的统治,更多的治理"是世界教育管理体制变革的一种趋势[4]。此外还有 Marginson 和 Considine(2000)两位学者提出,治理关乎大学内部的价值决定、大学的决策和资源分配系统、大学的使命和目标、大学的权威和科层模式,关乎大学作为学术组织

---

[1] 胡建华.大学内部治理与外部治理关系分析[J].江苏高教,2016(4):1-5.

[2] ZATTONI A, VAN EES H. How to contribute to the development of a global understanding of corporate governance? reflections from submitted and published articles in CGIR[J]. Corporate governance: an international review, 2012,20(1):106-118.

[3] 瓦尔特·吕埃格. 欧洲大学史(第三卷)[M].张斌贤,等译.保定:河北大学出版社,2014:87.

[4] 吴明华.现代大学的治理逻辑及其在中国大学实现路径研究[D].上海:上海交通大学,2013:10.

与政府、商业和社区组织之间的关系[1]。从中外学者的认识来看,唯有以"治理"取代传统的"管理"及"统治",才能使高校建立起比较现代化的、契合其发展规律的组织架构,才能使高校处理好内部与外部环境的关系,特别是内部事务。

目前,自张维迎教授首次在国内提出"大学治理"的概念以来,从治理的角度出发研究高校的管理问题已成为我国高等教育领域的热点之一。在国家战略的层面上,"高校治理"的相关问题已经得到我国教育部门的高度重视。教育部在2010年颁布的《国家中长期教育改革和发展规划纲要(2010—2020年)》中已经提出了要"完善高校内部治理"。当前,我国正围绕高校"治理体系和治理能力现代化"展开一系列改革,需要治理理论提供强有力的支撑。这些来自学界和政府方面的反响都证明了治理理论能够运用于高等教育理论研究和实践当中。

在理解治理理论于本研究的适切性后,还应注意治理理论的"因地制宜"问题。治理理论既非诞生于教育学领域之中,也非专门应用于解决高校内部事务处理问题。归根结底,"治理"同"高校治理"不是完全对等的概念,二者可以视作包含与被包含的关系,仅在局部发生重合。除此之外,"高校治理"还是一个高等教育学领域的问题,"高校治理"在体现"治理"的基本精神的前提下,也要符合高等教育和高校自身的发展规律。笔者认为,在研究的过程中既应看到治理理论之于现代高校在公共事务处理中的可应用性,又须考虑到高校同其他社会组织的相异之处,要妥善、灵活地在高校治理问题研究中化用治理理论。

(二)嵌入性分析工具

"嵌入性分析"是将特定的事物或问题纳入具体的政治、经济、文化、社会和制度等客观环境中来把握其内在规律性的一种分析范式[2]。本研究的主题是"东北亚高校内部治理现代化",所以需要把握"高校内部治理现代化"的

---

[1] MARGINSON S, CONSIDINE M. The enterprise university: power, governance and reinvention in Australia[M]. Cambridge University Press, 2000:7.
[2] 丰硕.中国公立高校内部治理体系研究[D].长春:吉林大学,2016:28.

"东北亚"特性。而事实上,东北亚国家也的确选择了不同于西方的高校内部治理现代化的路径,彰显出本国传统和民族性等特色因素的影响力。东北亚高校所进行的内部治理现代化,是在遵循现代高校治理的基本理念和一般逻辑的同时体现东北亚的国家、民族、传统等方面特征的现代化过程。因此,按照嵌入性的思路对"东北亚高校内部治理现代化"进行分析,就应当在系统梳理和归纳具有东北亚特色的、能够对高校内部治理产生重大作用的因素的基础上,明确分析"高校内部治理现代化"的主要理论工具和一般性分析框架。

1."价值-制度-行动"的结构性框架

高校内部治理现代化是高校内部治理向着完善、合理和科学的境界靠拢,逐步实现规范化、民主化、整体化的过程。对这一过程和最终结果起主要作用的是与高校内部治理相关的一系列制度安排,制度的根本性、稳定性和长效性等特质是高校内部治理实现规范、有效、长期运转的关键所在。同时,制度的不断完善也是高校内部治理的现代性积累的一种体现,高校需要通过持续的制度建设来逐步接近"善治"的境界。因此,高校内部治理现代化在很大程度上是相关制度的现代化[①],预先设计出现代化的内部治理制度,并将其组织成一个能够协调、顺利运行的制度体系,有助于发挥制度效能并取得预期的治理结果。因此,笔者认为,高校的"治理体系"在某种程度上可以看作一种以制度为核心且能够实现一系列高校功能的综合性秩序系统。结合前文对"高校内部治理现代化"的定义,可以进一步明晰高校治理体系在高校内部治理现代化中的作用。这种作用,简言之就是"承载理念"和"发挥能力",发挥其工具性功能。

在国家治理现代化的相关研究中,理想化的"治理体系"被一些学者定义为"由价值、制度与行动构成的一个橄榄型结构",其基本的层次表现为"制度居于两者中间的核心位置,价值居于顶端,行动则位于底端……以价值形塑制度,以制度督导行动,以行动彰显价值",治理体系自身即是一个"循环往复、相互回应的闭合系统"(如图1.1所示)[②]。国家治理的各方面功能便是在

---

① 张天兴.高校现代化治理与运行机制研究[M].石家庄:河北人民出版社,2016:47.
② 郑吉峰.国家治理体系的基本结构与层次[J].重庆社会科学,2014(4):18-25.

"价值-制度-行动"结构基础上,通过理解治理的价值取向,围绕着治理目标进行相应的制度设计和实施来实现的。

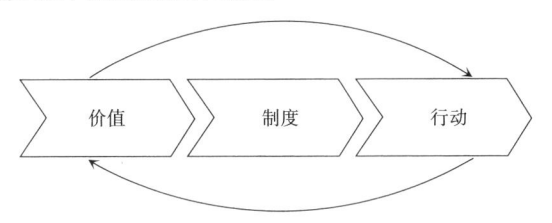

图 1.1 "价值-制度-行动"的橄榄型结构示意图

2."价值-制度-行动"模式下的东北亚高校内部治理现代化

在"价值-制度-行动"这一国家治理体系运作模式的影响下,深度嵌入国家治理框架的东北亚高校内部治理现代化也相应地要根据类似的逻辑来组织自身的治理行动。首先,东北亚高校要确定内部治理的价值体系,这部分的核心问题是"东北亚高校应以何种治理理念进行内部治理";接下来,价值体系决定着东北亚高校内部治理的制度设计、具体制度安排和整体制度架构形态,即东北亚高校内部治理理念的更新引发了治理制度和制度体系的变革;然后,东北亚高校内部治理的制度体系又决定、控制、规范、引导和激励着其在现实层面的治理活动,为治理主体的自主或协作治理行为提供平台;最终,东北亚高校内部治理的价值体系将根据治理行动的结果进行调整。整个行动系统体现出"自上而下"与"自下而上"的运作逻辑在系统运行过程中的结合,从而区别于传统的东北亚高校内部管理体制。

(三)研究思路

东北亚高校普遍于世纪之交展开了基于治理理论的内部体制机制改革,以治理话语体系和实践模式取代本国历史上政府主导下的对高校内部事务实行的管理和统治,增强高校在现代社会背景下的灵活性和自主性。但是,由于起步较晚和缺乏经验,以及高校治理理论自身的不断演进,东北亚高校仅按"治理"的经典标准所进行的改革是不够的,尤其是对于志在竞争世界一流地位的东北亚高校来说,其内部治理也应该朝着与世界一流水平接轨乃至领先世界的目标发展,如此便不能仅就既存的理论和模式进行模仿,而应以自身的治理实践促进相关理论的发展。

经典高校治理理论强调在高校内部实行纯粹学院式的、学术人员的共同治理[①],而这种模式在俄罗斯和日本高校早期的治理实践中饱受批评,它被认为是令高校自绝于外部环境,脱离、逃避了其所应负有的国家和社会责任,而且也未能使那个年代的俄罗斯和日本高校跻身世界一流行列,这体现了西方的高校内部治理理论在运用于东北亚高校的实践时存在适应性问题。经典高校治理理论的时代局限性,决定了"治理化"已经不再是现代东北亚高校主要的改革方向。东北亚高校目前面临着在高校内部治理基本成型的基础上,实现高校内部治理的现代化的历史使命。"高校治理化"和"高校治理现代化"本质上都是要实现高校的现代化,是为了让高校能够在现代环境中拥有良好的生存和发展状况,所以,东北亚高校选择"内部治理现代化"的道路,优先考虑治理的质量和有效性,是契合现代高校生存、发展以及冲击世界一流水平的需要的正确抉择。

在对相关文献进行梳理的基础上,笔者认为,东北亚高校内部治理现代化是一个沿着"理念更新→体系更新→彰显能力"的路径展开的历史过程,其原因主要包括三方面:第一,东北亚高校长期处在高度中央集权的教育管理体制之下,其诞生及后续的改革一般是以某国的模式作为样板且在政府的主导下完成的[②],这意味着东北亚高校的内部治理现代化通常会具备方向明晰的前期战略规划;第二,在战略规划的引领下,东北亚高校必然会抛弃根据先前规划所形成的治理理念,转而依据新的规划调整思想并构建相关体系;第三,由于这一过程具有浓郁的国家主义特征,以及国家主义背后隐含的工具主义、功利主义色彩,东北亚高校在治理绩效上的表现就显得至关重要,因此,东北亚高校内部治理现代化过程的阶段性终点是东北亚高校内部治理能力的现代化。

---

① 王晓辉,刘敏.理念与制度[M].济南:山东教育出版社,2015:2.
② 丁笑梅.大学治理结构研究——基于比较的视角[D].上海:华东师范大学,2014:119.

第一章 研究的理论基础与分析框架

具体来说,东北亚高校是通过如下的逻辑路线进行内部治理现代化的:

首先,东北亚高校进行治理理念的更新,形成现代高校内部治理价值取向并做出价值选择。东北亚高校的各个内部治理主体(特别是拥有决策权的主体)需要参照世界一流高校的治理理念及实践来调整自身的治理理念,在思想上做好变革的准备。在治理理念完成必要的更新之后,下一步需要进行的是依据理念上的转变进行具体的价值选择,这主要表现为东北亚高校内部微观层面的新式治理制度、组织机构的形成,它们为东北亚高校内部治理理念的现代化提供了载体。

其次,东北亚高校的内部治理体系也需要做出相应调整。在上一阶段进行的价值选择,一般是以单项的、微观层次上的新制度的出现或对旧制度的局部调整来进行的。这个过程在直接改变东北亚高校内部治理的具体制度的同时,也使得这些制度所处的整个体系产生了变革的需要,因为制度的局部更新必然会造成整个制度体系架构和运行机制的不稳定,进而对高校治理活动的正常运行产生一定的冲击。从整体的角度出发对高校内部治理体系进行调整,就是为了将体系内部革新所产生的冲击力抵消,使体系回到平稳运行的状态。

最后,经历了理念与制度、体系的一系列现代化变革的东北亚高校内部治理的直接目标是"能力的跃升"。"能力"维度代表了东北亚高校内部治理现代化的成效,一般体现在以下五个方面:(1)在政府主办或者其他性质的评估活动中取得佳绩;(2)国际竞争力显著提高(例如世界大学排名);(3)能够适应作为引领国家、社会发展的知识和教育机关的角色;(4)公益性强,有良好的社会声誉;(5)高校自身的生存发展状况良好,前途光明。实现内部治理能力的现代化是整个东北亚高校进行理念与体系现代化变革的终极追求,如果内部治理能力最终无法彰显,那么东北亚高校在理念、制度与体系的现代化上所付出的建设成本就无法顺利回收,其内部治理现代化也将成为一个流于形式的过程(以上流程和具体内容参见图1.2)。

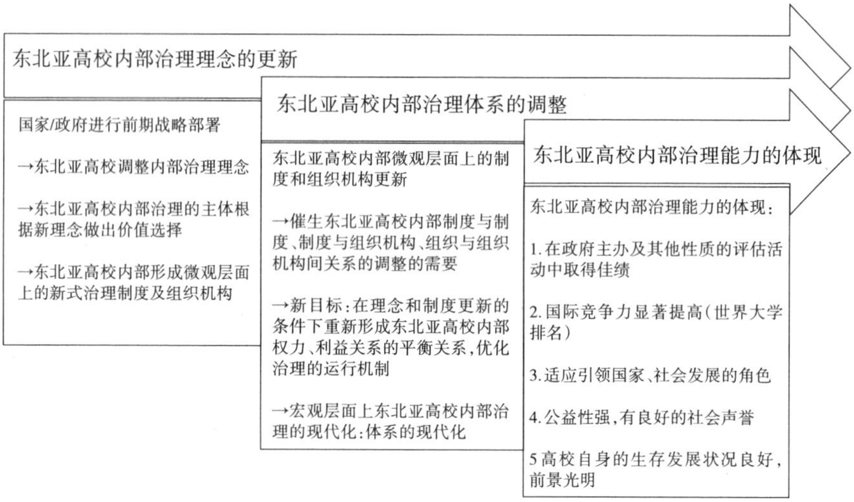

图 1.2 东北亚高校内部治理现代化的内容示意图

三、东北亚高校内部治理现代化的分析框架

在治理理论和现代化理论的基础上,把握"国家治理现代化"这一命题的要义,并结合对"价值-制度-行动"这一嵌入式分析工具的使用,本研究将"理念""体系"和"能力"作为东北亚高校内部治理现代化分析框架的三个组成要素,分别与"价值""制度"和"行动"相对应。

该框架的设计理念源自"治理现代化"领域中的"治理体系和治理能力现代化"的观点,根据"国家治理现代化"同"国家治理体系现代化""国家治理能力现代化"之间的关系可推导出,高校内部治理现代化的实现须以"现代化的内部治理制度体系建设"与"发挥现代化的内部治理制度体系的能力"为前提条件。在明确"治理体系和治理能力现代化"与"高校内部治理现代化"之间的关系后,还需详细地界定高校内部治理语境中的"体系"和"能力"的概念。在笔者来看,"体系"代表着高校内部的"各种治理制度的总和及其协调关系",也就是由高校内部治理所牵涉的各项制度所综合而成的一个整体;"能力"则是由高校内部治理主体对制度的执行力、领导者总领全局的能力、治理主体间的合作能力、对治理行为的监督能力、对治理活动的保障能力等一系列能力组成,它体现了高校内部治理制度效能的发挥程度和高校内部治理结果的优劣。

在"国家治理现代化"所要求的"体系"和"能力"的基础上,笔者增加了"理念"这一要素,来形成本研究中的分析框架。以"理念"来补充"治理体系与治理能力现代化"框架的原因有四个方面:一是笔者所界定的"高校内部治理体系"中并不包含价值规范、原则取向这类文化性质的元素,所以需要将其进行单独归纳;二是为了与"价值-制度-行动"的分析工具相对应,笔者选择以"体系"对应"制度",以"行动"对应"能力",此外尚需与"价值"相对应的要素;三是考虑到东北亚高校内部治理现代化进程的"后发"以及"模仿"等特性的存在,"理念"在这一过程中的作用不能被忽视,它深刻影响着东北亚高校内部治理的体系样貌和能力表现,值得与"体系"和"能力"进行并列讨论;四是"理念"本身对高校内部治理有着重要影响,由于高校是在社会中承担文化、教育职能的特殊机构,决定了其对于文化因素作用的敏感程度。高校的理念作为高校内外部各种文化融合、冲突的产物,同时又是高校内部文化效应关系的中心成分[①](如图1.3所示),可以在高校内部治理制度及其体系的建设中发挥先导作用[②]。

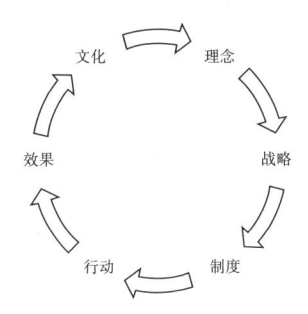

图1.3 高校内部文化效应示意图

---

① 吴俊清,朱红,朱敬.大学文化治理:概念、理念、环境与研究内涵[J].现代教育管理,2012(10):41-46.
② 张继延,陆先亮.大学内部治理体系现代化:理念、路径及内容[J].江苏高教,2017(11):41-43.

综上所述,高校内部治理现代化中的"理念现代化"不仅有必要单独进行讨论,而且从全局的角度出发,它还应该处在首先讨论的位置上。从根本上看,成熟和具有合法性的治理理念对于高校来说,就是其内部治理展开的规范取向和行动标准,是主体在制度、战略、行动等方面进行选择的依据。在处理公共事务特别是面对冲突与矛盾时,高校的内部治理理念可以保证价值选择的稳定性[1],约束治理主体的目标订立、手段抉择等行为。简言之,对于处在现代化进程中的高校内部治理来说,理念的现代化既是"起点",又起着"确定底线"的作用。

(一)高校内部治理"理念""体系"与"能力"的关系

分析框架的构建应基于对构成框架的各要素的内涵与要素间的相互关系的把握。总结前文所述,可以得知:高校内部治理理念是引导和维持治理系统运行的各个部分的"共有规范",它代表着高校内部治理的价值取向并直接影响其价值选择,治理理念的革新往往直接催生微观层次的、局部的制度创新或调整。高校内部治理制度体系是一切治理过程的载体,它是在一定的高校内部治理理念的指引下建立的,由高校内部治理相关的各项制度及其运行机制结合而成,同时也对这些制度发挥着调节和凝聚的作用。制度体系既体现着高校内部治理的价值取向[2],又是高校内部治理实现其价值追求和功能的枢纽;高校内部治理的能力是运用高校制度和机制治理高校事务的整体性能力[3],是理念革新和制度建设成果的体现,同时也是理念进一步革新和制度进一步建设的重要的信息反馈来源。

根据"理念""体系"和"能力"各自的内涵及其相互关系,可以看出三者构成了一个循环系统:高校内部治理理念引领高校内部治理的价值取向和价值选择,高校内部治理理念的现代化如何进行,直接关系到高校内部治理的体系、能力的现代化如何进行;高校内部治理理念及其作用下的微观制度更新,必然引发整个高校内部治理体系不同程度的调整;治理制度的设计和实施

---

[1] 谭胜.博弈视域下的现代大学价值取向——由两则网络报道引发的思考[J].江苏高教,2012(2):12-15.
[2] 陈金圣.从行政主导走向多元共治:中国大学治理的转型路径[J].教育发展研究,2015,35(11):40-48.
[3] 龙献忠,周晶,董树军.制度逻辑下的大学治理能力现代化探析[J].江苏高教,2015(3):32-35.

中,蕴含着设计者所预期的制度效能并直接决定着高校内部治理能力的高低;高校内部治理以"能力"的形式在发挥制度、体系的效能并体现治理成果的同时,又充当了一种能够反作用于治理理念的反馈机制,使得相关主体能够不断地在这一过程中提高理念与实践间的契合度。高校内部治理的"理念""体系"和"能力"之间的循环关系,代表了整个高校内部治理现代化的过程。

(二)高校内部治理"理念""体系"和"能力"的现代化

高校内部治理的"理念""体系"和"能力"的现代化,是它们共同服务于高校内部治理的"体系与能力现代化"的协调过程,三个要素紧密联系并以相对独立的形式发挥作用。至于为何是"相对独立",是由于高校内部治理的"理念""体系"和"能力"的现代化在具体概念上并不相同,不能混为一谈,三者发挥功能的逻辑顺序和各自的独特内涵决定了它们是相对独立的存在。在逻辑上,现代化理念的形成一般要先于现代化的制度,接下来才能按照现代化的理念来进行现代化制度体系的建设,而现代化的高校内部治理能力的体现又通常滞后于理念和制度体系的更新。在内涵上,"理念"是较抽象和偏文化性质的概念,"体系"则往往是实在可观的,"能力"可看作"理念"与"体系"互动的结果。此外,在存在形式上,高校内部治理的"理念"和"体系"可以在相关法律法规中呈现,而高校内部治理"能力"的体现则主要依据高校功能的发挥状况,这需要借助于各种各样的围绕高校活动所展开的监测和评价。所以,高校内部治理分析框架的三个组成部分存在着显著的区别,它们的现代化应是统一目标指引下齐头并进的过程,而其各自独有的现代化路径及现代性标准还需要从进一步的内涵辨析中来理解。

1.高校内部治理理念的现代化

高校内部治理理念的现代化是高校内部治理现代化的开端。后发现代化国家中,高校内部治理现代化往往有一个由感知差距到主动求变再到展开实践的过程,而且该过程的起点一定是治理主体理念的转变,否则谈不上"感知"和"主动"。在笔者看来,高校内部治理的理念,实际上就是高校在内部治理的实践中所秉持的治理价值观,它体现着高校内部治理的行动准则与所要追求的目标。

(1)高校内部治理的价值取向

高校自诞生之日起就有其独特的办学价值取向,即被称作"大学精神"的那种对"大学自治"和"学术自由"的执着意愿,其中包含了求真、独立、反思、自由等价值观念[①]。有学者如此表述高校治理理念的变迁史:中世纪大学的治理理念是对自治与神学意义上信仰的追求,近代高校则转向"大学自治,学术自由"(这也是高校为各界所公认的最主要的办学价值取向[②])和理性主义科学研究。当代高校的治理理念是在保有自治地位和学术研究自由的基础上,融合了政府、社会、市场等外部环境的作用力而形成的,它一般还包括关注国家与社会责任、重视经济效益等取向[③]。以上表述体现出一种趋势:高校已不再是中世纪和"洪堡时代"那种纯粹的"学术共同体",当今的高校面临着处理复杂的内外部权力、利益等关系所带来的巨大压力,这使得高校内部行政系统的价值迅速上升,也让现代高校成为兼具"学术共同体"与"行政共同体"特征的机构。

在性质发生转变的情况下,高校势必不能再坚持传统的"大学精神",而是应准确地识别时代对自身提出的新要求,并依据这种判断改造治校的价值取向,这种判断力和调整价值取向的能力对于长期处于高频度和高强度改革的"漩涡中心"的东北亚高校来说是"必需品"。高校在现代所发生的性质转变还引发了功能的拓展,正如美国学者杜德斯达(James Johnson Duderstadt)所言,21世纪的高校应成为"社会的服务者和评论者"[④]。今天,实力顶尖的高校一般被公认为引领国家振兴和社会发展的"火车头",能够获得空前的关注度和来自社会各界的巨额资源支持,这令高校的知识创造和应用的过程展现出与往昔截然不同的迅猛态势,也使这个过程附着了广泛的经济、政治和文

[①] 薛可,陈实,余明阳.论大学核心价值体系的理论模型及实证研究[J].上海交通大学学报(哲学社会科学版),2009,17(4):66-76.

[②] 刘爱东.利益相关者理论视界下的大学治理价值取向分析[J].中国高教研究,2008(5):38-41.

[③] 肖俊."价值-结构-功能"分析框架下的中国公立大学治理现代化研究[D].武汉:武汉大学,2017:44-45.

[④] 詹姆斯·杜德斯达.21世纪的大学[M].刘彤,屈书杰,刘向荣,译.北京:北京大学出版社,2005:204.

化等方面的价值。现代高校内部治理主体应接受高校已是"现代社会最重要、最复杂的机构之一"[①]的事实,并且认识到自身除学术功能以外所肩负的对于国家、社会以及其他资源供应方的责任。作为当今社会中一个体量和影响力巨大的资源依赖型机构,现代高校的内部治理除尊重学术价值取向外,还要容纳具有政治、经济、行政等属性的价值取向,并要尽可能地实现各方的协调。

东北亚高校向来肩负着引领东北亚国家振兴的责任。上述的"多元的价值取向",对于东北亚高校的内部治理来说,实际上集中体现为对国家主义治校观的秉持。这种治校观深深地根植于东北亚国家的高等教育国家主义传统。前文已经提到过,东北亚高校的内部治理内嵌于东北亚国家治理的总体框架之中,东北亚国家作为东北亚高校最主要和最具实力的主办者和资助者,对东北亚高校内部治理的影响力也是最强的。因此,无论在市场逻辑还是社会责任,或是其他的作用力面前,东北亚高校内部治理首先要处理好的,一定是国家的需要和代表着这种供需关系(或者说"国家/政府投入-高校产出"的关系)的府学关系。由此来看,国家主义的治校价值取向理所当然地是东北亚高校治校价值观中的重要部分,该价值取向是强政治性的,即在该价值取向的指引下,东北亚高校内部治理是根据国家(政府)以政策或其他形式所下达的各类政治性指令为行动原则而进行的。

强政治性的治校价值取向,是东北亚高校在内部建立起成熟而稳定的行政执行系统的主要驱动力。众所周知,欧洲中世纪时期的高校生来就是性质单纯的学者行会,其内部的行政系统是随着这些高校体量的增大和外部环境的变化逐步建立、完善的。而东北亚高校则不同,它们往往作为本国政府的附属机构而被设立,自诞生时起就有着显著的行政共同体的特征,尽管这种行政共同体的属性是依附于东北亚高校的强政治性而存在的,但东北亚高校均曾在某个时间段以行政化的思维和手段(如采取"命令-控制"的运作逻辑的科层制)来管理内部事务,这就说明了行政性质的治校价值取向在东北亚高校内部的地位。因此,在强政治性之下,行政性的治校价值取向也需要纳

[①] 詹姆斯·杜德斯达.21世纪的大学[M].刘彤,屈书杰,刘向荣,译.北京:北京大学出版社,2005:208.

入对东北亚高校内部治理的价值观的研讨之中。不过值得注意的是,由于行政化的治校模式在今天普遍遭到否定和批判,因而现代的东北亚高校往往有志于革除行政化治校的传统,以行政的服务化或者去行政化来取代"泛行政化"的取向。

尽管由于特殊的外部环境条件和历史原因,东北亚高校的内部治理呈现出不同于欧洲典型高校的政治性及行政性,但是从本质属性上看,东北亚高校仍然是学术机构,因此,"大学自治,学术自由"作为支撑学术机构生存和发展的核心价值的地位应当被继续巩固。弗莱克斯纳(Abraham Flexner)在《现代大学论》中写道:"大学不是风向标,不能什么流行就迎合什么。"[1]他认为高校的某些品质不能因环境中流行因素的改变而改变,并指出"摆脱实际压力的创造性活动和富有成效的批判性研究必须在现代大学中占据越来越重要的地位"[2],至于"品质"究竟为何物,弗莱克斯纳明确提出,品质是"以独立姿态进行学术活动"。所以,就高校内部治理理念现代化的方向而言,以学术为主导价值来协调高校内部的各类价值诉求才是符合高校发展规律的。若放弃学术的价值而追求政治、经济上的利益,这对高校来说是一种舍本逐末的行为,如今的东北亚高校普遍已经采用"教授治校"或者"教授治学"。总而言之,高校应当在坚守基本的教育教学和研究使命的基础上,尽可能地履行责任和回应呼吁,不管那些责任是政治性质、公益性质还是经济性质的,而"如果试图办成能够满足所有人需要的万能机构,那不是骗人的,就是愚蠢的"[3]。现代化的高校内部治理理念,是在学术价值主导下与其他价值取向兼容协调的一种理念。

(2)高校内部治理理念的实践原则

上文已经提到,高校的治理理念是"体现着高校内部治理的行动准则与所要追求的目标"的价值观。如此来看,它是一种"有待落实"或者说"有待实

---

[1] 亚伯拉罕·弗莱克斯纳.现代大学论——美英德大学研究[M].徐辉,陈晓菲,译.杭州:浙江教育出版社,2001:3.

[2] 亚伯拉罕·弗莱克斯纳.现代大学论——美英德大学研究[M].徐辉,陈晓菲,译.杭州:浙江教育出版社,2001:6.

[3] 约翰·S.布鲁贝克.高等教育哲学[M].王承绪,等译.杭州:浙江教育出版社,1987:78.

践验证"的对高校内部治理的未来理想化状态的概括性设想,起着为高校内部治理实践提供规范和必要引导的作用。因此,除了价值取向以外,高校内部治理理念中的实践原则也是很重要的。根据我国学者刘路(2018)的研究,后发型世界一流高校的治理价值取向可分为政治、功能和精神三个维度,与上文所述的东北亚高校内部治理的国家主义、学术本位、去行政化的价值取向存在相通之处。因此,笔者拟采用这一观点,并根据以上三个维度进行对高校内部治理理念的实践原则的论述。

其一,基于政治维度的契约治理原则。东北亚高等教育的国家主义属性与东北亚高校服务于国家政治的悠久传统,是东北亚高校内部治理的价值取向中政治维度形成的主要原因。这里的政治,一方面指东北亚高校的办学政治方向要适配于国家的要求,另一方面则意味着东北亚高校肩负着支持及执行国家政治任务的责任。东北亚国家的府学关系直接影响到东北亚高校政治价值的落实。除前文已经多次提及的国家主义办学思想外,随着时代的变化,东北亚国家普遍开始谋求在高等教育上实施"更少的统治,更多的治理",以使本国高校由附属于政府的行政机构转变为具有自治属性的独立机构,进而激发其学术活力,使之为国家振兴带来更加显著的助推作用。因此,可以看到,在20世纪末到21世纪初期这段时间内,东北亚国家不约而同地致力于打破传统的对高等教育和高校的行政式控制体系,实现高校的法人地位合法化,建立起政府与高校之间的契约关系,推动高校自主权的扩大化。通过这些举措,东北亚高校逐步具备了实施自主治理的外部条件。当然,在国家治理的框架之下,东北亚高校的自主自治仅仅是一种有限度的自主自治,是以履行对国家的政治责任为前提的。因此,在政治的维度,东北亚高校治校理念的实践原则就应是进行基于府学间订立的契约(通常以法律法规、学校章程的形式呈现)的有限自治。

其二,基于功能维度的学术自由原则。尽管因其属性的多元化,现代高校功能的定义五花八门,但不容置疑的是,教育、科研等学术性质活动的运行始终是高校的核心功能。而且,尽管国家的政治要求对东北亚高校的治理来说往往是第一位的,但这些政治要求却又集中表现为对东北亚高校发挥学术功能的要求。比如在东北亚国家普遍开展的以"建设世界一流水平的高等教育和高校"为目标的计划中,最为重要的指标一般都是围绕着东北亚高校的人才培养和科研成果产出的质量来设计的。因此,学术功能最能代表现代东北亚高校在功能维度上的价值追求,在学术上不断寻求突破也是现代东北亚高校亟须展现出来的特质。无论从完成国家政治任务还是作为学术机构的本质需要的角度来看,保证东北亚高校的学术性都是必要的。而这种学术性又该如何去保护?历史已经给出了答案,就是在高校的运行过程中,注意对以求真为中心的"大学自治,学术自由"精神的维护,为高校及其学者从事人才培养和知识研究活动创造出宽松、良好的学术氛围。而且,为了建设世界一流水平的高等教育和高校,东北亚国家也不能不重视历史经验:"只有充分享有学术自由,营造富有学术氛围的大学,才能实现'学术型治理',才可能成为'世界一流大学'。"[1]从高校的功能发挥与价值实现的维度出发,"学术自由"是现代高校内部治理所必须遵循的实践原则之一,而"学术自由"的落实,不仅要依靠高校外部环境的持续改善,还要依靠高校内部尊重学术伦理、服务学术进步的良好氛围。

其三,基于精神维度的多元包容原则。据以上论述可知,现代高校的治理价值取向,已经随着高校在近现代所发生的属性、功能的演变而发生了改变,而且这种改变的趋势通常是由单一到多元、由封闭到开放。无论是有着欧洲中世纪大学传统的"象牙塔"式学府,还是与东北亚高校相似的走国家主义办学路线的高校,都不可避免地受到近年来高等教育的全球化、大众化、市场化和信息化等潮流的影响。这些影响驱动着它们不断接纳来自外部环境的利益相关者及其权利关系,形成了校内多元办学思想齐头并举的局面。当今时代的高校,更接近于在某种组织信念作用下谋求和谐发展的"文化场域",它本质上仍是学术机构,但其组织文化的内涵变得更加丰富,内部的边界也趋于模糊化,市场法则、国家主义、公益精神等杂糅、混同并相互渗透,形成了现代高校的精神面貌。它甚至无法精准地界定自己在现代社会中的位置,内部充满了跟随各类经济资本和社会资本的占有者而来的不对称关系。

---

[1] 李维安,王世权.大学治理[M].北京:机械工业出版社,2013:160.

协调好这些关系,善用与这些关系相伴而生的资源,是它生存、发展和达成"善治"的一个必要条件。

由于现代高校在精神文化层面所表现出来的这种特质,进行有效的高校内部治理不仅有赖于刚性的正式制度设计与安排所带来的规范性和强制力的保证,更需要通过培育平等、协商、自由、民主的治理文化,营造出不同于"一言堂"的、有利于高校进一步发展的和谐氛围[①]。而且,就"大学自治,学术自由"这一高校办学的本质精神而论,与它相契合的也是民主、包容这类强制性较低的价值观。我国著名的教育家蔡元培先生在北大提倡的"兼容并包,思想自由"的办学思想,就是高校精神与尊重校园文化的多元取向相融合的杰出代表。

2.高校内部治理体系的现代化

高校内部治理体系是围绕"治理高校"的目的而形成的组织、制度及方法的结构体系,就是各种体制机制、组织机构通过各种紧密相连、相互协调的制度所形成的一个具有高度综合性的治理框架[②]。高校内部治理体系的现代化建构是一项系统工程,对现代化的高校内部治理体系的把握就是要理解其构成要素及各要素间的关系状态[③]。俞可平教授认为,所谓"治理体系"就是"制度体系","现代国家的治理体系是一个有机的、协调的、动态的和整体的制度运行系统"[④]。所以,高校内部治理体系是指一个能够反映高校内部治理的理念、行动、主体构成及治理内容等要素的制度系统,简言之,高校内部治理体系是由高校内部的各项治理制度通过某种方式综合而成的。

"高校内部治理体系现代化"中的"体系"指的是"制度体系",这代表着高校内部治理体系现代化实际上就是制度现代化之后,带动其所处的体系产生相应变化的过程。如帕森斯(Talccot Parsons)所言:"关于事实的知识方面发生变化的科学的重要性,恰恰在于它对一种理论体系产生影响。"[⑤]高校内部

---

① 王景荣.现代大学治理与校园文化:契合性与互促之道[J].内蒙古社会科学(汉文版),2015,36(4):155-159.
② 章兢.大学治理体系与治理能力现代化建设的内涵与切入点[J].中国高等教育,2014(20):12-14,32.
③ 何健.高校治理体系现代化构建:原则、目标与路径[J].国家教育行政学院学报,2017(3):35-40.
④ 俞可平.衡量国家治理体系现代化的基本标准[N].南京日报,2013-12-10(A07).
⑤ 塔尔科特·帕森斯.社会行动的结构[M].张明德,夏翼南,彭刚,译.南京:译林出版社,2003:8.

治理体系现代化类似于由"关于事实的知识"的变化带动"理论体系"的变化,这是一个由局部到整体的过程。

这里以转型期俄罗斯高校的内部治理变革来说明"制度现代化"和"体系现代化"之间的区别与联系。2011年,俄罗斯高校根据国家杜马对《联邦高等教育法》的修改意见,在校内设立了以监督高校日常工作为主要目的的督学委员会制度,该项制度同时还负有扩大俄罗斯高校内部治理中国家和社会的参与程度的功能。从制度现代化的角度来看督学委员会制度彰显了俄罗斯高校内部治理的民主化和法治化精神;而从体系现代化的角度来看,应该说这项制度提升了整个俄罗斯高校内部治理体系的民主和法治水平。打个比方,如果把关于高校内部治理的各种理念和各项制度看作一个个"邦",那么高校内部治理体系的定位就是"联邦",高校内部治理体系的现代化着眼的是以"邦"的现代化来促进"联邦"的现代化。

经过对近年来东北亚高校内部治理变革的初步研究,笔者认为,现代化的高校内部治理体系应由三部分构成,分别是居于高校内部宏观层面的顶层治理制度、居于高校内部中观层面的权力配置模式和居于高校内部微观层面的具体治理制度。

顶层治理制度是高校内部的原则性制度,是其他治理制度建立和运作的基本遵循。现代高校是兼具学术性与契约性的机构,它存在和发展的一大前提就是同各种利益相关者进行缔约,经过缔约所得的各种契约即是它进行治理的重要依据。但是,从平衡多元利益相关者需求的角度出发进行治理,高校需要取得独立办学的地位和一定的自治权力,这对有着深远的政府办学传统的东北亚高校来说并不是水到渠成的事。因此,东北亚高校的法人化改革是值得关注的。在过去的二十余年中,东北亚各国也均通过基本法的出台或修订,赋予高校以不同程度的法人自治地位。在获得法人资质后,东北亚高校就在法理上具备了独立处理同利益相关者的契约关系的资格。在这种情况下,国家的法律法规无法为高校与其他方的缔约行为和结果提供细致而健全的规范性保障,因此,高校自行制定的办学章程就应担负起这一功能,成为东北亚高校在校内进行契约治理的直接依据。由此看来,东北亚高校内部的顶层治理制度要包含高校法人治理制度和高校办学章程在内,以胜任对东北亚高校内部治理进行顶层设计的角色。

权力配置模式是对东北亚高校内部的行政、学术及其他类型的权力系统在治理过程中的互动形式的描述。现代高校内部一般存在着多种类型的权力,通常包括校内学术人员所掌握的学术权力和校内行政人员所掌握的行政权力,以及由其他利益相关者掌握的政治权力等。处理好这些权力间的责任和利益关系,减少因"权权对峙"而造成的内耗,使组织目标趋向一致[①],是现代高校内部治理的重要内容之一。在高校内部处理权力关系,不仅要实现一定制度设计下各种权力及其作用下的组织、个体间的协调一致,还应保证各种权力运作的规范性,划清不同类型权力间的界限,防止各类权力彼此混同和侵扰现象的出现。在这方面,东北亚高校需要重点解决的是校内学术权力委顿和"泛行政化"的问题,同时为校内外其他权力功能的发挥开辟制度通道,促成学术本位思想下各类权力协调、均衡、各司其职的局面的形成。

具体治理制度指的是东北亚高校内部的各种与治理相关的制度,这些制度是东北亚高校内部治理活动的直接载体,为东北亚高校内部治理的规范化和制度化提供保障。受特殊的历史原因、当前国情以及国际竞争局势等因素的影响,东北亚高校内部普遍建立了较为高效的行政执行制度体系,这些制度的参照源包括苏联的教研室制、德国的学部讲座制和美国的学院制等。但是,行政执行制度的成熟与强大在为东北亚高校带来高质量的执行能力的同时,也令东北亚高校的学术性受到了损害,这主要表现在东北亚高校内部的学术治理制度不健全和实际效果差等方面。因此,东北亚高校要通过内部具体治理制度的现代化实现内部治理的学术本位化,扭转内部治理活动明显偏离学术取向的局面。为此,东北亚高校在内部治理制度的设计中要去行政而重学术,对于强势的行政权力要依法约束,使其以制度化和规范化的方式运行;对于相对弱势的学术权力及其他类型权力,要推进相关制度的建立健全,并且应重点关注这些制度的实效;而从整体的高校内部治理角度来看,这些制度的设计和运用还需要兼顾公平和效率,同时考虑高校功能的特殊价值,

---

① 石猛.现代大学制度的价值[J].现代教育管理,2017(11):20-24.

协调追求功利性的结果和尊重高校的办学规律这两种取向。

上述三个方面体现出现代化的高校内部治理体系具有如下特征：

第一，制度化和法治化。高校内部治理体系应该依据其所遵循的构建理念和政策法律来实现稳定运行，这也是制度建设和运作的目的所在。制度化和法治化的高校内部治理体系，意味着高校内部治理体系的运作有章可循、有法可依，意味着治理活动的产生和维持是出于对制度和法律法规的贯彻，具有充分的合法性，而不是受到权力主体的私人好恶或利益纠葛等非公共的、不合法的因素的驱动。高校内部治理体系的制度化和法治化，能够给整个体系带来一种合法的、严密的秩序性。这种秩序性能使高校内部治理体系免于因受到"人治"以及其他落后、消极因素的作用而发生动荡甚至失灵。

第二，整体性与协调性。体系这个概念本身就蕴含着整体和内部协调的精神。要将高校内部治理的方方面面组织成一个体系，就应促使体系内的各种体制机制和规章制度相辅相成、相互协调，使高校内部治理的体系体现出整体性[1]。为此，现代化的高校内部治理体系要对高校内部治理的主体（国家政治权力主体、校内行政权力主体、校内学术权力主体及其他权力主体）、客体（高校内部的一切公共事务）、治理方式（协商、对话、调控等）进行全面的界定和规范[2]，平衡其中的权力和利益关系，确保体系内部的方方面面成体系化，形成体系对体系内各要素的强大约束力。在体现整体性的同时，高校内部治理体系还要考虑其内部的协调性，促进各方面和各要素间的彼此调适，为体系内合力的形成创造良好的条件。

第三，开放性和多元价值取向。如果一个体系向来处在没有与外界进行物质能量和信息交换的状态，那么这个体系就很可能在短时间内陷入无序状态并迅速解体[3]。现代化的高校内部治理体系应该是具有强大生命力的，而这种生命力的来源就是体系向周围环境持续、高水平地开放。开放并不代表着要一味接受外部的影响，高校内部治理体系也可以在开放的过程中利用和改造外部环境，吸收外界的资源，增强自身的适应能力。尊重多元价值取向

---

[1] 章兢.大学治理体系与治理能力现代化建设的内涵与切入点[J].中国高等教育,2014(20):12-14,32.
[2] 朱朝艳.从"管理"到"治理"——高校治理体系的构建[D].沈阳:沈阳师范大学,2016:5.
[3] 尹辉,周军.协同创新视角下科技型小微企业发展研究[J].科技进步与对策,2014,31(2):108-112.

是高校内部治理体系走向开放必然要接受的原则,现代化的高校内部治理体系应有利于各类治理主体民主、平等地参与高校内部治理活动,要能够容纳多元化的价值取向,坚持民主的组织运行原则,将高校内部的国家主义、行政逻辑、学术逻辑、市场思维以及利益相关者的诉求进行整合。

第四,坚持学术本位。现代高校在本质上仍是学术机构,其治理的中心是以科研和人才培养为代表的各种学术活动。治理高校的直接目的是确保高校能够顺利、高质量地发挥其学术上的功能,所以现代化的高校内部治理体系应该是学术本位的。高校内部治理体系的学术本位意味着学术人员、学术组织和学术权力在高校内部治理的权力组织架构中占据相对优势的地位,形成"大学自治,学术自由"理念统驭下多元主体民主、平等地参与高校内部治理的局面。

综上所述,在本研究中,高校内部治理体系是一个以制度为中心的,牵涉高校内部治理的主体、客体、内容及方法的高度综合的治理框架。这一框架由高校内部的顶层治理制度、权力配置模式和具体制度设计三部分构成,三个部分之间是由宏观到微观、由一般到具体的关系。

3.高校内部治理能力的现代化

"再好的制度如果人不去执行,那么也就是形同虚设的。"[①]李拓教授的观点证明了制度执行在治理现代化过程中的重要性。制度执行体现了高校内部治理的制度能力(或者说"作用力")。学者们对制度是否"形同虚设"的判断,实际上也是对制度能力的一种评价。治理的理念、某项制度和整套制度体系是不是行之有效的,关键要看它是否在治理的过程中真正发挥了作用。理念、制度和形态已经非常先进的高校内部治理并不一定就是成熟、有效的,高校内部治理的现代化成效集中体现在高校内部治理所展现出来的能力上。高校内部治理实现了能力现代化,才意味着理念、制度和体系现代化的成功。

高校内部治理能力是高校内部治理主体作用于治理对象时表现出的行为素质,它蕴含于治理主体和治理体系之中[②]。强大的高校内部治理能力是

---

① 李拓.制度执行力是治理现代化的关键[J].国家行政学院学报,2014(6):91-95.
② 甘晖.基于大学治理能力现代化的大学治理体系构建[J].高等教育研究,2015,36(7):36-41.

建立在高校内部治理主体的高素质和治理体系的合理架构基础之上的,这意味着理念、制度和体系在高校内部治理过程中能够充分发挥自身的效能,并妥善地进行高校各类内部事务的决策、执行等治理活动。这些特征同时也是高校达到"善治"境界的重要标志。总而言之,高校拥有优秀的内部治理能力,一般也就表示这所高校基本上实现了"善治"。

高校内部治理是处理高校内部一切公共事务的过程,其内容涉及行政、学术等各个领域及相关权力结构安排、权力实施方式安排,涵盖了高校日常运作的方方面面。高校内部治理的"兼收并蓄"的综合属性决定了高校内部治理能力内涵的全面性和丰富性,决定了高校内部治理能力应是多种能力综合而成的能力体系,高校内部治理能力的现代化即是这种能力体系的现代化。

在本研究中,高校内部治理能力体系主要包括四个方面的能力,分别是决策能力、执行能力、监督能力和保障能力。

决策能力是高校内部的决策主体正确地提出和运用理论、方针、政策等,对需要处理的高校内部事务进行民主协商,并最终按照合法的程序做出决策的能力。这一能力主要与高校的重大、关键事务的处理(比如对高校战略做出顶层设计等)相联系,一般事关高校生存和发展。高校内部的决策主体所做决策的优劣将直接反映在后续对决策的执行、监督和评价等一系列活动之中,可以说,决策的优劣基本上决定了以该次决策为起点的一段高校内部治理过程的成败。除此之外,决策生成的过程是否合法、民主、科学,还关系到高校内外部的各类利益关系能否得到妥善处理。决策所获得的支持程度取决于其形成过程的开放和民主程度。

执行能力可以从两个方面来理解。一方面是根据高校内部治理的一系列能力发挥作用的逻辑顺序来讲的,这里的执行能力是紧随决策能力之后发挥作用的,主要体现在对高校内部治理决策的执行情况;另一方面则是依附于高校内部治理的各项制度存在的对制度的执行能力,从这个角度来说,执行能力中的"执行"指的是对高校内部治理制度体系的贯彻执行。以上两方面的"执行能力"对于高校内部治理现代化来说都是不可或缺的,因为在这个过程中所做出的一切决策和一切制度更新,以及治理主体对决策和治理制度预期的实现,都离不开高校内部各主体、组织对其的贯彻执行。

监督能力主要指高校保证公权力运行的公开、透明和民主的能力。监督的存在是为了检验高校能够在多大程度上实现依法治理,或高校内部治理能否具有充分的合法性。高校内部治理的本质是通过行使公权力来处理高校事务。在高校内部治理能力体系中,负责决策的部分掌握公权力并规划其运行路径,负责执行的部分被授予并行使相应的公权力,监督则是为了保证公权力在行使的过程中不"越轨"。阿克顿勋爵(John Emerich Edward Dalberg-Acton)的"绝对的权力导致绝对的腐败"一语,点明了缺乏制约的权力的危害性。因此,在任何涉及行使权力的情境中,对权力进行制衡和监督都是很有必要的,高校内部治理同样如此。另外,强有力的监督能极大地提升高校内部治理的公信力,促进治理活动的有效性与合法性的不断累积[1],使高校内外部的利益相关者得以便捷有效地对高校的治理行为进行监督,能为高校的内部治理合法性的提高提供源泉[2]。

保障能力,顾名思义,是对高校顺利履行职能的保障。梅贻琦先生关于大学、大楼与大师的名言,即是对高校硬件和软件之间关系的一种说明[3]。时过境迁,"大楼"与"大师"对现代的高水平高校来说已经是缺一不可的条件,而营建"大楼"、招募"大师",进而全方位地优化高校的硬件、软件,就不能不依靠充分的资金投入。充分的资金投入意味着高校需要具备稳定的资金来源和出色的资金运作能力,如果一所高校不能有效地筹措资金、不能妥善地管理资金,就会造成自身的困境和资源的浪费,这必定无益于高校内部治理状况的改善。在新管理主义和市场经济盛行的现代,各国政府普遍对高校进行了成本分担和减投放权等名为"松绑"、实则有转嫁财政责任之嫌的各种改革,这导致高校从国家、政府得到的资金支持逐年下降。如今,项目制等强调竞争性的拨款方式逐渐成为主流,高校在资金来源上面临的风险大大增加,

---

[1] 朱家德.大学治理现代化的困境与超越[J].高校教育管理,2017,11(5):30-37.
[2] 黄清波.政治监督推进大学治理现代化的任务聚焦与实现路径[J].华侨大学学报(哲学社会科学版),2020(4):34-41.
[3] 陈晋,肖东生.美国国际贸易人才培养模式初探[J].外国教育研究,2002(3):20-23.

积极开辟资金筹措的其他渠道、合理配置和利用资金成为其应然的努力方向。

除了资金筹措和运作能力外,提高整个高校内部治理系统的信息化水平对保障高校的顺利履职也有重要意义。作为以知识的保存、传递和创新为职能的组织,高校的信息化建设应密切关注信息技术的新成果,利用云计算、大数据、物联网、移动互联网、人工智能等信息技术,促进信息技术与高校人才培养、科学研究、文化传承与创新、社会服务等方面的深度融合和创新应用,从而全面提高高校综合服务水平和整体治理能力[①]。此外,信息技术在高校内部治理中的普及应用也是打破"信息孤岛"、促进高校内部各级各类组织高效协作的重要手段之一。

总之,高校内部治理能力的发挥紧紧依赖于相关的理念、制度革新和体系的优化,高校内部治理的理念、制度和体系现代化是高校内部治理能力现代化的基本前提。结合以上论述可以看出,高校内部治理能力现代化的标准与高校内部治理理念、制度和体系的现代化标准存在重合之处,它们在诸多方面都有相近的价值追求,这显示出高校内部治理现代化这一过程的整体性和一贯性。高校内部治理理念、制度和体系现代化的实效,最终体现在高校内部治理能力的现代化上。如果拿不出实在的治理效能,无论如何先进的治理理念和治理制度、怎样成熟的治理体系,也必然会受到怀疑、批判乃至被彻底否定。在这方面,俄罗斯在20世纪90年代进行的高校内部治理改革可以提供佐证:西方发达国家的高校治理模式固然是当时世界上最先进的,但无法为俄罗斯高校带来预期的治理成效,对于俄罗斯高校来说,它就是需要被批判和修正的。

美国学者福山(F.Fukuyama)曾就国家政治制度的流行现象说道:"如果某种东西在世界某地有效,就会在另一地区得到迅速的复制。"[②]这段话所指的是西方自由民主制度在世界范围内的扩散,但他随后又指出,"软弱的国家"即便走了这条西式的现代化道路,也仍旧会在暴力、冲突和贫困的恶性循

---

① 周南平,贾佳.大数据背景下的高校信息化建设路径研究[J].中国电化教育,2018(9):75—80.
② 弗朗西斯·福山.政治秩序与政治衰败:从工业革命到民主全球化[M].毛俊杰,译.桂林:广西师范大学出版社,2016:41.

环中摇摇欲坠。为何好的制度样板有很多,但拥有"强能力"的国家却并不多见呢?这便体现出了国家及其制度的"强能力"的必要性。高校内部治理也是如此,先进的理念和制度可以流行到全世界,但未必所有的引进者都能获得如被引进对象一般的成就,只有实现了高校内部治理能力的现代化,高校内部治理的"理念现代化→体系现代化→能力现代化"的循环才能成立,高校内部治理整体的现代化才能够继续。

4."理念-体系-能力"框架下的东北亚高校内部治理现代化

结合"价值-结构-功能"的框架建设原理以及对东北亚高校的特殊情况的分析,东北亚高校内部治理现代化的过程可以用下图所示的逻辑闭环来表示(见图1.4):

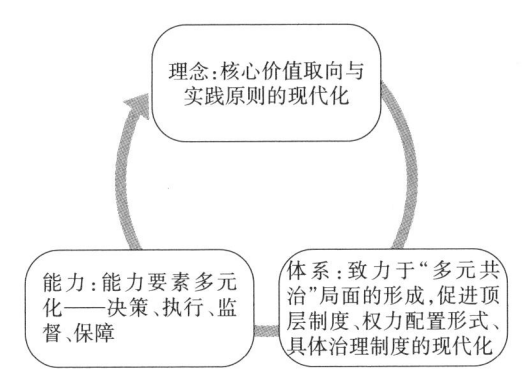

图1.4 高校内部治理现代化的逻辑闭环

现代化的起点是理念的革新,包括核心价值取向和实践原则的更新,继而带动整个高校内部治理体系的调整。此时流程进行到整个循环的中段——对高校内部治理能力进行评估,评估结果体现着高校内部治理制度体系的效能并反作用于理念,为高校内部治理的"能力"和"理念"之间的衔接奠定基础,使得循环成立。这一循环关系促动着东北亚高校的内部治理实现由传统向现代的转变。

东北亚高校治理的核心价值取向是不断变化的,国家利益的需要与高校最本质的办学价值需求始终处在冲突、融合的过程之中,国家主义与高校自治的精神由此成为东北亚高校治校核心价值取向中最重要的两部分内容。

在历史上,东北亚国家高等教育的诞生和发展是国家战略推动的结果,因此,中、俄、日、韩四国的高校内部治理有着深厚的附属于国家、政府治理的传统,国家主义的高校治校观念在东北亚高校中有着强大的现实影响力。但在全球公共事务管理进入"治理时代"的背景下,国家和政府向高校放权、分权是大势所趋,因为以国家和政府的指令作为高校的主要行动依据在现代条件下对府学双方都是弊大于利的:对政府来说,这造成了极大的行政和财政负担,而且在知识经济时代,政府还要更多地仰仗高校对经济社会发展的牵引力,但这种牵引力又不可能直接来自政府的部署和谋划;对高校来说,政府严管严控的体制已经与现代知识的创造模式不相适应,不利于高校在人才培养和知识生产上的主动性和创造性的发挥。因此,学术本位的观念在东北亚高校内部的兴起是必然的。当前,东北亚高校对学术卓越的追求与东北亚国家对提高国家治理效能和竞争力的追求实际上存在互利共生的关系,这使得东北亚高校内部"政治"与"功能"(即学术功能)两种治校价值取向的交融迎来利好,也为东北亚高校内部价值多元、兼容并包的文化氛围的形成创造了空间。

东北亚高校内部治理的制度体系所面临的挑战同理念相类似,传统的管理体制不能满足现代高校对于及时、高效地处理庞杂事务的需求:现代的东北亚高校内部治理制度体系应当贯彻治理精神,为多元主体参与和主体间利益、权力关系的协调提供体制上的保障,促进各方合作处理事务局面的形成,因此需要以民主、法治、公开等为指导原则进行制度体系的建设。东北亚高校在现代化的内部治理制度体系的构建上有着相似的倾向,如我国把现代高校制度体系的面貌表述为"党委领导、校长负责、教授治学、民主管理"[1],就体现了多元共治、民主治理等构建现代化高校内部治理制度的原则;俄罗斯高校和日本高校的制度体系均体现了"教授治校"的特征,如俄罗斯高校的学术委员会制和日本高校的教授会制,这些制度的改革、设计和施行强化了两国高校内部治理体系的"学术本位"特征;韩国高校也通过评议会、教授会这样的机构来保障自律性,其意图是令每所高校在自主的治理下形成各具特色的治理体系。简言之,东北亚高校亟须通过一定的顶层制度设计、权力配置形式的调整和具体治理制度的更新来实现内部治理体系的现代化。

---

[1] 章兢.大学治理体系与治理能力现代化建设的内涵与切入点[J].中国高等教育,2014(20):12-14,32.

第一章 研究的理论基础与分析框架

在对高校内部治理能力的评价方面,东北亚国家普遍依据人才培养的质量、科研成果的产出以及学校的声誉等能够直接反映高校办学质量的指标建立高校治理成效评价体系。日本文部科学省在国立高校评估上采取的"PDCA"循环评价模式即是根据高校对中期目标的完成情况来拟定后续目标及资助计划的[①],评价指标设计的主要根据是高校的运营状况和教学研究质量。高校在评价中的表现直接关系到其未来能够从政府获取的资金支持的规模。除了评估之外,东北亚国家还通过赋予高校独立运营权力的方式锻炼其治理能力,如俄罗斯在国立高校中施行的经费来源多元化改革,政府在法律上肯定国立高校提供有偿教育服务,鼓励校企合作进行科研、出租财产的行为,尽管这一改革的首要目的是缓解政府在高等教育投资上的财政压力,但它确实令高校的收入得到了大幅提升,而且使企业参与高校治理成为现实。俄罗斯国立高校内部治理的多元性和资源获取能力得到了显著提高,这自然是有利于其增强治理能力的。因此,笔者认为,东北亚高校内部的独立决策、执行的质量,对于权力运作的监督,以及东北亚高校在办学过程中的资源吸收和利用能力,在东北亚高校内部治理现代化过程中迫切需要强化。

综上所述,东北亚高校内部治理现代化可以视作一个在理念、体系、能力的维度上全方位追求革新和水平优化的过程。在理念上,东北亚高校尝试在国家主义理念的统驭下逐步强化学术自由和高校自治意识,同时注意在治理中融合公益性、行政性、经济性等多元价值取向,进而做出相应的价值选择,这些选择主要通过东北亚高校内部治理现代化的实践原则的形式反映出来;在体系上,东北亚高校普遍将体现民主、法治精神的多元共治的现代高校内部治理制度体系作为建设目标,这个目标要通过顶层设计与具体制度更新的双向互动得以实现;在能力上,东北亚国家主导建立的针对高校发展的全方位绩效考核体系正日益完善,评估的反馈结果指导着东北亚高校在内部治理过程中的能力提升。总而言之,内部治理现代化是东北亚高校共同追求的高校内部治理境界,更是东北亚国家通过建设世界一流高校而实现国家富强、民族振兴的战略中的关键一环。

---

① 吕光洙,姜华,王蒙.日本大学治理改革——PDCA 在国立大学法人评价中的应用[J].现代教育管理,2017(12):113-118.

第二章
俄罗斯高校内部治理现代化

一、背景

自20世纪90年代以来,俄罗斯高校的治理变革始终与俄罗斯的国家转型紧密联系在一起,充斥着不稳定性的外部环境孕育了该时期推动俄罗斯高校内部治理走上现代化道路的动力。具体来讲,俄罗斯高校内部治理现代化的背景即是该进程所处的外部环境的变化——俄罗斯国家现代化及其作用下的高等教育治理模式的现代化,这一现代化的历程可划分为下列三个阶段,体现着俄罗斯联邦政府与高等教育系统关系的变化及其对高校的外部治理产生的影响。

(一)1991—1999年:俄罗斯高等教育治理的全面转型

1991年至1999年,俄罗斯处在苏联解体后叶利钦政府治下的民主与自由化改革时期。该时期俄罗斯国家政治转型的主旨被确定为"摧毁苏联的集权旧制,建立自由民主的新制"[1]。叶利钦政府坚信,参照西方国家的社会治理模式,迅速实现全国各个领域的自由化和私有化,实行所谓的"休克疗法",是

---

[1] 顾建民.大学治理模式及其形成机理[M].杭州:浙江大学出版社,2017:229.

俄罗斯摆脱当时体制僵化和国家发展停滞乃至倒退的困局的最佳途径。在国家和社会全面转型的浪潮中,俄罗斯的高等教育治理变革也正式启动。

随着社会主义制度和计划经济体制遭到否定和取消,与二者相适配的集权式的高等教育治理模式已无存续的价值,俄罗斯联邦政府为高等教育治理的转型确立了独立自主化、去意识形态化和主体多元化等几个方向。1992年出台的《俄罗斯联邦教育法》(以下简称《联邦教育法》),明确赋予在俄罗斯教育领域内发生的民主和自由化改革的合法性,该法律还曾被评价为"世界上最民主的法律之一"[1],足见当时俄罗斯当局对教育治理的民主和自由化的重视程度。改革启动之后,俄罗斯联邦政府迅速地向地方(主要是联邦主体和市级行政单位)放权,并授予高等教育机构以独立的财政自主权和从事经济活动的权利,国立大学也不例外。同时,《联邦教育法》还在非国有高等教育机构的设立上放开权限,为地方团体和个人举办、发展私有性质的高校提供了便利,极大地促进了整个俄罗斯高等教育体系的去国家化程度的提高。以上改革举措,使得俄罗斯高校整体自治、自由程度得到了大幅提升。

经过放权和体制改革,俄罗斯高校与政府的关系由"以行政组织为基础的行政服从关系"转变为"以相对经济实体为基础的对策博弈关系"[2]。俄罗斯高校取得了独立法人地位,并获得了政府对以"大学自治,学术自由"原则为中心的诸项权利的承诺。俄罗斯联邦政府希望通过自由化改革提高高等教育的教学和研究质量,满足俄罗斯地方经济对高等教育的要求[3],同时降低联邦政府的行政成本,因此采取了让市场和消费者来对高校的生存与发展实施"裁决"的举措,将高等教育全面推向了自由市场。在高等教育市场化的潮流中,俄罗斯高校不得不从传统的完全依赖政府资助的办学模式中脱离出来,转而进行面向社会和市场的独立自主经营。随着高等教育市场竞争、脱离政府资金自负盈亏等新挑战的到来,俄罗斯高校也必然要在内部治理上尽快摆脱旧有的、已经不适用的观念和体制的影响。

---

[1] 朱小蔓,鲍列夫斯卡娅,鲍利辛柯夫.20—21世纪之交中俄教育改革比较[M].北京:教育科学出版社,2006:20.
[2] 陈振明.公共管理学:一种不同于传统行政学的研究途径[M].2版.北京:中国人民大学出版社,2003:148.
[3] 刘淑华.俄罗斯高等教育分权改革研究[M].北京:光明日报出版社,2010:70.

(二)2000—2012年:俄罗斯高等教育治理体制的创新

由于"休克疗法"对旧有体制和秩序的强烈破坏,加上叶利钦政府片面地、不切实际地追求全盘西化的推进速度,在整个20世纪90年代,俄罗斯陷入了经济全面滑坡和社会动荡不安的危局之中[①]。在高等教育治理方面,随着改革的深入,许多地方和高校在对自由、民主的陶醉和过度追求中,错误地把"批判和摧毁过去的体制"而不是"在新形势下创造性地构建新体制"作为主要的原则,因而未能妥善处理遗留问题,比如高校资金来源、高校领导主权和内部权责划分等,这造成了俄罗斯高等教育治理系统的失衡和学校发展的失控[②]。

在叶利钦政府的一系列改革未能将俄罗斯教育导入预想的西式现代化道路的情况下,新一代俄罗斯执政人士开始思考教育及其治理模式的合理性问题。如何遏制俄罗斯教育质量的跌落势头,重建相对稳定的教育治理结构,使教育事业重新具有"可治理性",是世纪之交俄罗斯执政者在施行新一轮教育改革时重点思考的问题。

"休克疗法"的问题很大程度上是由激进改革和激进放权之间存在的固有矛盾导致的。俄罗斯联邦政府试图以消解自身权威的方式以及向社会各个领域大规模地放权来迅速达成国家治理体制转型的目标,这本身在逻辑上就是有问题的。对于俄罗斯联邦政府放权的对象——地方上存在已久的与旧有体制相关联的利益集团——来说,获得权力是可以期待的,但将权力运用于改革则并非必要,除非有利可图,"报酬越是丰厚,地位越是尊崇,他便只能保持现状"[③],而中央政府在削弱了自身地位的权威度后,无力应对这样的后果。俄罗斯联邦政府在与放权行为相配套的制衡、激励制度和机制的建设上缺乏理论准备,更未进行有效的实践探索,使得改革在没有威权推动的情况下显得不具备诱惑性,导致各种改革举措难以贯彻。简言之,叶利钦改革

[①] 李绍荣,程磊.渐进式与休克疗法式改革的比较分析[J].北京大学学报(哲学社会科学版),2009,46(6):60-67.

[②] 朱小蔓,鲍列夫斯卡娅,鲍利辛柯夫.20—21世纪之交中俄教育改革比较[M].北京:教育科学出版社,2006:21.

[③] 顾立雅.申不害[M].马腾,译.南京:江苏人民出版社,2019:50.

的失败证明了俄罗斯的体制转型需要借重而不是彻底放弃中央集权和威权主义[1]。"休克疗法"所导致的危机也蔓延到高等教育治理,它集中体现为俄罗斯高等教育质量的持续跌落和高校的普遍贫困。国家大规模、迅速地将职权下放到地方和学校,同时也回避了很大一部分政策引导和财政扶持的责任,稳定的资金来源和发展计划骤然"失位",导致许多高校办学条件不断恶化。

进入普京执政时期后,俄罗斯联邦政府反思和总结了前一阶段改革的问题所在,开始着手建设"俄罗斯的教育结构和制度",重新考虑俄罗斯民族的传统和特色在高等教育改革中的作用,把稳定俄罗斯高等教育治理的制度结构和提升高等教育质量作为主要的目标,国家再度成为高等教育制度设计变革的主要推动者[2]。普京表达了对教育的重视,他认为,"应该扩大经济机制作用的领域之一是教育","凡是与……高质量教育有切身利害关系的所有人……都应该参与到教育事业的发展中","投资教育就是投资国家的未来"。普京的观点恰当地将高质量教育、广泛的社会参与同俄罗斯国家的未来联系了起来,把高校治理的事业与国家的振兴相联系。此后,俄罗斯联邦政府便出台了包括《2001—2005年联邦教育发展纲要》《俄罗斯联邦国家教育学说》《俄罗斯联邦政府社会经济政策基本方向远景》《2010年前俄罗斯教育现代化构想》在内的一系列文件,逐步将教育事业的优先发展提高并稳定在国家战略的高度上,俄罗斯教育现代化的发展方向得以确定。

经过普京政府的拨乱反正,俄罗斯教育事业的发展有了起色,俄罗斯高校的外部治理形势渐趋稳定。普京政府在教育领域延续了苏联解体以来俄罗斯的政治民主、法治、制度化的路线,但同时也强调中央集权式的国家干预在提升俄罗斯教育质量中的作用,大力宣扬"教育事业被视为国家的责任和利益所在"的理念。在高等教育治理上,普京认为要"重振国家和中央政府的权威",以"强政府"的治理模式扭转"休克疗法"以来俄罗斯高等教育质量的颓势,中央政府要重新回到"管理者、裁判员和规则制定者"的位置上,而不是放任市场及经济利益来调节一切。当然,这一时期国家和联邦政府对高等教

---

[1] 解瑞红.转型期俄罗斯国立大学治理变革研究[D].南京:南京师范大学,2018:129.
[2] PLATONOVA D, SEMYONOV D.Russia: The institutional landscape of Russian higher education[M].25 Years of Transformations of Higher Education Systems in post-Soviet Countries.Palgrave Macmillan, Cham, 2018:337.

育管理的加强不再是通过传统的直接行政控制的手段了,取而代之的是立法、政策指导和拨款等体现宏观调控精神的方式[①]。总体来看,普京政府的改革是在继承叶利钦改革成果的基础上,将俄罗斯的传统、国家性和民族性融入教育事业之中,重新考虑了俄罗斯的威权传统对于现代俄罗斯教育质量提升的价值,为构建"叶利钦时代教育制度变迁的合理框架之上的、与俄罗斯本土价值观念相吻合的教育制度安排和教育体系框架"[②]奠定了基础。

(三)2012年至今:质量中心主义下的俄罗斯高等教育治理变革

2012年,俄罗斯联邦政府通过修订《联邦教育法》和出台《俄罗斯联邦2013—2020教育发展规划纲要》(以下简称《纲要》),重申了俄罗斯教育治理的民主、自治和"国家、社会共管"的原则。《纲要》还指出,"俄罗斯教育现代化的制度优势是教育更加开放。教育的质量和灵活性只有通过包括学生、家庭、企业主在内的利益相关者积极参与方能达成",凸显俄罗斯现代教育治理框架的社会属性和为教育质量服务的特点。但是,俄罗斯高等教育治理对社会的开放,并非是为了形成一个高等教育领域强大到足以同国家相抗衡的社会,而是为了构建一个"受到强大公民社会支持的强大国家",即在保持政府有效调控高等教育的前提下,强调发挥社会监督作用,吸引更多社会力量参与高等教育治理,这些举措的最终目的是通过建设高质量的教育事业支持俄罗斯"强国梦"的实现。

俄罗斯联邦政府加强了对高等教育的监管,其目标是高校活动的高效(主要是指高校科研和教育成果产出的效率,高校的营收能力则基本不考虑在内)和透明化,这样的监管自2012年起一直续到今天,几乎全俄的高等教育机构都被纳入相关的评估体系。政府的监管行为造成了许多高校的合并和重组,使俄罗斯的高校网络结构得到了优化。通过这样大规模的监管和评估活动,俄罗斯全国的高等教育质量始终牢牢地处在联邦政府的监控之下,进一步强化了联邦政府在高等教育治理过程中的控制力。

---

① 刘淑华.近20年来俄罗斯的高等教育外部治理变革[J].高等教育研究,2016,37(7):90-97.
② 刘淑华.近20年来俄罗斯的高等教育外部治理变革[J].高等教育研究,2016,37(7):90-97.

在加强对高校的监控的同时,俄罗斯联邦政府启动了"5-100"计划和地区重点高校发展计划等项目,用以提高国内顶尖高校的国际竞争力,发挥现代化的高校对俄罗斯地方经济社会发展的牵引作用。2018年,俄罗斯全面启动了教育、科学、数字经济等国家项目,并提出将国家目标进行多层次的分解,以使其责任能够落实到全国各个领域中去。在这些项目中,俄罗斯高等教育的发展方向被确定为提高国际竞争力、为数字化经济和继续教育培育人才、优化科研人才培训制度、促进主要的科研和教育中心的发展,等等。由此可见,未来的俄罗斯高等教育和高校的发展将承载更多的公共责任。

在质量中心主义的作用下,俄罗斯联邦政府通过加强对高等教育活动有效性的监控等方式,重新确立起对整个高等教育系统的宏观调控,促进高等教育治理质量的提高。在尊重高校自治和学术自由的前提下,俄罗斯联邦政府开始将越来越多的国家和社会责任附着在高等教育的治理过程中,以使俄罗斯高等教育和高校的治理能够为整个国家和高等教育事业的现代化增益。因此,现今的俄罗斯高等教育和高校治理,既是建立在自由自治的基本框架之上,同时又受到政府的高等教育质量中心主义的影响,正如俄罗斯学者佩夫斯纳(Певзнер М Н)和希林(Ширин А Г)所言:"自治不是馈赠给大学的'礼物',它不仅带来红利,还带来大量的责任,而且不是每所大学都负担得起这些责任。"[1]

二、俄罗斯高校内部治理理念的现代化

俄罗斯高校内部治理理念的现代化经历了摆脱苏联模式阴影、全面自由民主化和重新融入国家主义观念三个阶段。在这个历史过程中,俄罗斯高校的内部治理理念体系经历了俄罗斯民族传统、大国情结和西式大学精神等价值取向的冲突和交融,促进了俄罗斯高校内部治理的核心价值取向与实践原则的变化。

---

[1] Певзнер М Н, Ширин А Г. Отечественные и зарубежные университеты: на пути к автономии[J]. Вестник новгородского государственного университета им.Ярослава Мудрого, 2012 (70).

（一）高校自治理念

加拿大学者许美德（Ruth Hayhoe）将苏联高校治理模式的特征表述为"一种既鼓励高标准的学术又不导致对政治秩序威胁的妥协"[1]。在向政治妥协的情形之下，苏联高校的"治理"（在政府的庇护之下生存与发展的过程）行为所依据的，是国家及其政权利益至上的观念。"文化教育的斗争"自苏联共产党草创之时起，就被列宁列入全盘运筹之中，成为革命政权所必须牢牢掌控的领域之一。"十月革命"胜利后，新生的苏维埃政权展开了对整个社会的根本性改造，中央集权式的国家教育体制被确立起来。苏联高等教育发展的理念是"高等教育民主化"和"教育与政治相结合"，认为高等教育体系必须开放化，必须打破阶级出身的限制，应当面向广大无产阶级，使人民尽可能地享受到接受高等教育的权利；同时，教育必须与政治相结合，要培养高水平的、掌握马列主义理论的、在国民经济某领域当中拥有精深的专业理论知识和实践技能的专家，为社会主义政治和经济服务。由此来看，苏联的高等教育治理方针一方面结束了沙俄时期人民不能平等地享有接受高等教育的权利的状态，另一方面也继承了以中央集权制管理高等教育的传统，"大学自治，学术自由"的理念未受重视，高校几乎没有任何自主权。

而在苏联解体之后，俄罗斯高校立刻进入了能享有高度自治权利的时代，国家的官方意识形态体系被取消，新生政权开始大力推动高校的自治。在高等教育的去国家化和去意识形态化浪潮中，俄罗斯高校被授予按照"大学自治，学术自由"的精神进行自主办学的权利。1991年的《国立高等教育暂行条例》和1992年版的《俄罗斯联邦教育法》等法律、文件中均出现了与俄罗斯高校享有独立法人权利、免于国家的恣意干预、学术自由、管理自由和经营自由等方面相关的表述。

苏联解体后，俄罗斯高校的自治表现为以下几方面：其一，根据《俄罗斯联邦高等教育和大学后职业教育法》的规定，高校不再直接接受国家的领导和控制，在对国家、社会和个人负有责任的同时，享有自治的权利，并接受国

---

[1] 许美德.中国大学1895—1995：一个文化冲突的世纪[M].许洁英,译.北京:教育科学出版社,2000:24.

家的监督;其二,国家应建立不间断的、统一的教育体制,实现管理的民主化,并推进高校的结构改革;其三,高等教育去意识形态化和去政治化,引入资金分配的激励机制,鼓励高校自由竞争。

在与国家意志解绑和获得自治权的同时,俄罗斯高校面临着高等教育市场竞争的压力和政府资助力度大幅降低的现实难题。迫于资金的压力,俄罗斯高校开始关注自身运营的经济效益以及随之而来的多元化的利益关系在内部治理中的地位。根据法律规定,俄罗斯高校是具有经营自由和独立法人地位的机构,这意味着俄罗斯高校需要进入高等教育市场,接受市场逻辑和竞争机制的作用,并实现经营上的成功,主要标准是在市场竞争中争取到充足的办学资源。所以,此时的俄罗斯高校尽管是"自治"和"自由"的,但还需重点考虑如何在多方利益博弈的情况下独立自主地运用并依靠市场和社会来维持这种"自治"和"自由"。而解决路径显然就是:在俄罗斯高校的内部实施以民主、开放和多元包容等原则为指导的体制机制改革,以凸显俄罗斯高校办学的"自治"和"自由"属性。

在俄罗斯高校的自治化过程中,也存在着"在不考虑国家教育市场和劳动力市场现实的情况下照搬西欧和美国的做法"的情况,因此自由、自治状态下的俄罗斯高校往往难以为国家提供必要的社会经济发展潜力[1]。市场竞争机制的作用和政府拨款的大幅削减令俄罗斯高校普遍面临着办学资源短缺的问题,并且激化了校际的"马太效应"[2]。许多俄罗斯高校由于经营困难,走上了盲目追求经济利益、忽视办学公共效益的道路,对俄罗斯的高等教育质量和统一教育空间造成了极大的破坏。由此来看,自由、自治的理念一方面符合俄罗斯高校发展的内在需求,使其摆脱了政治权力的过度约束,但在另一方面,受限于先天状况,实行彻底的自由、自治方针的俄罗斯高校在高等教育市场竞争的机制下是难以实现全面、可持续的发展的。有俄罗斯学者总结道:"在我们的社会,有的仅仅是'大学自治'的表象,而这与俄罗斯社会仅仅

---

[1] DUDIN M N, BEZBAKH V V, FROLOVA E E, et al.The models of higher education in Russia and European countries at the beginning of the XXIst century: the main directions of development[J].European journal of contemporary education,2018,7(4):653-667.

[2] 刘淑华.俄罗斯高等教育分权改革研究[M].北京:光明日报出版社,2010:208.

是'公民社会'的表象相符。"①为了将高校自治的理念转变为有效的高校自治,俄罗斯的高校治理仍需进行改革。

(二)高校治理的国家主义理念

为了遏止由于错误地执行西化改革而造成的俄罗斯高等教育质量的颓势,自普京执政以来,俄罗斯联邦政府开始重新介入高等教育及高校的治理,试图将教育领域中国家的积极作用恢复起来②。

"休克疗法"的彻底失败,使俄罗斯执政者和广大民众对奉行自由主义的西方现代化模式感到失望,结合本国的民族传统和文化以及非西方国家的成功经验,俄罗斯联邦政府逐渐倾向于选择一条既摒弃激进改革又不走苏联旧路的第三条道路。"休克疗法"的失败给俄罗斯带来了经济、政治以及社会层面的失控和混乱,这表明所谓的自由化和民主化改革是与俄罗斯实际的国计民生需求相背离的,全盘自由化并不可行。普京政府正是意识到了这一问题后,才适时推出了"可控民主"的构想。

"可控民主"是俄罗斯进入第三条道路时期所奉行的重要政治理念之一。相比叶利钦政府对多党制、自由选举和三权分立的执着,普京政府确立了以总统为权力核心的国家政治体系,弱化了行政系统的民主性,更强调其执行功能,如此一来,普京政府就可实现政令自上到下的统一和畅通,有利于结束混乱和失控的局面。普京提出:"只有将市场经济和民主制的普遍原则与俄罗斯的现实有机地结合起来,我们才有一个光明的未来。"③他所说的市场经济和民主制的普遍原则与俄罗斯的现实有机地结合,实际上就是在现行政治体制中重建联邦政府的权威。在实现了政治层面的"可控民主"后,联邦政府也将目光投向了其他社会领域。

在联邦政府重新审视府学关系的过程中,俄罗斯高校内部治理理念中体现国家意志的成分不断增多,高校自主的余地则逐渐受到压缩。在以救世、

---

① Огурцов А.П.,Плетонов В.В.,Образы образования.Западная философия образования.XX век[M].СП6.: РХГи.2004:456.
② 杜岩岩,王德武.俄罗斯德育的反危机策略[J].中国德育,2007(11):17-21.
③ Владимир Путин:Россия на Рубеже Тысячелетий [R].Независимая газета, 30 декабря,1999г.

强国为核心精神的"弥赛亚主义"[①](即俄罗斯强国梦想的宗教式表述)的指引下,俄罗斯联邦政府对高校的国家、社会责任愈发重视,认为俄罗斯高校应该"忠诚地为俄罗斯国家和社会发展服务"[②]。同时,由于办学资源短缺的问题持续存在,俄罗斯高校需要考虑将其治理行为建立在综合了政府主导的"外部诱致性"(即以国家的政策、资金等方面的扶持为代价诱导高校的行为)组织运作机制和市场竞争机制作用的基础上[③],如此一来便能获得稳定的国家财政资助。

俄罗斯教育现代化战略的实施,进一步强化了俄罗斯高校内部治理的国家主义属性。建设现代教育模式和实现教育机构的现代化是俄罗斯教育中长期发展的重点目标[④]。为此,俄罗斯高校需要引入新公共管理理念和使自身转型为"国家、社会共管"下的自治机构,加强自身治理与国家发展和各类利益相关者的关联性,同时与全球高等教育变革趋势相适应。教育现代化背景下的俄罗斯高校治理,不仅要服从国家利益,还要增强社会属性、公益属性;不仅要服务于整体意义上的国家和社会,还要服务于地方。近年来,俄罗斯联邦政府建立了一批独特的高校,这些高校的发展被认为是区域的"最高优先任务",它们被称作"区域旗舰",承担着全面促进其所在联邦的区域社会经济创新发展的使命[⑤]。

历史证明,纯粹的自由、自治并非俄罗斯高校内部治理改革的最优选择。在缺少外力监督和自身责任感淡漠的情况下,俄罗斯高校的自由、自治严重限制了自身水平的发展,损害了国家、社会的利益。普京政府重新将国家主义理念导入俄罗斯高校的内部治理中,在一定程度上改善了俄罗斯高校脱离国家、社会的状况以及伴随这种状况而生的俄罗斯高等教育质量问题,使俄罗斯高校的治理重新回到为公共利益服务的轨道上。

---

① 左凤荣.俄罗斯的民族传统与普京的强国战略[J].中共中央党校学报,2007(3):85-90.
② 叶玉华.21世纪俄罗斯高等教育发展战略[J].外国教育研究,2001(5):1-5.
③ 杜岩岩.俄罗斯创新型大学发展战略及其保障机制[J].教育科学,2011,27(5):93-96.
④ 杜岩岩,李漫红.俄罗斯现代教育模式的定位——解读俄罗斯教育中长期发展纲要[J].教育发展研究,2009,29(1):80-83.
⑤ EGOROV A, LESHUKOV O, FROUMIN I."Regional flagship" university model in Russia: searching for the third mission incentives[J].Tertiary education and management,2020,26(1):77-90.

(三)"第三条道路"的理念

吸取了苏联时代和"休克疗法"时期内部治理改革的诸多教训后,俄罗斯高校选择了一条能够将自由、自治的治校框架与"国家、社会共管"的高等教育治理原则相结合的"第三条道路"。用"第三条道路"的眼光来看,政府与高校并非激进的对立关系,府学关系的调整不是彼进我退和充满尖锐矛盾的权力斗争,二者之间是一种权力制衡的关系,高校自治和政府干预均应被辩证地看待。

"第三条道路"延续了叶利钦执政时期的高等教育去政治化和去意识形态化的原则。这两条原则由于1992年《联邦教育法》中提出的"不得在教育机构内保有政党或政治团体组织"而成为俄罗斯教育事业发展必须遵循的"铁律",同时,俄罗斯也谋求在高校的内部治理中重塑国家权威并扩大社会参与的规模。俄罗斯政界和学界都意识到,尽管高校作为崇尚理性的学术机构,不应受制于任何政治和经济权力,但实际上没有一所高校能够完全脱离政府、社会而独立生存。因此,俄罗斯高校与政府形成了契约关系,通过谈判和中间机构来达到利益的平衡[①]。政府在重新介入高校管理的过程中,采取了政策、法律法规引导和财政拨款等间接方式,同时设立第三方机构,鼓励社会组织和个人参与到高校治理之中,这些举措在一定程度上改写了俄罗斯府学关系的面貌,既强调了高校治理中国家的地位和作用,也保障了高校的自治权。

具体来看,"教育机构的自治"被俄罗斯列为国家教育政策的六条总原则之一。俄罗斯高校是具有自主权的办学主体,应进行自我管理和自我经营。俄罗斯高校的自治是指高校根据法律规定的高校章程,在人事、教育、科研、财务、经营及其他方面享有自主权。在自治的前提下,国家和政府对高校的管理行为主要通过监测、诱导和促进竞争的机制来实现。为了提高高等教育的质量,俄罗斯联邦策划了"卓越计划"等一系列项目,对在项目中表现优异的高校提高资助力度,以实现俄罗斯高校垂直多样性的提高,关闭质量低劣

---

① Вербицкая Л, Касевич В, Институциональная автономия и проблема управления в высшем образовании [J], Высшее образование в России, 2006(7):16-20.

的高校①。另外,2012年修订后的《联邦教育法》还在第89条中申明了俄罗斯高校应成为公民社会的自我调节部分的目标,列出了要将俄罗斯高校建成"既能培养专业人才,又从事科学研究,且能诊断和形成社会舆论"的任务,这一任务的更高层次的目标是使俄罗斯高校有能力负担"具有重要的社会意义"的责任。

今天的俄罗斯高校并不将某种特定的政治、经济或文化的逻辑作为主要的遵循来进行内部治理,而是与全球高校的演进趋势相符合,依据"国家-市场-社会-高校"四元互动的模式来进行治理。2020年前,俄罗斯教育管理变革中的一项主要任务,就是将社会力量与其他校外利益相关者引入高校的内部治理之中,提高治理的开放性和民主性。企业主、外国公民、国家-社会团体成员、社会组织及个人,都可以依法由俄罗斯高校内部治理的"局外人"转变为"局内人"。这种局面的形成,是俄罗斯国家治理的"第三条道路"在高校内部治理领域中延伸的结果。

三、俄罗斯高校内部治理体系的现代化

(一)顶层制度:俄罗斯高校自治制度的形成与办学章程的制定

俄罗斯高校的自治制度形成于苏联解体后,在社会制度更迭、政治经济体制转轨和国家意识形态发生根本性转变等因素的交错作用下,俄罗斯联邦政府开始重新审视高校作为一个社会系统在表现自身独特功能时所具有的双重性特点。在这一时期,高校不再被简单地视作纯粹为国家政治经济服务的附庸性机构。高校需要发挥其独特的功能,以推动社会文化的进步,同时满足广大公民对文化资本的需求。因此,高校有自主发展的必要性,也应该获得相应的权利。

---

① PLATONOVA D, SEMYONOV D.Russia: The institutional landscape of Russian higher education[M].25 Years of Transformations of Higher Education Systems in post-Soviet Countries.Palgrave Macmillan, Cham, 2018: 338.

俄罗斯高校自治制度的形成是一个"始于自发"的过程。苏联解体后,俄罗斯高等教育体制的模式没有改变,但随着市场经济体系的建立和大规模的国有资产私有化浪潮来袭,国家不再拥有对社会资源的垄断权,对社会各个领域的控制力也持续衰退。最终,随着高度集权体制的坍塌和中央政府权力的消解,在地方分权模式下,俄罗斯高校得以和国家权力中心"解绑",所以,俄罗斯高校的自治制度并非有意设计的成果,而更近乎迫于时代压力的自发选择。

1992年,俄罗斯颁布了《联邦教育法》。根据该法的规定,俄罗斯高校正式在法律意义上获得了学术自由和经济自治权,这也是俄罗斯高校自治法制化的开端。除了承认高校拥有自治权利外,该法还准许高校从事一定范围内的经营性活动和获取补充资金的非经营性活动,这标志着俄罗斯高校正式成为拥有自主权的办学主体,能够自主地进行学校管理和经营。

1996年出台的《联邦高等教育法》更加明确地规定了高校自治和学术自由的原则。该法的第三条第一款规定,所谓的高校自治,是高校按照法律及依法制定的高校章程所展开的自主性质的活动。该法在1992年版《联邦教育法》所规定的"教育机构自治"原则的基础上,细化和补充了俄罗斯高校自治的性质及其依据,奠定了俄罗斯高校内部治理制度建设的两大根基——自治原则和照章治理。该法的第十二条还明确规定了高校的管理模式:高校的管理由选举产生的代表机关即学术委员会对国立或市立高校实施总领导,校长负责直接管理高校。校长按照学校章程规定的程序,在全体代表会议上以无记名投票方式选举产生,任期五年,由高校所属教育管理机关批准其职务。教育管理机关有权拒绝批准,但在实施新的选举后,如果校长候选人获得了不少于会议参加者总人数三分之二的赞同票,则教育机关须按必要程序予以批准。上述规定体现出该时期俄罗斯高校自治体制的特点:学术权力至上、校长负责、民主选举、国家权力弱势化。《联邦高等教育法》明确了高等教育由联邦与地方分权管理、联邦实施宏观调控的原则,赋予高校以宽泛、切实的自治权。

现代俄罗斯高校内部治理的自治原则,集中体现为学术治理制度的强大和校、系、教研室的分权分工体系的形成。自苏联解体以来,俄罗斯高校的管理逐步由传统的"一长负责制"转变为由学术委员会实施总领导、校长进行直接管理的"一长负责制"与"集体负责制"相结合的模式。这种模式突出学术人员对高校管理工作的集体领导,以及学术决策和行政执行的分野,将基于学术权力运行逻辑的组织扁平化、权力中心下移和分散化、注重上下级间的协作等特质注入整个高校内部治理体系之中。原本依照"命令-服从"的逻辑运作的校、系和教研室,上下级关系的色彩日益淡化,并逐渐为分权、分工的关系所取代。系和教研室在不违反国家法律、条例和高校办学章程的前提下,可以在自身职权范围内进行教学、科研、人事等方面的自主决策[①],比如直接负责俄罗斯高校教学与科研具体事项的教研室,往往能左右俄罗斯高校的办学质量和学术活动路向。而除了系和教研室本身的决策自主权外,其成员还可以通过参与学术委员会、专业联盟和督学委员会等组织,直接参与学校的重大事项决策或者提供咨询,并履行监督决策和执行程序的职能。总而言之,在自治原则的作用下,俄罗斯高校内部治理制度排除了"命令-服从"式的科层理念,采用了合理的分权、分工的设计思维。

如上文所述,俄罗斯高校自治的一大重要依据是自身制定的办学章程。俄罗斯高校有着悠久的章程建设和实施的历史,它是俄罗斯高等教育政策法规的有益补充,更是俄罗斯高校办学治学的直接依据。以2008年获批通过的《俄罗斯莫斯科国立大学章程》(以下简称《莫大章程》)为例,该章程规定了莫斯科大学在组织、管理、教学和科研等方面的机构、制度建构与活动实施的原则,是莫斯科大学的内部治理体系构建、调整和日常运行的直接遵循。《莫大章程》的诞生和施行,体现了21世纪以来俄罗斯府学关系调整的成果,彰显了联邦政府和顶尖学府之间契约治理关系的理想状态。当然,《莫大章程》的修改和实施是不能完全独立于国家的政治影响之外的。俄罗斯联邦政府于2009年颁布了《俄罗斯莫斯科国立大学和圣彼得堡国立大学法》,并在2010年12月和2012年1月两次修改了《莫大章程》,结果莫斯科大学的校长选举制被任命制取代,其财政活动和章程修改的部分权力也收归联邦政府。就此来看,俄罗斯高校的办学章程尽管能够使自治原则落实到校内,令内部治理制度的建设符合自由、自治的精神,但在应对校外政治和行政权力的干涉上尚显得效力不足。

---

① 刘淑华,刘欣妍.走向治理:俄罗斯高等教育内部管理体制变革取向[J].比较教育研究,2015(2):19-23.

（二）权力格局：形成以国家权力为核心的多元权力结构

由于"教育与政治相结合"原则的存在，苏联高校内部形成了政党权力领导下的行政权力压倒学术权力的权力结构[①]（如下图2.1所示）。苏联高校内部的最高权力是校长在行政上的绝对领导权和政治权力，而学术委员会等机构的职权则仅限于为校长的领导工作提供参谋。自校级以下，系主任和教研室主任以及各级学术委员会，实际上均无权对重要事务进行决策，这些个人和组织在高校内部管理中的主要职责就是忠实地执行由校长传达的上级命令或者校长做出的各种决策。

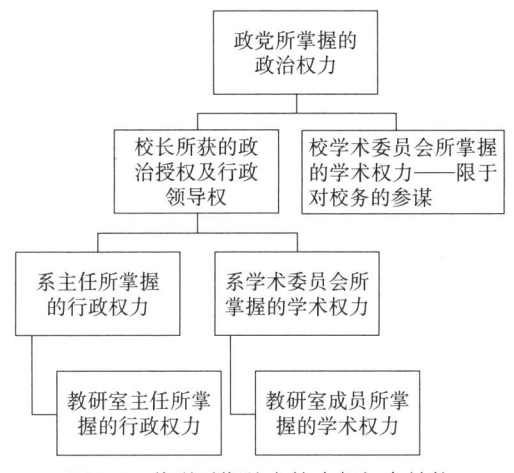

图2.1 苏联时期的高校内部权力结构

这种权力结构显然不符合现代高校办学治校的科学规律，在实际的高校内部治理过程中，往往会导致教育和研究的质量不高，同时也大大限制了高校的学术活力。有学者总结道："苏联时期所实行的高等教育管理体系是高度集权的，整个体系庞大、笨重，灵活性不足，积累了不少抑制教育创新的问题，这套体系带来的不是教育的发展，而是教育发展的停滞。"[②]苏联解体后，俄罗斯高校所面临的新的时代背景包括计划经济向市场经济转型、高等教育的大众化，政治体制的民主化、人道化和开放化等[③]，这促进了俄罗斯高校内

[①] 李莉.大学与政府:俄罗斯高等教育与国家崛起[M].北京:社会科学文献出版社,2012:75.

[②] 朱小蔓,鲍列夫斯卡娅,鲍利辛柯夫.20—21世纪之交中俄教育改革比较[M].北京:教育科学出版社, 2006:52.

[③] 王书武,宋丽荣.现代政治治理下的俄罗斯大学与政府关系[J].继续教育研究,2009(10):155-156.

部治理权力结构的调整。高等教育领域的去国家化和去意识形态化运动打破了教育与政治相结合的原则,直接导致了俄罗斯高校内部政党/政治权力的消解,为新的权力格局的形成准备了条件。

克拉克认为:"当我们要求一个系统比以前做更多的工作以产生相反的价值和兴趣时,失望的可能性会增加。"[1]国家体制的全面转型意味着俄罗斯高校须打破旧有的权力格局,以适应全新的外部环境及其带来的重重挑战,高校内部需要形成新的权力结构。经过一系列改革,叶利钦执政时期俄罗斯高校内部的权力格局如图2.2所示:校内管理工作由全体代表大会和学术委员会实施总的领导,校长对高校进行直接的管理。全体代表大会的代表来自高校内部各个层次和各个方面,具有广泛的代表性,体现了俄罗斯高校对决策过程民主性的尊重,提高了俄罗斯高校内部治理的民主程度。而学术委员会领导地位的确定,也标志着学术权力在俄罗斯高校内部的地位大幅提升。总而言之,叶利钦执政时期俄罗斯所推行的自由民主改革,促进了俄罗斯高校内部以国家权力为核心的多元权力结构的形成。

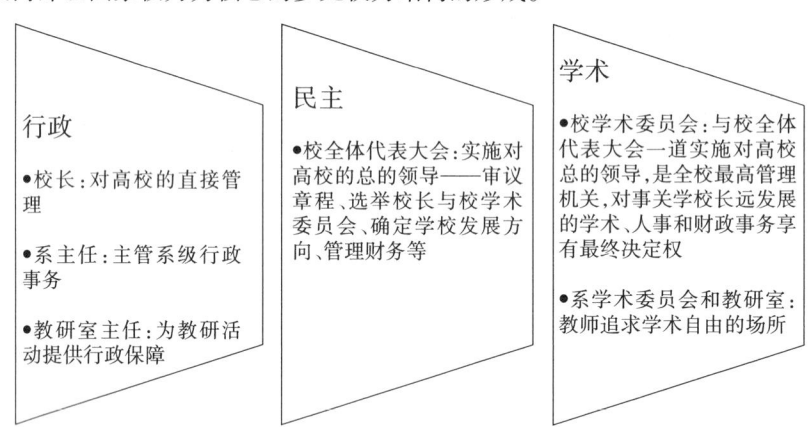

行政
- 校长:对高校的直接管理
- 系主任:主管系级行政事务
- 教研室主任:为教研活动提供行政保障

民主
- 校全体代表大会:实施对高校的总的领导——审议章程、选举校长与校学术委员会、确定学校发展方向、管理财务等

学术
- 校学术委员会:与校全体代表大会一道实施对高校总的领导,是全校最高管理机关,对事关学校长远发展的学术、人事和财政事务享有最终决定权
- 系学术委员会和教研室:教师追求学术自由的场所

图2.2 叶利钦时期俄罗斯高校内部权力结构

叶利钦执政时期,俄罗斯高校内部的权力结构有着教授治校、平衡和分工负责等特征,讲求校内各类组织的各司其职、分工协作和相互制衡,这种权力格局被认为是有利于提高俄罗斯高校内部治理的民主和开放程度的。然

---

[1] 伯顿·克拉克.高等教育新论——多学科的研究[M].2版.王承绪,徐辉,等译.杭州:浙江教育出版社,2001:288.

而遗憾的是,学术权力在俄罗斯高校内部的崇高地位却造成了俄罗斯高校内部治理的封闭和保守。在"教授治校"的情况下,俄罗斯高校在教研、经营和承担公共责任等方面的表现大多令人失望。由于俄罗斯高校的财政困境,教授收入微薄,他们往往对学校的经济收益格外关注,这也令俄罗斯高校形成了金钱至上、过于保守和责任意识淡漠等负面的社会印象。因此,由几乎不受干预的学术权力主导的权力格局不符合现代俄罗斯高校内部治理的需求。

普京政府认识到了放任高校自治的危害,开始将府学关系从高校自治的一极挪向了政府调控的一极[1],以平抑自20世纪90年代以来俄罗斯社会中普遍对高等教育"充满失望和愤怒的情绪"[2]。普京政府采取的具体措施包括严格监督、增加投入、加强政策诱导和政府干预等。可以看出,普京政府对高校的干预以相对宏观的引导、调控为主,造就了"可控自治"式的俄罗斯高校内部治理。有俄罗斯学者肯定了目前的俄罗斯高校自治形式:"政府的限制……是不可避免的。真正的大学自治……不意味着独立于国家的权力。"[3]他认为,在普京治下俄罗斯的府学关系才是合乎常理的,国家权力既不应过于直接和强硬地介入高校内部治理之中,也不应弃之不顾,放任高校的行为,国家权力应该对高校内部治理进行必要的和合理的干预。

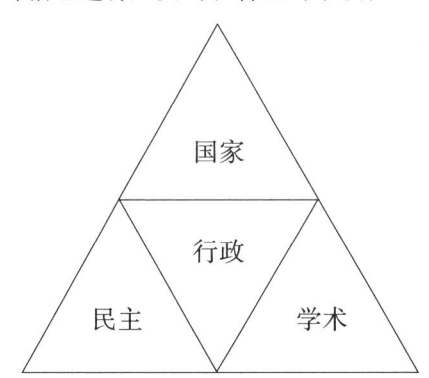

图2.3 普京执政时期俄罗斯高校的内部权力结构

---

[1] 李莉.大学与政府:俄罗斯高等教育与国家崛起[M].北京:社会科学文献出版社,2012:136.

[2] Пронин С В. Смена парадигмы национальной политики как фактор укрепления федеративной государственности в России[J].Власть, 2011 (2).

[3] Кравцов В А.Философско-педагогическая теория СИ Гессена[J].Тольятти: Орбита－Принт, 2001(2).

如果将叶利钦执政时期俄罗斯高校内部权力结构视为一个各部分权力相互嵌入的梯形,那么普京政府所推行的改革就是在这一梯形之上增添了"国家"这个部分,使俄罗斯高校内部权力结构呈现出如图2.3的模式:国家权力不直接介入俄罗斯高校内部原本的权力结构之中,而是通过鉴定委员会、督学委员会等监督、资格认定机构,实现对俄罗斯高校内部治理运行过程及质量的监管,避免俄罗斯高校内部治理在学术权力的主导下滥用权力。除了来自国家的干预之外,俄罗斯近年来也推动企业主、高等教育消费者等校外利益相关者介入俄罗斯高校内部治理之中,这就大大强化了俄罗斯高校内部治理的民主程度,解决了过去俄罗斯高校中"民主仅是教职工的民主"的问题,令俄罗斯高校内部的民主表达不再只是学术权力的附庸。

综上所述,目前俄罗斯高校内部权力结构是"国家＋行政＋学术＋民主"的形式,其中国家意志渗入的主要作用是监督高校的治理行为并为其提供必要的资源支持;行政权力的主要作用是执行决策、提供服务和保证高校内部治理体系的流畅运转;学术权力负责校内重要事务的决策;民主权力对高校内部治理的深度参与则提供了高校同外部环境交流的渠道。在实际的内部治理过程中,并没有哪种权力及其代表群体能够占据绝对优势地位,各类治理组织在理想的情况下处于相互制衡、配合且各司其职的状态。相较于之前的权力结构,这一结构中"国家"和"社会"得到了凸显,这也是俄罗斯政府在高等教育施政上贯彻"国家、社会共管"原则的体现。值得注意的是,此时国家和社会的作用往往是在俄罗斯高校的外部产生,而在高校的内部,其权力的代表主体则一般弥散于各类治理机构和组织之中,影响着其他类型权力的运作。

(三)具体制度的建设情况

俄罗斯高校内部治理的自治原则和校内多元权力格局的形成,深刻地影响了俄罗斯高校内部具体的治理制度建设的实践。俄罗斯高校内部许多具体的治理制度自20世纪90年代基本建设成型后,其内涵还经历了长期的转变。

1. "校-系-教研室"制度

"校-系-教研室"是俄罗斯高校内部治理体系中的基本制度架构。这一制度架构早在沙俄时期莫斯科大学建立教研室时便已具雏形,于苏联时期得以正式确立并沿用至今。

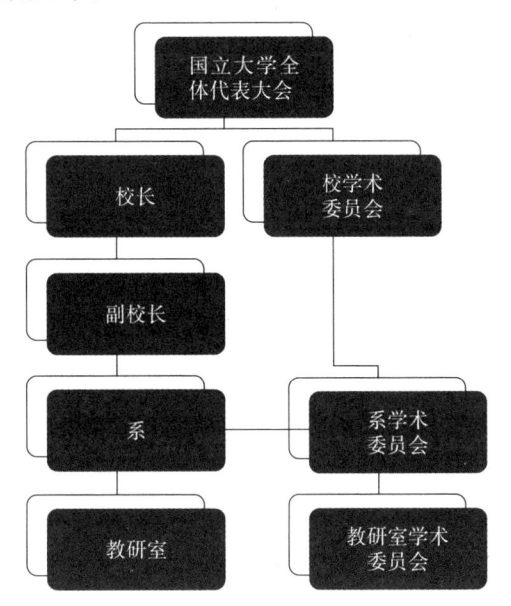

图2.4　1993年俄罗斯高校内部的"校-系-教研室"架构

图2.4是根据1993年版的《关于俄罗斯高等职业教育机构(高等院校)的规范条例》(以下简称《规范条例》)所绘制的俄罗斯高校内部组织架构示意图。《规范条例》为俄罗斯高校提供了以下几种"校-系-教研室"三级体系的变革思路:第一,在"校"一级实施校全体代表大会、校学术委员会、校长共同领导管理学校的多核心领导模式,以集体领导的方式取代校长的一元化集中领导;第二,比照苏联时期,"校"已不仅作为执行系统的最高一级而存在,而且享有一定程度的自主办学权,以财政权为例,叶利钦执政时期,"校"已经能够"自主掌握经费的使用,并且有权进入市场以竞争办学资源,如实施收费教育、从事商业性活动和开展有偿教育服务等"[1],这表明俄罗斯高校获得了独

---

[1] 张男星.俄罗斯高等教育体制变革[M].长春:吉林教育出版社,2002:52.

立于联邦政府预算权力外的自主性;第三,"系"和"教研室"的权力也得到拓展,这两级机构的领导人员、学术委员会及其成员(主要是高校教师)除了在教研事务上拥有优先管理权和决定权外,还可参与高校全体大会或学术委员会,左右校级机构的成员和领导人选,体现出俄罗斯高校的"底部沉重化"趋势和对学术自由、基层学术人员自治的尊重。

值得一提的是俄罗斯高校的教研室制度,这一制度是俄罗斯高校的基层学术治理制度。教研室作为俄罗斯高校最基层的教学科研组织机构,负责计划、组织、实施教学与科研任务,承担相应学科的主干课程和多门相关课程的教学、科研及学科建设任务。因此可以说,想了解俄罗斯高校的教育、研究质量如何,就要看教研室的发展情况;要观察俄罗斯高校内部治理的最终成效,应着眼于教研室的治理情况。

俄罗斯高校的教研室实行以教研室主任为首的学术行政体系与教授团体为主的学术委员会共同管理学术事务的管理体制,体现了教研室内部行政权力与学术权力的分工合作。教研室的工作包括学术工作和日常行政工作,学术工作事务在每月至少一次的教研室会议上集中进行讨论、决定,同时,教研室会议还具有传达校、系指令的职能。除了师生以外,企业和其他组织的工作人员也可以参加会议,但教研室在编人员必须达到出席人员数量的2/3以上。教研室的日常行政工作由以教研室主任为首的行政工作系统承担,这套系统包括行政办公室秘书人员,他们为教研室的教学和科研工作提供保障。教研室制度反映了俄罗斯高校内部治理体系的鲜明特征,包括底部沉重、学术权力主导和行政权力服务化等。

进入21世纪后,普京政府在不动摇俄罗斯高校"校-系-教研室"制度结构的基础上,继续丰富了这一结构的内涵。上文中已经提到,普京政府在高等教育领域推行的改革,方向之一就是促进"国家、社会共管"原则在俄罗斯高等教育及高校治理中的落实[①],所以,这套制度结构中要相应地彰显国家和社会的元素(如图2.5所示)。

---

① Министерство образования и науки Российской Федерации.Государственная программа Российской Федерации" Развитие образования" на 2013-2020 годы[R].Москва:Минобрнауки России,2012:24.

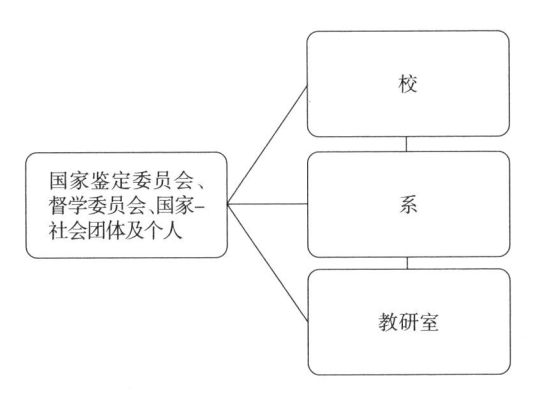

图2.5 普京时代的俄罗斯高校内部治理的制度架构

2006年,俄罗斯对《联邦高等教育法》进行了修订,规定将国家鉴定委员会的审核结果作为俄罗斯高校校长任职资格的决定性依据之一。5年后,俄罗斯高校内部成立了由来自联邦和地方权力机关、社会各界的代表组成的督学委员会,目的是沟通高校与社会,加强国家和社会力量对高校内部治理的参与和监督。此外,《联邦高等教育法》中也明文规定:高等教育管理机关和高校学术委员会,在进行治理时应该"考虑社会组织和国家-社会团体的建议"[1]。如此一来,学生、家长的意见均可以通过对应的委员会反馈至俄罗斯高校内部,促进俄罗斯高校内部治理的外部参与程度的提高。

总而言之,"校-系-教研室"三级制度是俄罗斯高校内部治理体系中具有悠久传统的一个部分,其内在的合理性和对不同外部环境的强大适应性使其能够在较长的历史时期内保持相对稳定,同时,这种稳定也得益于该结构因其内涵的不断丰富而给自身带来的生命力。

2.学术委员会制度

学术委员会制度在现代俄罗斯高校内部治理中享有崇高的地位,根据1996年《联邦高等教育法》的规定,校学术委员会实施对高校的全面管理,且在高校的治理过程中占有重要的地位[2]。

---

[1] Министерство образования и науки Российской Федерации.Федеральный.Закон "О высшем и послевузовском профессиональном образовании" [EB/OL].[1996-07-23][2021-09-30].http://www.edu.ru/ index.php?page_id=122.

[2] 李盼宁.俄罗斯高等教育治理模式研究[D].西安:陕西师范大学,2017:63.

在俄罗斯高校中,校学术委员会的任期一般为五年一届,至少每两个月召开一次会议。校学术委员会对学校的教育、科研、人事、财务等活动实行全面把握,在关系到学校生存和长远发展的重大事项的审议上享有决定权。目前,俄罗斯高校校长的任职资格尽管是由代表国家意志的国家鉴定委员会最终确定[①],但选举程序仍由校学术委员会来负责实施,在必要时,校学术委员会还有做出暂时终止自校长以下的机构、个人的各项指令的权力,这体现了校学术委员会在俄罗斯高校内部治理中的很高地位。系、教研室的学术委员会,也在其职权范围内享有较高的决策地位。相较于校学术委员会,系和教研室的学术委员会更多地承担了传达上级指令和讨论决定具体的学术性质的各类工作的责任[②]。

在人员构成方面,学术委员会的人选来源非常广泛,除了高校的学术人员(主要指教授群体)之外,职员、学生和高校的主要领导也有权列席。学术委员会人选主要在校务委员会会议上以无记名投票选举的方式产生。除了作为学术委员会主席的校长和副校长、校监等常设成员,学术委员会的其他成员大多要通过选举产生,校长提名、部门推荐的人选则要经过学术委员会的决议。此外,俄罗斯高校学术委员会中还为来自社会组织的成员留有适当比例的席位,学术人员可以借助这些来自企业界或公益团体等各行各业的专家,结合他们的专业经验来进行决策。

3.校务委员会和学校全体代表大会制度

校务委员会是俄罗斯高校内部的常设机构之一,同时也是最高决策机构。校务委员会同学术委员会的职能有相似之处,如把握学校的教育、科研的整体发展方向,对事关学校生存发展的人事、财政等方面的重大事项进行审议,修改和补充学校办学章程等。二者都在俄罗斯高校的重大事务决策中扮演着关键角色,但校务委员会与学术委员会有两点不同:第一,校务委员会在校务决策上的权限更高,该机构尽管不负责俄罗斯高校日常工作的管理和领导,但有权审核治校、办学过程中的任何校内集体协议并做出决策,甚至可

---

① 赵慧敏.俄罗斯高等教育管理体制现代化研究[D].哈尔滨:黑龙江大学,2014:34.
② 杜岩岩.走向原点的大学内部治理:俄罗斯大学教研室的变革[J].辽宁教育研究,2007(11):109-112.

以在必要时终止学术委员会的运作[①]；第二，校务委员会与学术委员会的人员构成是不同的，在校务委员会中，学术委员会成员的占比不能超过50%，而学生代表中的本科生、研究生占比则不能少于25%，可见校务委员会非常重视学生在学校内部治理过程中应有的民主参与的权利。总的来看，尽管校务委员会和学术委员会在人员构成、职能、地位等方面存在相似之处，但校务委员会更注重决策的民主性，也更能够代表多方利益相关者的诉求。

学校全体代表大会是俄罗斯高校内部的常规性会议，由学术委员会召集，一般两年召开一次。全体代表大会是俄罗斯高校内部最能体现民主性的会议，参会人员来自学校内部各个层面，基本上能够代表校内各方的利益诉求。正因其高度的民主性和对校内各方利益的广泛代表性，学校全体代表大会所处理的一般是学校的基础性的重大事项，处理方式则以审议、决定为主，尤其是校长选举、学术委员会人选确定、学校财产使用、学校章程修改等牵涉到校内多方利益的重大事项，学校全体代表大会有权做出最终的决议。不过，相较于校务委员会和学术委员会，学校全体代表大会主要发挥的是对校内治理工作的民主监督作用。

4.其他保障性质的制度

除上述诸项主要的制度外，俄罗斯高校内部还存在着其他类型的制度。这些制度充实了俄罗斯高校内部治理制度体系，为俄罗斯高校内部治理体系的流畅运转提供了保障。

首先要提及的是形成于2006年的规定俄罗斯高校校长任职资格的国家鉴定制度。2006年《联邦高等教育法》修订后，俄罗斯联邦政府设立了国家鉴定委员会，以审定俄罗斯高校校长的任职资格。国家鉴定委员会的主要成员来自国家权力部门，委员会的职责是确定由校内选举所产生的俄罗斯高校校长人选的最终任职资格，并在校长任职的过程中保持对其工作的监督。国家鉴定委员会的设立和履职，使得俄罗斯高校校长人选的确定呈现出校内选举与国家任命相结合的特色。该项制度的确立，是普京政府"可控民主"和"第

---

① 李盼宁.俄罗斯高等教育治理模式研究[D].西安:陕西师范大学,2017:62.

三条道路"等特色执政理念的体现,标志着俄罗斯府学关系的进一步调整。国家鉴定委员会的存在,并不意味着国家权力直接干预俄罗斯高校校长人选的产生,因为必要的选举程序仍然由俄罗斯高校的学术委员会负责领导实施,尽管国家鉴定委员会在名义上具有校长人选的"一票否决权",但政府并没有介入到正常的选举程序中去。

根据2012年修订的《联邦高等教育法》所成立的督学委员会,也是为强化对俄罗斯高校内部治理行为的监督而设立的机构。督学委员会基本不参与高校内部事务的决策,其主要职能是对高校日常工作进行监督,辅助决策的落实,其成员包括高校教职工、学生、企业主以及来自联邦主体执行机构和地方自治管理机构的人员,代表了官方和来自社会的各种利益相关者对俄罗斯高校内部治理工作的期望和要求。督学委员会的设立,实际上是为了避免俄罗斯高校再度出现因国家管控的松弛而滋生的一系列质量问题。它可以保证俄罗斯高校内部治理的秩序和科学性,防止失控和混乱现象的产生。

除了上述两项制度外,多元化的资金筹措制度为俄罗斯高校提供了用以维持其内部治理过程运行的必需资源,对于俄罗斯高校内部治理体系的正常运转具有关键意义。在叶利钦执政时期,俄罗斯高等教育轰轰烈烈的"准公共产品化"改革改变了政府作为俄罗斯高等教育系统的主要供资方的状况,这是俄罗斯高校加入高等教育市场竞争,尝试面向市场和社会自主运营并争取办学资源的起点。正因为有面向市场和社会进行自主经营的必要,加上政府的持续放权减投行为,所以俄罗斯高校不得不开辟多样化的资金来源渠道,比如提供收费教育、从事商业性活动和开展有偿的学术性服务等[1],还进行了以"高等教育成本共同分担"为主旨的学费制度改革[2],以收入来源的多元化来满足办学的需要。俄罗斯高校对多元化的资金筹措渠道的积极探索,不仅使自身能够在高等教育市场竞争中不断地提高办学质量和服务质量,与市场和社会更加紧密地结合在一起,也非常有利于高校财政自

---

[1] 张男星.俄罗斯高等教育体制变革[M].长春:吉林教育出版社,2002:52.
[2] 许适琳,王烨姝.俄罗斯"高等教育成本共同分担"学费制度改革及对我国的启示[J].现代教育管理,2011(2):125-128.

主权的扩大[①]。当然,多元化的资金筹措制度的形成与俄罗斯高校在20世纪90年代所遭遇的严重资源危机息息相关。这次危机带来的,不仅是俄罗斯高校多元资金筹措渠道开辟能力、自主汲取办学资源能力的提升,更提示了俄罗斯联邦政府有必要向高校供应稳定、充足的办学资源,否则,很大一部分高校将陷入持续贫困,走上盲目逐利的道路,这显然是不利于俄罗斯高等教育质量的整体提高的。

四、俄罗斯高校内部治理能力的现代化

(一)决策能力

俄罗斯高校的决策能力经历了从无到有的过程,这与其历史上所享有的自主程度是相关的。在苏联时代,高校并不具备对自身重大事务进行自主决策的权力。从1929年开始,苏联就确立起了中央集权的政治模式,有关教育的一切重要决定都是由联共(布)中央直接做出,中央政权和苏联共产党拥有进行高等教育管理和决策的最高权限。在中央处理相关问题以后,做出的决定会以计划性指令的方式层层下达,高校接到指令后负责执行和进一步传达。由此可见,在这套体系中,苏联高校不需要具备任何自主决策的能力。

随着中央集权和计划经济体制的崩溃,与这套体制配套的高等教育管理和决策模式自然也走到了被时代淘汰的边缘。俄罗斯高校在与国家和政府"脱钩"的过程中,需要自主对自身的重要事务做出合理的决策。现代俄罗斯高校的决策能力的形成与发展,和20世纪90年代俄罗斯高等教育领域的"去国家化"改革息息相关。叶利钦政府所执行的全盘西化路线为俄罗斯高校的自治化扫清了府学关系方面的障碍,与此同时,俄罗斯高校自由、自治地位的取得也代表着稳定的政治、资金庇护的丧失。在国家政治权力退出、公民社

---

① 杨宁,杨广云.俄罗斯高校管理体制的民主化进程——基于前苏联与俄罗斯的比较研究[J].大学(研究与评价),2009(4):26-31.

会尚不发达的情况下,俄罗斯高校需要面向市场进行自主经营。在市场的优胜劣汰逻辑支配下,俄罗斯高校的决策主体必须通过高质量的决策来使学校得以生存和发展。

在市场逻辑的作用下,各类高等教育消费者对俄罗斯高校内部治理的影响力越来越大,供资企业、用人单位和学生家长不断地表达他们对高校办学的利益诉求。除了消费者以外,大学校友、社会团体等为高校办学提供资源支持的群体也产生了参与高校内部治理的需要。在苏联时代,完全国有化的高校不需要面对如此复杂的利益群体,只需要服从国家的指令,可以说"在自身以外仅有国家这样一个利益相关主体"。在苏联解体之后,在利益相关主体多元化的既成事实面前,俄罗斯高校不仅要形成自主决策的能力,还要在决策时妥善地处理附着于这些利益相关主体的复杂的权责利关系,既要保障各主体在高校内部治理中的民主权利,又要使决策科学化、合理化,兼顾高校的经营生存、维持学术活力等各方面事务。因此,在20世纪90年代早期,俄罗斯高校内部就依法构建了负责决策的高校校务委员会、各级学术委员会等机构,通过"集体负责"的民主形式协商治理校内事务。

结合20世纪90年代俄罗斯的高等教育市场竞争形势来看,在失去了稳定、充足的国家财政支持之后,大部分俄罗斯高校陷入了资源危机。在进入高等教育市场后,许多高校开始盲目追求经济利益,一味地迎合高等教育市场以及高等教育消费者的需要,甚至不惜出卖学校资产。这种主要根据市场规则来实施决策的做法,导致俄罗斯高校办学质量低下[1]。一些批评家认为,盲目逐利的俄罗斯高校"不知道它们正走向何处,甚至它们已经丧失了自己的灵魂"[2],而且"阉割了教育作为有社会意义的福利的本质"[3]。为此,普京政府将新世纪俄罗斯的府学关系调整为"通过谈判和中间机构来形成与高校之间的契约关系,并达到双方利益的平衡",并"主要是通过法律法规和财政拨

---

[1] Колесников В Н, Кучер И В, Турченко В Н Коммерциализация высшего образования-угроза национальной безопасности России[J] Педагогика, 2004(6): 99-106.

[2] 伯顿·克拉克.建立创业型大学:组织上转型的途径[M].王承绪,译.北京:人民教育出版社,2003:1.

[3] 朱小蔓,鲍列夫斯卡娅,鲍利辛柯夫.20—21世纪之交中俄教育改革比较[M].北京:教育科学出版社,2006:480.

款等方式对高校进行间接的影响"[1],以实现国家权力对俄罗斯高校决策的间接引导,避免俄罗斯高校在经济利益的诱惑下彻底堕落为只顾私利的逐利性机构,进而避免俄罗斯高等教育的整体质量进一步下滑。

在重新奠定了高等教育的国家主义基调后,俄罗斯联邦政府提高了对高等教育的财政投入,同时通过实施"5-100"等项目激发高校之间的良性竞争,集中力量支持重点高校的发展,并激励高校将自身的教育和科研目标统一到国家的创新发展战略之上[2],使得俄罗斯高校的决策能够在合理的政策诱导下与国家利益相协调,并随着俄罗斯经济社会发展状况的好转而日渐成熟。

目前来看,现代俄罗斯高校的决策能力体现了俄罗斯高校内部治理的自治、问责与民主协作等精神,基本符合现代俄罗斯高校的发展需要。值得注意的是,现代俄罗斯高校的决策更多地体现出一种"工具理性",即决策的做出一般围绕着实际的、直接的目标及利益,而较少关注"高校本质精神"(即长效的高等教育办学和发展规律的集中体现)方面的事宜。工具主义支配下的决策在短期看来有利于俄罗斯高校高效率地进行治理,但毕竟与高校的本质不符,一旦外部诱惑的力度减弱,那么俄罗斯高校是否能真正自主地进行明智的决策还是未知数。目前,部分俄罗斯高校的决策中还存在着所涉机构的权威性不明确、规则模糊、重要利益相关方被排除在决策过程之外、主体缺乏专门知识和程序不明确等问题,这体现了俄罗斯高校决策的"有限理性"特征,也意味着俄罗斯高校的决策需要在定权定责、扩大开放等方面做出改进。[3]

(二)执行能力

当前,俄罗斯高校在决策执行上主要依靠的是"校-系-教研室"三级执行体系。该体系在俄罗斯高校发展史上享有极高的声誉和地位,被认为是符合俄罗斯国情及高等教育发展的实际需要的。这一制度的存留,有利于俄罗斯高校继承附着于该制度上的强大执行能力,使俄罗斯高校在执行能力的现代

---

[1] 李莉.大学与政府:俄罗斯高等教育与国家崛起[M].北京:社会科学文献出版社,2012:148.
[2] 解瑞红.转型期俄罗斯国立大学治理变革研究[D].南京:南京师范大学,2018:123.
[3] DRUGOVA E A,KALACHIKOVA O N.Bounded Rationality,Uncertainty,and Complexity as Decision-Making Contexts:A Case of One University in Russia[J].European journal of contemporary education,2019,8(4):738-750.

化方面具有天然优势。

不过,需要厘清的是,现代俄罗斯高校所需要的执行能力,与俄罗斯高校在历史上所形成的执行能力是不同的。在漫长的发展历程中,俄罗斯高校数次作为纯粹的执行机构被纳入国家行政执行体系之中。早在沙俄时期,圣彼得堡大学、莫斯科大学等校就长期处在沙俄政权和宗教势力的压制之下。尽管沙俄统治者屡次基于自身的政治需求,将一定的自主权下放给地方和高校,但高校始终未能获得切实的自主地位。在"十月革命"后,尽管列宁对高等教育的分权、民主管理体制进行了有益的探索,但随后高校又彻底成为政党和政权意志的执行工具。因此,就俄罗斯高校的发展史来看,"照章办事"和"执行指令"是深嵌于俄罗斯高校体内的特质,主要为政权利益服务,附庸于国家政治体系。但是,俄罗斯高校的执行,本质上只是一种机械的、工具思维指导下的执行,附着于此类体系和思维之上的执行能力是不同于现代高校治理所需要的执行能力的。

现代高校在进行内部治理时所需要的执行能力,是建立在自主理性和平等协商基础之上的。执行者不仅要具备精准执行决策、指令的能力,还需要尽可能地参与到决策、指令的形成过程中,并自发地对所要执行之事产生理解和认同。在国家转型的背景下,俄罗斯高校在执行能力方面产生了由传统的"照章办事"模式转向与高校的自由自治相匹配的模式的迫切需求。叶利钦时期的高等教育质量危机表明,俄罗斯高校并未通过"大学自治,学术自由"实现治理上的成功,这一方面同俄罗斯高校深陷财政困境、在体制机制创新上停滞不前的情况有关,另一方面也反映出联邦政府的决策脱离实际。俄罗斯高校自治自由化的设想是先进的,但是由于理念、制度、资源等方面的不足,俄罗斯高校在执行新的《联邦教育法》等一系列法律时往往感到难度极大。"大学自治,学术自由"的理念与俄罗斯的文化传统之间不兼容也是导致执行难的一大原因。纵观俄罗斯的历史及高等教育发展史,"大学自治,学术自由"在俄罗斯高校内部是缺少根基的,许多高校在执行与该理念相关的法律法规时都出现了理解上的偏差。

除此以外,对"民主管理"的盲目实践也对俄罗斯高校的执行行为造成了干扰。有学者认为,20世纪90年代的俄罗斯高校内部存在着学术政治与校长集权的冲突,这造成了行政工作的"派系化和争议化"[1],损害了俄罗斯高校的执行效率。实际上,在破除了"教育与政治相结合"的原则后,俄罗斯高校的确需要提高其执行能力中的自主、民主和协商的成分,以适应"政府包办一切"时代终结后的办学环境。但是,这种执行能力的基础(即支持校内网络式互动和促进广泛的利益相关者参与的有机管理体系[2])却尚待完善,阻碍该体系形成的主要因素是学术委员会独揽大权。学者的民主不等于学校内部治理的民主,在学术权力的主导下,俄罗斯高校内部的权力重心下移至教研室这类基层学术治理机构,导致俄罗斯高校内部治理组织的扁平化,并进一步滋生了基层学术治理机构各自为政的现象。在"自己决策,自己执行"的情况下,俄罗斯高校整体的执行能力必然会遭到削弱。总的来看,叶利钦时期的俄罗斯高校的执行能力,存在着偏重民主形式、难出实际成效的问题。

进入21世纪后,俄罗斯联邦政府开始把稳定教育质量、实现教育现代化作为教育改革的主旨。由于普京政府对俄罗斯高等教育质量和世界一流高校建设的关注,俄罗斯高校必须在这些方面彰显其对国家战略的执行成效。现代俄罗斯高校积极投身到各类以振兴俄罗斯高等教育和建设创新型国家的战略规划和项目之中,比如联邦大学建设、"5-100"计划和博洛尼亚进程等,在国家的宏观调控(主要通过建立诱导机制来进行)下展现出了对俄罗斯高等教育现代化、国际化和建设世界一流高校等国家层面的战略行动的高度配合。与此同时,俄罗斯高校内部的制度条件也日趋成熟,在"校-系-教研室"制度的基础上,各类组织、机构的运行基本实现了稳定和彼此间的协调。适度的集权、行政和学术的分工合作有效地提高了俄罗斯高校的决策执行效率。

总而言之,为了提升执行能力,现代俄罗斯高校选择了与"第三条道路"理念高度契合的道路。现代俄罗斯高校需要警惕"照章办事"的意识卷土重

---

[1] HUBBELL L.Democratic university administration at a Russian university: A case study[J].Administration & Society, 1999, 31(3): 424-443.

[2] ZBOROVSKY G E, AMBAROVA P A, SHUKLINA E A.Does a system of higher education exist in Russia?[J]. Sociological studies, 2017, 11(11): 76-86.

来,同时也要避免在"大学自治,学术自由"理念的作用下恣意行事和盲目冒动。要结合国家的合理干预和引导,适当地发挥自身的自主性,既保持作为学术机构的独立性和尊严,又面向国家、社会和广大民众,这才是现代俄罗斯高校在提升执行能力时需要重点考虑的。

(三)监督能力

俄罗斯高校的办学治校行为通常受到来自内部和外部监督机制的严格约束,在历史上,这种约束对俄罗斯高校内部治理产生了"双刃剑"式的影响。

现代俄罗斯高校内部治理的监督体系主要受到两个历史遗产的影响:其一是历史上形成的政府对高校办学活动严加管理的传统,这有利于公权力部门监督高校的办学质量,督促高校在优质人力资源和科研成果方面的持续产出,但同时,对高校一切行为的严格约束也可能导致它们"滥用资源、衰退和对新挑战无能为力"[1];其二是叶利钦执政时期发起的俄罗斯高校管理的民主化和社会化改革[2],在改革中,从俄罗斯高校内部诞生的教法委员会、学校委员会、教育机构委员会和高校外部的家长委员会等机构分担了政府监督高校行为的压力,提高了监督的民主性和社会参与度,与此同时,政党、政治团体组织则被排除在监督主体的范围之外。总而言之,沙俄时期、苏联时期的传统为国家和政府监督俄罗斯高校的治理行为提供了坚实的合理性基础,因为俄罗斯的民族文化中向来有"集体利益高于个体利益"的传统;而叶利钦的改革则是在适当地使国家与高校之间"松绑"的情况下,为监督高校的治理行为开辟了多元化的、民主性的渠道。

进入21世纪,本着吸取上述两份历史遗产的合理之处的考虑,普京政府开展了大规模的以"问责高校"为主题的改革,目的是在不侵害俄罗斯高校既得的自治权的前提下,通过国家权力对高等教育事务的重新介入来推动俄罗斯高校办学质量的提高。鉴定、认证和评估是现阶段俄罗斯联邦政府在监督高校治理活动方面所采取的主要手段:在鉴定方面,2006年,联邦政府修订了

---

[1] SAVELYEV A Y.Trends and Problems in the Development of Higher Education in the Soviet Union[J].Higher education in Europe,1991,16(3):107-118.

[2] 肖甦,王义高.俄罗斯教育10年变迁[M].北京:北京师范大学出版社,2003:206.

《联邦高等教育法》,规定高校校长的人选和任职资格需要国家鉴定委员会的审核,并提交至上级教育管理机关进行批准[1],由此重新确立了政府任命俄罗斯高校校长的模式;在认证方面,在教育领域行使控制和监督职能的俄罗斯联邦行政机关如教育与科学监督局等,有权依据《联邦高等教育法》的规定对俄罗斯高校进行国家认证,主要是对高校教育质量的认证,通过国家认证的高校即视为其教育活动的质量达到了国家标准,之后便能享有相应的声誉并获得国家资助,但若高校未能通过下一轮认证,其原有资格也会被撤销[2];在评估方面,俄罗斯高校目前每年都需要接受高校活动效益监测,内容涉及高校的教研、财政、国际化等方面的质量,评估由联邦科学和高等教育部主持,结果向社会各界公开[3]。

在俄罗斯高校内部,学校一级的绝对优势地位限制了系、教研室监督权力的行使。由于国家权力介入的宏观性、间接性,以及俄罗斯高校"教授治校"模式的高稳固性,社会监督对俄罗斯高校内部治理行为所产生的影响是非常有限的。社会关注的焦点是高校对投资的使用情况、毕业生质量、承担社会责任等方面,是一种"事后监督",很难对俄罗斯高校内部治理理念、行为产生深刻影响。

总的来说,现代俄罗斯高校内部权力结构的配置形式和社会对高校内部治理的积极参与,有利于俄罗斯高校实施合法、合理、合乎公共利益的内部治理。如果要追求监督能力的进一步现代化,那么俄罗斯高校还需要提升治理体系的开放程度,尤其是优化内部层级体制的运作机制,塑造各级治理组织间的权力制衡态势,尽可能地为利益相关群体参与、监督内部治理提供相应的渠道。

(四)保障能力

现代俄罗斯高校的生存和发展仍主要依赖于政府的引导和资金投入。

---

[1] 顾建民,等.大学治理模式及其形成机理[M].杭州:浙江大学出版社,2017:238.
[2] Лицвнзирование, Аттестация, Аккредитация—Студопеди[EB/OL].(2017-12-16)[2021-09-26].https://studopedia.ru/19_303660_litsenzirovanie-attestatsiyaakkreditatsiya.html.
[3] 刘淑华,朱思晓.自治与问责:俄罗斯高等教育治理变革双重向度[J].比较教育研究,2021,43(3):86-93.

俄罗斯联邦政府加强了对高等教育及高校的调控、引导力度,尤其是政策扶持和资金投入的力度。比如参与"5-100"计划的俄罗斯高校,在2013年至2016年总计可以获得约435.5亿卢布的国家财政拨款,同时这些学校还在拓宽资金筹措渠道上享有政策优惠。高校的办学水平越是顶尖(如圣彼得堡国立大学、莫斯科国立大学,以及其他具有联邦地位的高校),就越有可能享受国家的特殊拨款待遇。但是,政府的预算毕竟是有限的,尽管俄罗斯目前的政策承认高等教育在经济和社会发展中的关键作用,但政府的支持重点是选定的有限高校集团,鼓励它们在全球开展竞争,与此同时,对"局外人"的供养条件则持续紧缩[1]。在这种情况下,俄罗斯大部分高校所能获得的政治性资源是难以维持其生存发展需要的。

为了适应高等教育市场化和全球化的时代潮流,现代俄罗斯高校开辟了多元化的资金筹措渠道。苏联解体之后,法律规定俄罗斯高校有权通过从事经营活动、开展有偿教育服务、进行科研竞标、吸引企业和社会投资等行为自行筹措、管理和支配预算外资金[2]。在1999年对俄罗斯高校科研经费来源的统计数据中,仅"科研经济合同"一项为俄罗斯高校带来的资金量就超过了联邦教育部、科技部和地方政府的预算总和[3]。即便是在普京执政后,国家对高等教育的投资水平有了稳步提升的情况下,俄罗斯高校的非政府财政投入资金也能占到其资金总量的50%左右[4]。2015年,俄罗斯国立大学的预算外资金比例居然达到了63%,足见预算外资金对于俄罗斯高校的重要意义。在开辟多元化资金筹措渠道的过程中,俄罗斯高校本身的独立经营和协调多元化利益相关群体的能力也得到了锻炼。现代俄罗斯高校在新的生存环境中,将进一步提高自身面向国家、社会和市场进行独立运营的能力。

现代俄罗斯高校的生存发展依赖于自由自治的权利。当前,俄罗斯高校内部治理是一种在国家主义引导下的、体现"可控民主"精神的"有边界的大

---

[1] DRANTUSOVA N, KNIAZEV E.Institutional landscape of the higher education in Russia: vectors of development[J].International organisations research journal,2013,8(1):264-273.

[2] 李翀哲.俄罗斯高等教育财政改革研究[D].哈尔滨:哈尔滨工业大学,2006:7.

[3] 王义高.俄《联邦教育发展纲要》的要点分析[J].比较教育研究,2002(1):31-36.

[4] 李翀哲.俄罗斯高等教育财政改革研究[D].哈尔滨:哈尔滨工业大学,2006:16.

第二章 俄罗斯高校内部治理现代化

学自治",适当的自主权使得俄罗斯高校能够依法自主治理,按照高等教育规律和高深知识的发展规律办学,同时兼顾现代高校的国家和社会责任。通观现行的俄罗斯高等教育领域的法律和政策,保障"大学自治,学术自由"依旧是俄罗斯高等教育施政的基本原则之一,俄罗斯高校在民主决策、安排学术活动、参与资源竞争和筹集、使用预算外资金等方面依然享有较充分的自主权。

俄罗斯高校内部治理质量的保持和提高也得益于对信息技术的引入和利用。俄罗斯高校的数字化转型战略推行已久[1],该战略强调将各种信息技术运用到高校治理的实践中。2001年,俄罗斯联邦政府用于教育方面的专用经费增加了37%,主要用于补充教学设备、计算机设备和完善图书馆[2];2014年,哈拉诺夫等人提出要建设智慧网络型高校,通过网络系统来治理高校,实现监管法规的数字化,对科学教育流程的精准监控,甚至尝试实现高校的网络自主管理[3]。2019年,联邦科学和高等教育部推出了"在线高校移动应用程序"和Do Right平台整合后的新版本,通过这一程序,学生、家长、教师可掌握高校的基本信息和高校中的日常生活情况[4]。联邦科学和高等教育部公布的数据显示,在2018年,其信息化战略财政支出就已经达到17602.95万卢布[5]。时至今日,俄罗斯的大型联邦大学已经需要专门聘用程序员来管理校内庞大的"组织信息系统"[6],这些系统在简化俄罗斯高校的人员信息收集、处理、存储程序等方面发挥了巨大作用。俄罗斯高校可以利用信息技术和系统掌握

---

[1] ROZHKOVA D, ROZHKOVA N, Blinova U. Digital universities in Russia: prospects and problems[C]//The 2018 international conference on digital science.springer, Cham, 2019: 252-262.

[2] 卢爱珍.俄罗斯远程开放教育面临的挑战[J].中国远程教育,2002(2):70-74.

[3] Хаханов В И, Мищенко А С, Чумаченко С В, et al.Киберсервисы активного управления университетом[J].Радиоэлектроника и информатика,2014(4):67.

[4] Министерство Просвещения Российской Федерации.Веб-портал «Поступай правильно»: обеспечение гражданину образовательного трекадлиною в ЖИЗНЬ[EB/OL].https://minobrnauki.gov.ru/ru/press-center/card/id_4=1261.

[5] 赵宏媚.俄罗斯教育信息化现状及特点分析[J].世界教育信息,2020,33(1):12-17.

[6] Суходолова Е М.ИНФОРМАЦИОННАЯ СИСТЕМА КАК ОСНОВА ЭФФЕКТИВНОГО УПРАВЛЕНИЯ ВУЗОМ[J].Мир науки,культуры,образования,2021,2(87):353-356.

各种数据的动态,便捷地进行人事管理和治理有效性的评估[1]。有学者认为,近年来俄罗斯高校治理的数字化对高等教育服务竞争力、高等教育服务质量的提高,以及高校的可持续、动态、平衡发展具有显著的正向影响[2]。

在近年来俄罗斯经济社会发展形势好转及联邦政府的持续投入下,俄罗斯高校具备了种类丰富且总量可观的办学资源。但是,由于俄罗斯高等教育"金字塔结构"的存在和联邦政府建设世界一流高校的宏伟目标,俄罗斯高校并不能平等地享有这些资源。在资源的竞争和占有量上,非重点高校很难与顶尖国立大学或者联邦大学相提并论。俄罗斯举国的政治和经济资源往往向竞争世界一流水平的高校集中,资源分配不平均和校际贫富差距大等问题依旧存在,这是影响俄罗斯高校用以保障其内部治理能力优化的一大障碍。

---

[1] Лазаренко В А,Липатов В А,Филинов Н Б,et al. Изменения показателей мониторинга различных видов деятельности вуза, как критерий эффективности внедрения системы рейтинговой оценки деятельности преподавателя[J].Innova,2016(3):4.

[2] DUDIN M N,KONONOVA E V.Digitalization of university management in Russia and foreign countries as a necessary measure to ensure their economic security[J].Market economy problems,2020(3):95.

第三章
日本高校内部治理现代化

一、背景

(一)二战前,教授会自治内部治理模式初具雏形

1868年明治维新以前的日本,是一个由幕府实际统治的闭关锁国的传统封建国家[①]。自1868年以来,明治天皇陆续颁布《王政复古大号令》《五条誓约》及《政体书》,结束了日本长达二百多年的幕府统治时代。明治政府效仿西方国家进行政治改良,在权力机构设置上引入和施行三权分立的原则,进而拉开了明治维新的序幕。明治维新是日本国家治理机制现代化的起点和基础[②]。

日本是属于非西方文化圈的新兴国家,在19世纪中叶之前,并没有西方意义上的大学或高等教育制度[③]。1871年,日本为协商修改与欧美签订的不平等条约,派遣以岩仓具视为首的日本使节团前往美国。使节团成员在美国游历期间,初识了近代文明国家的状况,并为彼时日本国力的落后而深感忧

[①] 保建云.论明治维新对日本国家治理现代化的影响及启示[J].教学与研究,2016(3):58-64.
[②] 保建云.论明治维新对日本国家治理现代化的影响及启示[J].教学与研究,2016(3):58-64.
[③] 天野郁夫.高等教育的日本模式[M].陈武元,译.北京:教育科学出版社,2006(2):54.

虑。为加速近代化,使日本走向富强,使节团随后又继续前往英国、法国、德国等国进行考察,了解和学习诸国的产业技术、资本主义体系、社会建构、政治形态、教育制度等。此时的日本将西方发达国家视为"一等国",极为推崇其科学技术与社会模式,认为学习西方的科技文明与教育制度是富国强兵的前提。

1877年,日本政府模仿德国柏林大学的制度,将当时的官立专门学校东京开成学校与东京医学校合并,创设了日本第一所近代大学——东京大学,它也是第一所由文部省管辖,拥有法、理、文、医四个学部的综合性高等教育机构。由于此前日本并未有过近代大学的建设与管理经验,东京大学成立后,其治理体制和机制就处在不断探索、调整的状态中。

1881年,文部省将大学评议会与学部教授会制度引进东京大学,认为要使东京大学实现四学部均等运营,须在东京大学中设置咨询会,总理在进行管理运营时须咨询教师的意见。东京大学事务章程中规定,咨询会由"总会"与"部会"构成。总会作为总理的咨询机关,负责审议大学全体及预备门相关的事务;部会负责回应学部长咨询、审议学部相关事务。咨询会可吸纳日侨教师,但外籍教师不得参加和校内运营重要事项相关的咨询,这对日本大学后来的运营惯例产生了极大影响。此外,根据当时的《咨询会记事》记载,除总会与部会外,咨询会还定期召开部长会。部长会与总会、部会间的关系并不明晰,后来成为学部长会议的前身。有学者认为咨询会的成立是东京大学自治的开始,但更多的学者予以否定,其中最具代表性的意见是:"咨询会的设立形式初具自治机构的特点,但实际仅为对西方的模仿,(大学)尚未形成自治意识,(大学的)自治问题更未被提上议事日程。"[1]

当时的日本首相伊藤博文深受普鲁士君主立宪制的影响。在他领导的政治改制中,德国特色全方位地渗入了日本政体,也影响到了日本学校教育体系的建设。伊藤博文于1885年任命森有礼为文部大臣,协助大学等学校教育体系的构建。通晓欧美诸国实例的森有礼以德国大学模式为蓝本,于1886年颁布了《帝国大学令》,筹建帝国大学,并规定帝国大学担负着促进国家发

---

[1] 寺崎昌男.日本大学自治制度的形成[M].东京:评论社,1979:51-71.

展的使命与责任。由于制定时日本仅有东京大学一所大学,因此《帝国大学令》是以东京大学为变革目标而制定的。《帝国大学令》取消咨询会的设置,改设评议会,讨论帝国大学学科课程及大学院、分科大学的相关重大事务,由校长主持,实行议长负责制,成员为由文部大臣任命的各学部教授。分科大学中则不设置类似于评议会的合议制机关。就此来看,这一时期帝国大学的内部治理权高度集中在校长及评议会的手中。校长总管帝国大学事务,负责维持帝国大学秩序、关注大学整体局势,同时担任评议会议长与法科大学校长。尽管在帝国大学内部具有最高管理权限,但帝国大学校长由文部大臣任命,须履行将评议会议事等重大事项及时上报的义务。由《帝国大学令》的规定可见,文部大臣才是帝国大学实际上的控制者,帝国大学的治理体制是日本集权政体在学校治理体系中的延伸。

虽然帝国大学受国家特殊优待,相较于其他国立高等院校拥有更多的自治权和学术自由权,但帝国大学的预算仍由帝国议会进行审议决定,帝国大学仍缺少经济自理能力。在这种情况下,日本学界提出了高等教育机构法人化的构想。早期法人案的构想为:政府允许高校拥有法人格,但仍由政府预算来保障一定金额的日常经费,不由议会左右。该构想虽未实现,但与法人化改革后的国立大学运营方式相近。

随着法制观念的逐渐成熟以及学界倡导学术自由、大学自治的呼声高涨,1893年,文部大臣井上毅对《帝国大学令》进行修订,实施帝国大学内部治理改革,使得帝国大学管理制度进一步规范化、科学化。

修订后的《帝国大学令》放宽了对帝国大学校长与分科大学校长权限的限制,扩大了评议会的自主权,并承认各分科大学的独立性。新设的分科大学教授会与评议会一同对大学进行不同层次的管理。教授会由教授、副教授等组成,学部长担任负责人。至此,教授会的权力开始显现,凡涉及学部事宜(课程设置,教学规划,教师任用,学生转学、退学等)均由教授会讨论并做出决定。除此之外,帝国大学教职员工的任免、校内管理人员的选举、财政的决策与审议等权限仍不归属大学。通过此次修改,各学部教授会的权力得到切实保证,运行机制得以初步确立[①]。

随着经济的发展,日本社会对高等教育的需求逐年增加。日本政府顺应时代潮流,陆续新建了六所帝国大学。六所帝国大学均以东京帝国大学为范本,建立了以校长、评议会、教授会为主轴的内部权力体系。此时,各帝国大学的学部教授会拥有诸多权力,负责管理学部内重要事项。帝国大学评议会也由学部教授组成,因此学部教授实际上掌握了管理帝国大学的实权,校长则仅起辅助性作用。各帝国大学的教授也持续不懈地争取自治权,后来相继实施的校长须由教授会推荐、投票选举产生的方式,即是帝国大学教授与文部省斗争的结果。

这一时期,日本帝国大学形成的教授会和评议会合议的管理模式,奠定了此后教授会自治制度的基础。就此,日本帝国大学内部得以在"国家主义"理念的影响下通过"教授会自治"的形式来实现一定程度的自治,同时也推动着日本高校治理的法制化和近代化。

(二)二战后至20世纪80年代,开展高校内部治理制度新探索

1.确立教授会法律地位

第二次世界大战结束后,日本政府在美方的要求和协助下实施了政治民主化改革。在民主主义的影响之下,日本高校进行了一系列涉及内部治理体系调整的革新。

战后初期,日本文部省仿照美国大学管理法案,提出了《大学法试案纲要》,要求在高校内部创设包含校外人士的管理委员会作为顶层管理机构,规定应从国家政府人员、地区政府人员、校友、教授这四类群体中各选取3名代表,与校长一同组成管理委员会,负责高校的整体运营。此法案一经提出即遭到学界的强烈反对,其中最典型的反对意见为"校外人士参与大学管理机构有违日本大学教授会自治的传统"。也有观点称此法案具有令日本教育殖民化的风险。最终,文部省暂时放弃了进行高校内部治理制度设计的计划,

---

[①] 苏青,辛越优.从"治校"到"治学"日本国立大学教授会职能的应然转变[J].高教研究与实践,2015(4):40-44,57.

维持日本主要高校的教授会自治状态。

在美占期间,日本以更新宪法的形式将"保障学术自由"列为国策之一,并接连通过了《教育基本法》与《学校教育法》,基本奠定了日本现代教育制度形成和发展的基石。1949年,日本将战前的帝国大学体系改为新制国立大学体系,旧制帝国大学改称"国立综合型大学",此前在每个县设置一所的国立复合型大学则改称"地方国立大学",文部省对国立大学的管理权限也开始大幅缩小。《教育公务员特例法》颁布后,国立大学教师正式被赋予公务员身份,此举措因在一定程度上保障了大学自治与学术自由而得到学术界的支持。

《学校教育法》以法律形式确立了教授会在国立大学治理中的地位。教授会的职权包括负责审议教师的聘用及学部长的选拔等重要事项。有学者指出,此时的学部教授会自治"是教授会和评议会合议制与学部长、校长负责制相结合的管理体制,决策过程遵循由教授会到评议会的'自下而上'的程序"[1],这一观点认可了教授会在此时国立大学内部治理体系中的关键作用。《学校教育法》在赋予教授会以法律意义时,并未明确规定其职权范围,尤其是未对"重要事项"做出进一步说明,这为之后教授会权力的膨胀留下了空间。

2. 文部省加强对国立大学的统治

1951年美军占领期结束后,时称"政令修订咨询委员会"的内阁直属审议会开始探讨日本教育改革的相关问题。1952年《文部省设置法》修订后,文部省加强了对国立大学财政、人事等方面事务的控制,国立大学的预算总额以及新学科、讲座的设置批准权等均由文部省掌握,国立大学教职员的最终任命权也归属文部大臣。"国立大学在管理方面出现了文部大臣权限强化、校长权限强化、对大学的官僚统治强化的倾向。"[2]

20世纪60年代,日本政府将高等教育纳入促进日本经济发展的计划之中。1963年中央教育审议会上提出了《大学教育的改善》(即"三八答申"),要

---

[1] 张俊超.从教授会自治到大学法人化——日本大学教师聘任制的改革趋势及启示[J].高等教育研究,2009(2):99-104.
[2] 施雨丹.日本国立大学:生成、变革与发展[J].比较教育研究,2007(7):46-51.

求转变高等教育机构的发展理念,改革相关制度,使之与国家、社会的需求相匹配,并为此制定了国立学校特别会计制度。此后,以国立学校特别会计制度为核心的《国立学校特别会计法》成为国立大学财政制度建设的法律依据。该法规定:"国立大学的年收入除一般会计转入金额外,学费、附属医院收入、通过产学合作等获得的外部创收资金等收入都需纳入国家财政预算,并由国家根据国立大学的规模、学术水平等标准进行统一管理,大学的预算分配受到国家的干预与限制。"[①]

20世纪60年代后期,日本高校管理中的封闭、保守倾向逐渐变得强烈,科研和教学中存在着脱离社会实际、学阀现象泛滥、资源浪费等弊端,引发了日本公众的强烈不满。由于日本学界向来反对政府干预高校内部事务,直到20世纪60年代末,文部省都未能通过任何有关控制高校内部事务的法律,这也意味着日本高校依旧保持"象牙塔"的姿态,回避外界的呼吁和要求。由于这种特殊状况的存在,"教授会的权限、规模与学部长和校长之间的关系,大学的自治权与教师个人的政治自由的关系,大学作为教育机构的监督权与学生的自治活动之间的关系,像这样一些问题都乐观地留给了将来去解决。"[②]

3."四六答申"首次提出法人化设计构想

社会各界的争论加速了日本政府指导大学进行管理体制改革的步伐,同时也为教育政策的新自由主义化铺平了道路。在文部省的委托下,中央教育审议会(以下简称"中教审")开始为新一轮高等教育改革进行探讨,所得主要成果为1971年发表的《今后增强学校教育综合性的基本措施》(即"四六答申")。

"四六答申"首次触及国立大学的设置形态问题,提出改变国立大学作为行政机关附属机构的现行设置形态的构想,如"国立大学法人接受一定额度的公费援助,自主运营","以基于标准教育费的定额补助方式进行国家的财政援助,关于事业计划、薪资水准、收入具有相当大幅度的弹性",并"通过自

[①] 李润华.独立行政法人化改革后日本国立大学财政支援体系研究[J].比较教育研究,2010(8):35-40.
[②] 约翰·范德格拉夫,等.学术权力——七国高等教育管理体制比较[M].王承绪,等译.杭州:浙江教育出版社,2001:143.

主运营发展各大学独自的特色"、"在大学中设置管理运营的理事机关"等。这些构想为后来国立大学进行法人化改革起到了先导作用。

文部省依据"四六答申"的设计构想,于1973年建立了作为实验样本的筑波大学。筑波大学的内部治理体系呈现出诸多新风貌:不设学部、教授会,构建了由学群、学系、学类组成的新型教育研究组织结构,将行政与教育、研究相分离,并强化了内部治理中的行政权力;评议会改为咨询机构;加强校长及校级行政机构的权能,设立副校长辅助校长进行决策,并创建了人事委员会和财务委员会,分别由副校长与校长负责,管理大学的人事与财务事务;设立参与会,作为校友等社会人士参与大学运营管理的平台机构[①]。

筑波大学的实验颇具开创性意义,实施的诸多新方案一直在日本部分高校中延续至今。但由于当时日本的国家财政受到石油危机的严重冲击,政府无力为继续推进实验计划供给资源,且习惯教授会自治的国立大学多以"有违学术自治"为由拒绝引入筑波大学的管理运营体制,最终"四六答申"中的制度构想未能得到推广,本轮计划中的国立大学内部治理改革实际上没有全盘落实。

(三)20世纪80年代后,受英美影响逐步确立内部治理改革构想

1.新自由主义与新公共管理运动推动国立大学治理形式改革

20世纪80年代起,发达国家纷纷开始实行新公共管理改革,并在高等教育领域进行大学法人化制度的尝试。受相关理念的影响,日本也开始推行新自由主义和新公共管理运动。从自民党中曾根内阁开始,日本政府出台了多项旨在放宽对社会经济活动的管制的政策。临时教育审议会(以下简称"临教审")多次对国立大学组织运营方面的问题展开探讨,指出"国立大学应确立自主管理、运营的责任体制,发挥校长、学部长的指导作用"[②]。

---

① 滨林正夫,畠山英高.筑波大学——其成立与现状[M].东京:青木书店,1979:174-183.
② 田爱丽.现代大学法人制度研究——日本国立大学法人化改革的实践和启示[M].上海:上海教育出版社,2009:37.

日本90年代以来的高等教育改革是以《大学设置基准》的修订为出发点。[①]设置基准大纲化与大学自我评价制度的导入提高了国立大学的自治水平。进入90年代,日本经济进一步与全球经济体系接轨,加上信息技术的革新和普及,日本政府逐渐意识到培养新型人才以及加快产业结构转换的重要性。1996年,亚洲金融危机的爆发使日本经济受到重挫,桥本内阁为缓解经济衰弱所带来的财政困难,进行了大规模的行政改革,出台了"财政重建计划"。国立大学被列入精简行政机构、对公共服务组织进行独立行政法人化改革及削减公务员编制等一系列计划中,再次面临着进行内部治理体系重大变革的形势。

在1996年11月召开的行政改革会议上,"国立大学民营化"的构想被提出,国立大学内部治理变革的序幕就此拉开,东京大学及京都大学提出了独立行政法人化的具体计划。同年12月,行政改革会议的最终报告发布,宣布"将国立大学的独立行政法人化列入大学改革政策的构想中",在"尊重大学自主性的同时,应基于提高教育研究质量的长期性视野进行探讨"。

此外,早在80年代,临教审就曾指出,国立大学教职员工缺乏流动性是阻碍教育研究水平提高的原因之一,认为有必要进行国立大学教师人事制度的改革。1997年,《大学教师等的任期制法案》正式颁布,打破了日本高校自明治维新以来"终身雇佣"的教职员聘任惯例。该法案规定由各大学自行选择是否实行教师任期制度以及任职期限,制度的实施应以学部、学科为单位,涵盖所有教师职位,同时,为保障教师权益,法案的附带决议中还规定大学在采取任期制时必须保障教师身份不受损害。由于该法案严重触动了国立大学教师群体的既得特权,仅有少部分大学采用教师任期制。

在1998年颁布的关于《21世纪大学像》的答申中,日本官方提出了对国立大学的未来期望:国立大学应基于各自恰当的理念与目标,有选择性地向多样化、个性化方向发展。针对独立行政法人化,答申指出"最初独立行政法人化的国立大学的设置形态应是基于今后长期性规划进行探讨的",同时也零散地给出了关于国立大学的管理运营架构改革的几项具体建议,如灵活制定

---

① 胡建华.20世纪90年代以来中日两国高等教育改革的若干比较[J].现代大学教育,2006(3):70-74,84.

讲座和学科教学目的，改变国立学校特别会计的规定，进行教育研究经费的用途及转结处理的探讨。在新的构想中，评议会成为高校内部的最高决策机构，进行自我检查评价成为高校的义务，同时要探索设置第三方评价机构、建立多元化的评价体系，最终政府将根据评价结果进行预算分配。《21世纪大学像》答申提供了一个可使国立大学的组织构造灵活化及管理运营弹性化的方案，政府推动国立大学走向法人化的意图体现得非常明显。中央省厅等改革推进总部要求实施国立大学独立行政化，时任文部大臣有马朗人与国立大学校长探讨实施以五年为目标的法人化，并达成共识。

小渊内阁执政后，继续推行精简政府机构的政策，做出了裁减公务员数量、推进国家行政组织隶属单位独立法人化的进程等决定。在教育领域的改革中，约10万名国立大学教职工脱离国家公职人员队列，该时期出台的《独立行政法人通则法》也意味着国立大学将迈出独立行政法人化的第一步。2000年5月，《今后国立大学》报告（通称"麻生报告"）出台，提出要以《独立行政法人通则法》为基准，制定更符合国立大学特性的《国立大学法人法》，为国立大学法人化改革提供更为详细的法律框架。随后，文部省召集国立大学校长举行了两次会议，对国立大学法人化改革的内容、措施、时间等进行了说明。根据修订的《国立大学设置法》与《学校教育法》，各国立大学开始展开对新型大学内部治理模式的探索。文部省下设"国立大学独立行政法人化调查研究会议"，对国立大学独立行政法人化进行专项商讨和规划。

2."远山计划"推动实施国立大学法人化改革

2001年，面对经济衰退、国家财政赤字以及公务员减员任务的压力，当时的小泉内阁将文部省与科学技术厅合并为文部科学省，远山敦子出任文部科学大臣，期望在不增加国家预算的情况下对高等教育进行体制改革，提高国立大学效率与研究水平，进而提升日本国际竞争力。随后，远山敦子制定了《大学构造改革方针》（通称"远山计划"），主要内容包括促进国立大学进行再编与合并，将民营手段导入大学内部，加速大学研究成果的产业化，实行大学效益的第三方评价等。

"远山计划"的核心举措是将民间经营理念引入国立大学,使国立大学的运营活动市场化。该举措包括四方面内容:第一,允许校外人士参与大学经营;第二,要求国立大学改变以往无须重视经营、依赖政府管理的理念;第三,国立大学教师不再具备公务员身份后,国立大学的人事权由国家下放至各学校自主管理,要求各国立大学基于能力主义、业绩主义导入新型人事制度;第四,改变国立大学以学部为本的治理理念,率先将附属学院、商学院作为试点实施改革,导入独立会计制度,不再采用二战后一直遵行的国立学校特别会计制度,各大学可自主支配预算。

"远山计划"的另一条重要举措是通过建立第三方评估机制的方式,在国立大学中引入竞争机制,从《21世纪大学像》答申起,文部科学省就开始探索建立多元评价体系。此次计划中明确提出建立有专家和社会人士参与的第三方评估体系,不仅要继续进行自我评价,还要充分利用大学评估/学位授予机构的评估作用,将评估结果向社会公示,并根据评估结果分配资金。

"远山计划"为国立大学的法人化改革制定了总体框架,此后,文部科学省于2002年3月提出了《新"国立大学法人"像》,紧接着,《国立大学法人法》及与之相关的六项法案也通了日本内阁的审议。最终,日本国立大学法人化改革于2004年在日本公众的密切关注和社会各界的激烈争论中正式拉开帷幕。

二、日本高校内部治理理念的现代化

日本的显著特质之一,就是对精神力量的重视程度远远超过了物质力量。日本人相信精神力量永恒且威力巨大,比物质的东西要可靠得多,于是,日本人安心的基础是一种(在精神上/头脑中)提前计划并安排好的生活方式,而最大的威胁则来自始料未及的事情[1]。因此,内部治理理念的现代化在整个日本高校的内部治理现代化过程中有着非凡的价值和地位。

---

[1] 露丝·本尼迪克特.菊与刀[M].北塔,译.南京:译林出版社,2011:24.

(一)学术自由理念

近代日本的高等教育系统是参照德国建立的,在学习和模仿的过程中,日本高校接纳了欧洲中世纪大学"大学自治,学术自由"的理念。

二战结束后,日本高等教育在美国教育使节团的指导下进行了改革。使节团强调了国家强制干预高校的危害与学术自由的价值,认为对于日本高等教育机构来说,当务之急是恢复学术自由的精神,负起教育与研究的责任。而日本高等教育界在经过反思与讨论之后,也得出了大学必须具有绝对的学术自由的结论。日本学者矢内原忠雄还提出,如果学术自由受到限制,那么高校将不能振兴学术精神,完成国家复兴之大业,应将战后日本的复兴同高校学术自由的实现联系起来。最终,"保障学术自由""尊重学术自由"等条款被列入1946年《日本国宪法》、1947年《教育基本法》及其他相关法律法规中,使得日本高校的学术自由正式获得了官方的认可和保障。

学术自由合法化后,日本政府(主要是文部省)管理高等教育和高校的权力受到了限制,1949年制定的《文部省设置法》规定,文部省职权限于主管高校的设立与停办、对高等教育的经费支持、制定高等教育发展和高校学术振兴的计划,而高校内部的学术活动、组织管理等方面的工作则由高校依法自主决定[1]。除了官方的行为外,日本高校还通过成立联合团体以保证自治的权利。1946年,日本全国大学教授联合会由东京大学、早稻田大学等六所高校的校长联名发起成立。联合会的宗旨是通过成员间的合作,优化高校的教育、研究水平,确保高校的自治,并促进教授的生活与理想水平的提高。在20世纪中叶,联合会频繁地发表公开声明和意见书,对当时日本政府政策的形成以及社会舆论产生了很大的影响,使"大学自治,学术自由"成为一种社会共识。另一个主要由高校学术人员构成的组织日本学术会议同样致力于确保高校的学术、思想、言论等多方面的自由权利。在1949年4月召开的日本学术会议第三次总会上,"学问·思想自由保障委员会"宣告成立。该委员会是日本学术会议总会中具体负责对高校自治自由问题进行研究与讨论的组

---

[1] 胡建华,等.大学内部治理论[M].南京:南京师范大学出版社,2019:279.

织,常通过发布调查报告与议案的形式向总会反馈高校自治和学术自由受到干扰的情形及其幕后因素[1]。

(二)学术资本主义理念

学术资本主义理念是日本高校在政府减投和高等教育市场竞争加剧的条件下形成的,是对学术自由原则的突破与延展。在20世纪八九十年代,日本政府开展了针对高校滥用自治、自由权利的改革,在临时教育审议会关于教育改革的最终答申中,出现了建立国立高校的"自主、自律体制"的构想。报告还提出,"国立大学应确立自主管理和运营的责任体制,发挥校长、学部长的指导作用","公立大学应面向社会实施学术活动,为地区发展做出贡献","私立大学应明确以校长为中心的教育管理运营组织和教授会的责任",并且"承担、履行应有的社会责任"。日本政府认为,日本高校在经过战后数十余年松散、封闭的教授会自治后,适当地促使其内部权力集中,并规劝其回归到服务国家与社会的轨道上,是有利于解决国家和高校当前面临的发展难题的。

为了促进日本高校的开放,提高其运营的整体性和效率,日本政府将"学术资本主义"的理念引入日本高校的内部治理中。通过扩大国内高等教育市场竞争的规模、有计划地减少对国立高校和公立高校的财政投入,日本政府迫使一部分高校走上了自力更生的道路。能否利用自身掌握的学术资源创收,以维持运营和实现可持续发展,直接关乎世纪之交的日本高校的生存质量。在这种情况下,日本许多高校开始采用民间企业的经营手法,开辟增加收入的各种渠道。学术的资本化使日本高校的开放程度大为提高。日本高校用以增加收入的学术产出、社会服务等业务,需要在尽可能地吸收受众意见的基础上进行,并最终接受市场和社会公众的检验,这意味着日本高校要改变封闭的教授会自治的模式,更多地将自身的行为与整个社会和经济的发展联系在一起。

---

[1] 胡建华.战后日本大学史[M].南京:南京大学出版社,2001:104.

(三)法人自治理念

日本高校的法人自治理念,是在学术自由与学术资本主义两种理念相互调合的过程中形成的。这种理念主要反映在《国立大学法人法》中。《国立大学法人法》颁布后,获得独立行政法人资格的日本国立大学解除了与政府的行政隶属关系。在这种情况下,日本政府在法律上不再承担资助国立大学的责任,国立大学有权自主决定开辟多元化的收入渠道以及经费的预算、收入和分配、利用等财政方面的事务[①]。财政自主权的扩展,一方面促进了日本国立大学对经费营收效益的关注,由于不再享有国家财政的稳定支持,国立大学需要自负盈亏,以保证其生存与发展;另一方面,国立大学仍不能完全忽视政府的资助,需要通过从事国家公共事务这种方式来取得政府的经费,这种方式使得法人化后的国立大学仍不能彻底独立于公共责任之外。

如果说学术资本主义理念支配下的日本高校主要以民间企业经营的逻辑进行内部治理,那么法人自治理念支配下的日本高校则主要通过契约、以独立整体的姿态进行运营活动。在法人自治的条件下,日本高校的诸项自主权具有充分的法律保障,比如独立核算制,学费、工资体系的决定权等,完全是高校自治权体系中的成分,而非市场规律的产物。法人自治理念还体现在法人化改革后日本国立大学的治理结构上,是一种以校长为首的新型集权控制结构。国立大学的役员会(理事会)、经营协议会和教育研究评议会等作为学校治理的主体机构,充分发挥了辅助校长决策、提高国立大学整体运营效率的作用,并改变了由基层教授会权力过大导致的学校治理碎片化的状况。

总而言之,法人自治理念带给日本高校的不仅是自主治理的法制化和治理格局的扩大化,还使日本高校能以一个整体的姿态来实施治理,强化了日本高校内部的凝聚力,极大地提高了决策、审议等治理行为的实施效率。

---

① 沈宇航.法人化改革后日本国立大学内部治理研究[D].大连:辽宁师范大学,2018:19.

三、日本高校内部治理体系的现代化

(一)建立法人自治理念下的国立大学法人制度

自明治宪法制定以来,日本学界、政界从未停止对赋予国立大学法人资格、实施国立大学法人自治改革的探讨。20世纪90年代,为应对经济困境,日本政府引入新自由主义理念,基于提高行政部工作效率、质量及透明度的目的,对行政机构进行独立行政法人化改革,作为政府附属机构的国立大学也在此次改革的范畴之内。

2004年《国立大学法人法》颁布后,日本国立大学正式成为具有法人资格的法人实体,政府将以往由文部科学省管控的人事权、财政权等下放给各国立大学法人,秉承"法人治理、法人负责"的原则,旨在增强大学的自主性。与此同时,政府与国立大学间的隶属关系不复存在,政府不再承担向作为公法人的国立大学独立法人提供财政支持的义务,但作为从事国家公共事务的公法人可以接受政府的财政资助,且可自主决定经费的预算、获取、分配及使用[①]。在国立大学内部,校长被赋予经营与教学最高负责人的身份,"文部科学大臣→校长(理事·副校长·校长助理)→学部长→教员"的上位下达型一元化管理系统就此成为法人化改革后国立大学治理体系的主轴。

(二)推动实行"非公务员型"弹性人事制度

法人化改革前,国立大学教职员均为国家公职人员,人事权由文部科学省掌握,各讲座、科目拥有固定的教师职位数,长期实施"年功序列"型终身雇佣制。教师的薪资由基本工资、生活补贴与奖金构成,职位的稳定性和薪资待遇受到国家标准的保障。国立大学法人化改革后,在法律意义上,国立大学教职工已不再拥有国家公务员身份,对他们的管理遵循学校规章、章程而不再遵循《公务员特例法》,国立大学拥有了完整的人事管理权。在改革实施

---

① 沈宇航.法人化改革后日本国立大学内部治理研究[D].大连:辽宁师范大学,2018:19.

后,国立大学计划导入基于能力主义、业绩主义的新人事制度,校长掌握大学人事自治权,各大学可实行任期制聘用教师,自主建立薪资制度、业绩评价制度,免除不允许教师兼职等规制,以期打破僵化的薪资体制,激发教师队伍活力,增强教师流动性,积极鼓励教师通过产学合作将能力与成果反馈给社会。

在法人化改革的启动期,各国立大学开始探索制定新的业绩评价及薪资制度。据统计,2006年已有81所国立大学采取任期制,同年通过任期制聘用的教师人数已达2000年人数的17倍[1]。

改革加速期间,《国立大学改革计划》要求加强国立大学人事、薪资制度的弹性,在原有的月薪制基础上计划引入年薪制、交叉聘用制等新型人事和薪资制度。截至2016年,国立大学已经达成了对1万名以上教师实施年薪制的目标,但由于没有取得足够的财政支持,国立大学人事和薪资制度的改革步伐不得不暂时放缓。如今,多数国立大学已经建立了业绩评价制度,实行年薪制,但在现行制度下,教师所得薪资中的绩效工资比重仍然偏低,教师间的年收入差距仍较小,薪资制度的激励作用未能明显地表现出来。此外,由于政府逐年削减国立大学用来支付人工费的运营费,多数国立大学为压缩开支,选择了缩减正式教师职位、大规模聘用低薪的任期制教师担任教学研究工作等手段[2],其中低薪聘用教师多为40岁以下的青年教师。目前,国立大学正式教师的年龄结构并不健康,青年教师的职业发展道路不容乐观,大批有科研志向的青年研究者无法取得正式教职,学者进行研究的信心和热情被损害,日本博士入学人数也呈减少趋势。据文部科学省科学技术·学术政策研究所的调查报告显示,2002年至2008年和2013年期间,日本全体国立大学教师的研究活动时间呈大幅减少趋势[3]。

为改善青年教师的职业发展状况,继续激发国立大学教师队伍的科研热情与活力,2018年日本内阁通过了《综合创新战略报告》,要求"优化教师群体的年龄结构,计划至2023年研究型大学中40岁以下教师比例提高至三成以

---

[1] 文部科学省高等教育局国立大学法人支援課.国立大学の現状について[EB/OL].(2019-05-21)[2020-10-01].https://www.soumu.go.jp/main_content/000464361.pdf.
[2] 金子元久.大学教員「名分」の変質[J].IDE現代の高等教育,2017(10):4-11.
[3] 芝田政之.国立大学法人化が国立大学の機能に与えた影響に関する考察[D].千葉:放送大学院,2017.

上",同时提出"基于调整绩效评估基准及绩效工资比重,全面推行新型年薪制"①。在新型年薪制中,教师所得薪酬仍主要由基本工资、津贴、绩效工资等构成,但绩效部分的比重有显著提升,教师间的收入差距将因此扩大。值得注意的是,各国立大学既可根据报告中提及的新型年薪制的基本原则自行设计本校的薪资制度,也可从文部科学省提供的多种设计思路中自主选择,如:原有的基本工资主要依据工龄决定涨幅,新型年薪制的基本工资将依据一定年数内实施的绩效评估决定涨幅,绩效工资依据每年的绩效评估结果决定涨降幅度等。新型年薪制度于2019年实施,文部科学省要求各国立大学重新调整绩效评价指标和绩效工资比重②,计划先面向新入职教师实施,并在征求在职教师意见基础上,逐步增加采用新型年薪制的教师人数,最终推广至全体教师,以期彻底从公务员薪酬体系转向以成果为导向的弹性化薪酬制度。

(三)采用运营费交付金制度

法人化改革前,日本国立大学采用国立学校特别会计制度,自身的运营经费均由政府基于指标进行统一分配,大学每年的学费、附属医院收入及外部资金收入的结余须上缴国库。在政府为国立大学提供长期稳定的、高度标准化的财政支持的情况下,国立大学的对外筹资能力及自主运营能力逐步弱化。法人化改革后,国立大学不再采用国立学校特别会计制度,而是采用复式记账法的企业会计制度,将国立大学从过去依靠国家财政预算运行的模式改为以文部科学省拨付运营费交付金以及大学自行创收资金为主要运营经费的自主经营模式③。

运营费交付金制度是国立大学财政制度改革中最重要的制度设计。"国立大学所需日常经费由文部科学省在扣除学校自身经费收入后,将预算资金以'运营费交付金'方式拨付给学校,与国立大学其他财政收入共同构成运营

---

① 文部科学省.国立大学法人等人事給与マネジメント改革に関するガイドライン~教育研究力の向上に資する魅力ある人事給与マネジメントの構築に向けて~[EB/OL].(2019-02-25)[2020-10-03].https://www.mext.go.jp/component/a_menu/education/detail/__icsFiles/afieldfile/2019/03/11/1289344_001.pdf.
② 日刊工業新聞.社説/国立大学の人事給与改革 教員自身が評価の意味を考えよ[EB/OL].(2019-12-03)[2020-10-03].https://www.nikkan.co.jp/articles/view/00540394.
③ 崎元達郎.国立大学法人の運営資金の構造と可能性[J].大学財務経営研究,2005(2):109-118.

总经费。"[1]日本政府为国立大学拨付的运营费交付金主要包括标准运营费交付金、特定运营费交付金、附属医院运营费交付金。其中,附属医院运营费交付金只提供给拥有附属医院的大学;标准运营费交付金是基于《大学设置基准》中制定的教职工人数核算基准,依据各大学的规模均衡拨付用以支付人工费等教育科研费用的经费;特定运营费交付金是在考虑到大学间规模、水平等差距的基础上,采取单独核算标准进行拨付,填补规模小的大学获得标准运营费交付金的资金差距。运营费交付金的拨付结合PDCA循环评价机制共同实施。《国立大学法人法》规定,文部科学省主要依据国立大学中期目标及计划达成情况的绩效评价结果拨付金额,评价结果又将成为制定下一个中期目标(包括财政预算)的基本依据。此外,基于行政财政改革削减财政支出的目的,稳步减少运营费交付金金额,导入"效率化系数"及附属医院的"经营改善系数",计划每年递减1%~2%的金额,激发各国立大学积极探寻对外筹资路径,增加自我创收,加强国立大学的自主经营能力。尽管国立大学成为法人实体,但"国立大学必要的运营经费中政府财政支持约占50%,私立大学必要的运营经费中政府财政支持仅占10%"[2],足以见得国立大学仍享有一定的"特权"。

法人化改革伊始,政府逐年削减国立大学基础经费的做法便引起了学者的批判和反对,但在改革持续的十余年间,日本财政部门一直主张削减国立大学基础性经费,同时采取措施逐步扩大竞争性资金在国立大学总预算额中的比重。尽管从整体角度来看,日本政府并没有减少对国立大学的财政拨款总额,但作为国立大学经费中最稳定部分的运营费交付金削减幅度较大,不稳定性较大的竞争性经费的比重则不断增加(2019年大学间对运营费交付金中约一成的经费进行竞争性重新分配[3])。虽然法人化改革后国家拨付的研究资金总额已达到改革前的2倍,但不同规模和类型的大学及不同专业学科所获得的研究经费有着较大差距,大部分研究者和研究团队无法争取到足额

---

[1] 杜岩岩.日本国立大学运营费交付金制度的构成、影响及启示[J].教育科学,2018(4):90-94.
[2] 天野郁夫.国立大学の法人化現状と課題[J].名古屋高等教育研究,2006(6):147-169.
[3] 辻優太郎.法人化後の国立大学財政の政策過程に関する研究の現状と課題[J].東京大学大学院教育学研究科教育行政学論叢,2020(40):15-28.

的研究经费。在依据评价结果拨付运营费交付金等政策的引导下,为获得更多竞争性资金,越来越多的国立大学开始将大部分注意力集中在能够在短期内产出成果的逐利式研究上,而具有独创性的、产出周期较长的基础性研究受到冷落,长此以往,未来日本的科学技术水平与创新潜力将受到重创,这种情况也引发了日本各界的质疑[①]。

基于此种困境,面对来自社会各界要求保障国立大学基础经费稳定性的呼声,日本政府反思了国立大学财务拨款制度的合理性。国立大学协会在探讨即将到来的第四期中期计划的制度设计时表示,为实现国立大学的教育研究使命,计划回归运营费交付金设立的初始目的,必须保障国立大学所需基础经费的稳定性。为提高国立大学整体效能,承担国家和社会给予的巨大使命,必须增加运营费交付金、设施维护辅助金等经费的财政拨款金额。另外,为不断丰富国家与社会期待的大学职能,增强特色教育研究,发挥知识产业在创新生态系统中的核心作用,国家还必须增加财政经费拨款金额。

(四)建立目标管理与评价制度

法人化改革前,日本政府以政策形式要求各国立大学进行义务性的自我评价,而第三方评价则未见制度、法律层面的规定。《国立大学法人法》出台后,才确定国立大学法人在自我评价的基础上,具有接受国立大学法人评价委员会定期对其业绩进行评价的义务。《国立大学法人法》同时规定,将国立大学评价制度与中期目标、中期计划、中期评价相结合,实行目标管理。文部科学省规定每6年为一个中期目标期,各国立大学法人需制定中期目标计划及年度计划,并交由文部科学大臣认证,相当于政府与大学签订的契约,文部科学省批准后交由国立大学自主经营和实施,政府根据年度评价及中期评价结果划拨运营费交付金,实施委托代理式契约管理。各国立大学法人依据目标与计划进行运营,并根据中期目标的达成情况实施自我评价与第三方评价机关——国立大学法人评价委员会评价相结合的评价制度,评价结果直接与

---

① 読売新聞教育ネットワーク.異見交論11「シリコンバレーは日本に生まれるか?」郷治友孝氏[EB/OL].(2015-04-07)[2020-10-20].https://kyoiku.yomiuri.co.jp/rensai/contents/post-300.php.

运营费交付金等资源的分配额度挂钩。国立大学法人制度要求将财务与教育研究等信息的评价结果向社会公开,公开程度应高于独立行政法人制度的要求,这有利于激发各国立大学的活力与竞争力。

在国立大学处于第三期中期目标的结束阶段之时,国立大学协会召集多所国立大学的校长及理事,于2020年5月成立了"第四期中期目标期课题探讨工作组"(以下简称"工作组")。工作组基于前三期的改革实践,探讨了如何进一步完善第四阶段的具体制度设计。

工作组认为,在第四期中期目标期间,国立大学应充分意识到中期计划与中期目标是本校与国家建立契约关系的凭证,应在制定中期目标与中期计划之际积极听取国家、地区、学生、企业等利益相关方的意见,树立清晰的中长期愿景,基于自身个性自主确定中期目标与中期计划。目前,国立大学制定的中期目标与中期计划普遍存在篇幅过长、项目过多等现象。据统计,"第三期中期目标期间,全体国立大学中期目标平均为32.5项,中期计划评价为71项。"[1]为提高目标管理效率,工作组提议精简中期目标及中期计划项目数量,同时加强表述的精准性,便于理解。此外,考虑到国立大学面临着众多的评估活动,过程较为繁琐,消耗了大量的时间与资源,因此国立大学协会建议将国立大学法人评价、重点支援评价、客观指标评价并入国立大学法人评价之中,以法人评价代替认证评价,并与认证评价机关合作,将认证评价结果用于法人评价的现状分析中,简化评价渠道,提升评价效率。同时,为灵活应对世界学术动向、社会形势变化及大学经营方针的转变,各国立大学应导入可以及时调整中期计划的灵活机制,并建立对应的信息通知机制。此外,每年实施年度评价,除了消耗各大学资源外,由于评价结果直接影响运营费交付金的分配,此举也成为导致大学教育研究活动基础不稳定、阻碍教育研究活动水平提升的重要因素。工作组建议在第四期中期目标中废除对教育研究活动及业务运营实施的年度评价。

---

[1] 国立大学協会.第4期中期目標期間へ向けた国立大学法人の在り方にかかる検討課題について(中間まとめ)[EB/OL].(2020-11-06)[2021-08-07].https://www.janu.jp/wp/wp-content/aplbads/2021/03//mamome2.pdf.

（五）重构以校长为中心的内部治理体系

在日本国立大学的发展史上，教授会长期作为其内部治理的核心，掌握着管理校内经营与教育事务的最高权限，这使国立大学成为"学部联合体"，校长缺少实权，不利于整体性、高效率决策的产出。法人化改革后，国立大学内部治理体系焕然一新，如图3.1所示。

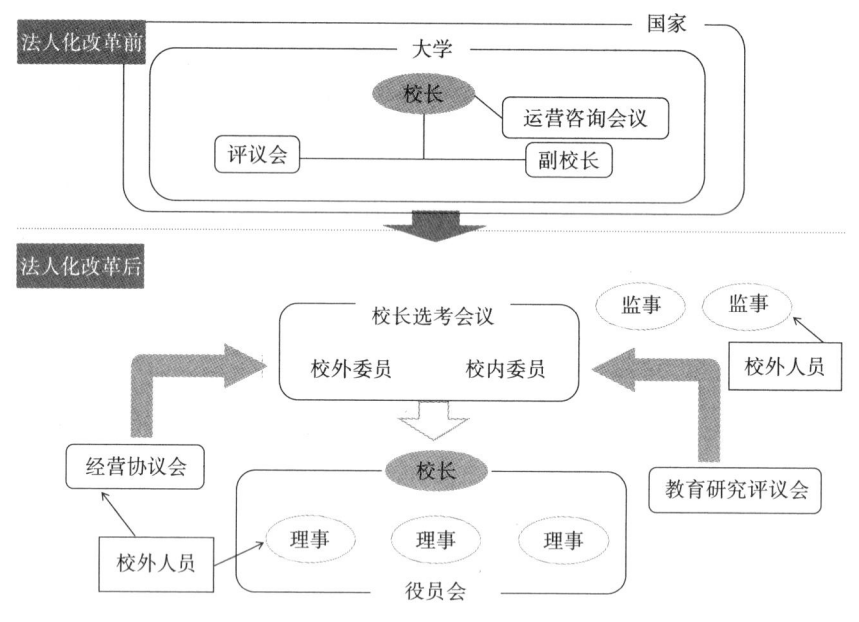

图 3.1　日本国立大学校级内部治理体制

资料来源：文部科学省.国立大学法人の戦略的な経営実現に向けて～社会変革を駆動する真の経営体へ～最終とりまとめ（参考資料集）[EB/OL].(2019-03-14)[2020-01-04]. https://www.mext.go.jp/b_menu/shingi/chousa/koutou/105/mext_00001.html.

在《国立大学法人法》及相关法规、政策的要求和指导下，国立大学改变了以往教授会与评议会过度限制校长决策权的决策机制，制定了新型校级组织结构框架，进一步明确了内部治理权责的划分。在新的决策机制中，由校长选考会议负责校长的选拔，校长与理事组成的役员会为最高权力机构，校长之下分设经营协议会与教育研究评议会两大审议机构，将教育研究与经营的审议权相分离,明确各自权责,役员会进行最终决策。役员会及经营协议会须有校外人士参与。

1.校长及校长选考会议

法人化改革后,国立大学校长成为国立大学的法人代表,总管学校事务,同时兼任校内各审议机构的主要负责人,具有学校教育、研究与经营的最高决策权,有权对学校一切事务进行最终决策,这种安排旨在加强国立大学的整体决策效率。改革后的国立大学校长不仅要在激发教育研究活力中发挥强有力的领导作用,有效推进大学改革,还要协调学校的教学、经营及其他方面的工作,并对大学的长远发展进行把控和设计。

由于国立大学校长职位的重要性日益凸显,对校长的选任也更加审慎。因此,日本政府在对国立大学内部治理进行结构设计时,要求各校设立校长选考会议,专门负责选拔校长。《国立大学法人法》规定,校长选考会议成员分别由经营协议会与教育研究评议会选出的人数相同的代表组成,专门负责校长选拔工作,制定校长选拔规则与流程。在选拔过程中,校长选考会议既要听取校内各方的意见(保留教职工投票的形式),同时也要听取由经营协议会选出的校外人士的意见,但最终校长人选的决定权归校长选考会议所有,这就改变了以往评议会直接采纳校内教授投票选举结果的惯例,使得国立大学的校长选拔更具公正、开放的特性。最终,校长选考会议决定的校长人选由文部科学大臣正式任命,任期为2~6年。为了国立大学的长远和稳定发展,有效发挥校长的引领作用,各国立大学普遍将校长的任期定为6年。

校长选考会议的负责人从校长选考会议成员中选出,负责主持会议事项。各国立大学校长选考会议须基于大学计划与使命自主制定选拔基准,基准中应包含校长要具备的资质与能力、校长选拔方法等具体事项,并严格依据基准实施。选拔结果、理由、过程及制定的选拔基准必须公开。校长选考会议若发现现任校长存在违反职务等严重不称职行为,可向文部科学大臣提出申请,对校长进行撤职处理。

2. 役员会

役员会由校长与校内外理事组成,负责辅助校长管理国立大学法人业务。

其中,理事是针对法人化改革扩大了校长经营责任后,为完善经营体制而设立的校级管理职位。理事任期由校长规定,须在当任校长任期范围内,不得超过6年。理事由校长从"人格高洁,学识优秀,具有有效运营大学教育研究活动能力的人员"中选出,在教育研究与经营两方面辅助校长管理大学业务。为响应社会问责并保障决策过程的透明性,增强决策的开放性和科学性,《国立大学法人法》规定理事中必须包含校外人士,旨在将校外的意见和建议接入大学的运营活动中。

国立大学法人中的役员会应在充分研究经营协议会与教育研究评议会的审议结果的基础上,促进校内外多方达成共识。它成立的意义是使国立大学在进行经营方面的决策时,合理、全面地吸收利益相关者的诉求和建议,增强决策的民主性和科学性。校长作为最高负责人,在决定中期目标、中期计划、年度计划、预算、学部学科等事项时,须经由役员会审议后做出决策。

3. 教授会

"二战"后颁布的《学校教育法》中规定,大学中必须设立教授会负责审议重要事项。这造就了战后日本国立大学治理体系学术本位的特征,保障了日本国立大学作为学术机构的权力及相对独立性,但同时也促成了教授会权力过度膨胀的局面。法人化改革前,依据当时适用的《教育公务员特例法》的规定,国立大学各学部的教授会有权管理学部长选考、教师人事等事务,在实质上成为国立大学决策体系的核心。法人化改革后,虽然国立大学不再适用《教育公务员特例法》,但仍有部分国立大学沿袭传统,由教授会监督校长权力的行使,导致校内权责不一致问题的发生。为了应对这种情况,2015年实施的《大学治理改革法》中明确了教授会的具体可审议事项:①学生入学、毕业及课程结业;②学位授予;③校长认为有必要听取教授会意见的其他教育研究相关重要事项。《大学治理改革法》实施后,国立大学对学部教授会的职责进行了调整,并明确规定教授会为审议机关,不具备决策权。如此一来,当校长决策与教授会意见相左时,教授会不能干扰校长的最终决策。

日本法律中的"教授会"范围更广,是指以教授为中心的教师群体组成的合议制审议机关,而不仅仅是指学部教授会及研究科教授会。为使校长充分发挥领导力,保证国立大学内部治理的整体性和有效性,《推进大学治理改革》提出国立大学并非每个学部都必须设置教授会,也可根据教育研究实态设置不同功能与形态的教授会,如全校教授会、教师人事委员会等,使教授会能够实施灵活的、更具实效性和针对性的审议。此外,除学生入学及毕业评定等具有一定保密性的事项外,教授会职责、实际审议事项等信息要向全体利益相关者公开。

4.经营协议会

法人化改革后,国立大学法人在组织、人事、财务等方面的裁量权扩大了,比以往更加需要来自经营决策领域的专业智慧,因此,国立大学设立了经营协议会专职审议学校经营层面的事项。

《国立大学法人法》第20条规定,经营协议会由校长主持,其成员由校长、校长提名的理事、与国立大学经营密切相关的8~16名校外委员(原文部科学省的官员、企业或校友代表等知名人士)以及其他校内管理人员组成。经营协议会中除校长以外,其他成员任期为2年,可以再任。当经营协议会委员产生缺额时,补缺委员任期从前任离任后算起。

在经营协议会的成员中,校外委员数须占总数的一半以上。校外委员身份可为企业经营者、有大学经营经验的人士、监查法人相关人员等,这样的安排旨在广泛吸收社会各界的意见,使经营协议会能够帮助国立大学应对复杂的运营环境。经营协议会主要负责从学校整体视角出发,探讨如何最大限度地利用资源进行大学经营,审议经营方面的重要事项,如中期目标、中期计划、年度计划、大学章程、薪资基准中有关经营的事项、预算的制订与执行、组织与运营方面的自我评价等。

5.教育研究评议会

教育研究评议会是负责审议国立大学教育研究相关重要事项的机构,其设立意在使校长听取身处本校教育研究一线的教师的意见,帮助校长对教学方针做出正确决策。教育研究评议会由校长主持,其成员由校长、校长指定的理事、学部等教育研究组织的负责人以及校长指定的其他教职员组成。

教育研究评议会主要负责审议国立大学有关教育研究的重要事项,如中期目标、中期计划、年度计划、学校宪章中有关教育研究事项、教师人事、教育课程、学生援助、入学升学方针、教育研究方面的自我评价等。关于教师录取的全校性方针、基准、手续等由教育研究评议会进行审议,关于教师职位配置则由经营协议会审议。

6.监事

日本政府在促进国立大学办学自主性提高的同时,也注重对国立大学内部治理进行监管。文部科学省在每所国立大学内均设有监查组织,组织下设2名监事,由文部科学大臣任命,任期为2年,通过出席各项会议、对业务执行情况进行实地调查、与会计监查人员交流等方式对国立大学法人的行为进行监查。监查包括定期监查和临时监查。"定期监查主要有每年一次的业务监查、每月一次的会计监查以及年中、年终决算监查,预先对监查对象告知监查日程、监查项目;临时监查则是不定时地对监事认为有必要监查的事项进行突击监查。"[①]监事可以基于监查结果向校长与文部科学大臣提出意见。从2021年文部科学省公布的国立大学法人监事成员表格来看,各国立大学监事均为对组织业务、财务、大学业务中某一项较为精通的校外人员。

---

① 徐亦宁.法人化改革后日本国立大学内部治理结构及运行机制研究[D].大连:辽宁师范大学,2020:22.

四、日本高校内部治理能力的现代化

（一）决策能力

1.完善校长选拔制度

法人化改革后，国立大学校长成为校内具有最高决策权的个体，掌握着国立大学经营发展的命脉，因此，必须确保国立大学校长人选具备与职责要求相匹配的资质和能力。《国立大学法人法》规定，国立大学校长必须是"人格高尚，具有优秀学识，且有能力对大学教育研究进行合理有效运营的人"。

国立大学校长选考会议负责对校长进行选拔。该制度的设计意图是通过扩大意见收集面和使选拔流程科学化，从校内外选拔出具有个性、洞察力和其他必要素质的校长人选。国立大学校长选考会议要在明确校长任职标准的基础上进行选拔和决策，但由于没有明确的法律规定，也有部分学校的校长选考会议在进行选拔工作前未能做好上述工作，更有学校选择沿袭传统，直接将校内教职员意向投票结果作为校长最终人选的决策结果。如果在校长选拔上过度偏重于校内意愿，那么就违背了设置校长选考会议的初衷，因此，有必要重新调整校长选拔方式和要求。

2015年实施的《大学治理改革法》对《国立大学法人法》的部分内容进行了修正，规定"国立大学校长的选拔过程必须依据校长选考会议制定的基准进行"，"国立大学校长选拔结果等其他文部科学省制定的事项及校长选考会议制定或变更基准必须及时公开"[①]。校长选考会议担负着选出校长的重要责任与权限，应从校内外众多候选者中进行自主选拔。法律修订后，各国立大学根据本校的实际情况，积极推进校长选拔改革，主要要求包括：校长选考会议制定的基准中应明确并公开校长的资质能力、校长选拔的程序与方法等

---

① 文部科学省.学校教育法及び国立大学法人法の一部を改正する法律（新旧対照表）[EB/OL].(2019-11-15) [2020-10-13].https://warp.ndl.go.jp/info: ndljp/pid/11402417/www.mext.go.jp/b_menu/houan/kakutei/detail/__ics-Files/afieldfile/2014/06/30/1349263_03_2.pdf.

相关具体事项;为避免决策结果过度偏向于校内意见,校长选考会议可通过设计推荐候选人、实施听证会、公开问答表等选拔方法,自主实施选拔并反映社会意见;从审查的公正性等观点出发,促进多方利益相关者参与校长选考会议。此外,校长选考会议须对校长的工作执行情况进行常规性评价,审议设定能使校长合理发挥领导力的任期。"今后,国立大学应对校长选拔方法与校长选考会议运营进行检查,为实现更加公平透明的选拔进行必要的改善。"[1]

《大学治理改革法》颁布后,各国立大学依据法律要求对本校校长选考会议进行了不同程度的调整,在选拔前明确校长的任职要求。大部分国立大学逐步转变了将校内意向投票结果作为唯一参考依据的习惯(如图3.2所示),如今,国立大学校长选拔方式呈现出多样性特征。

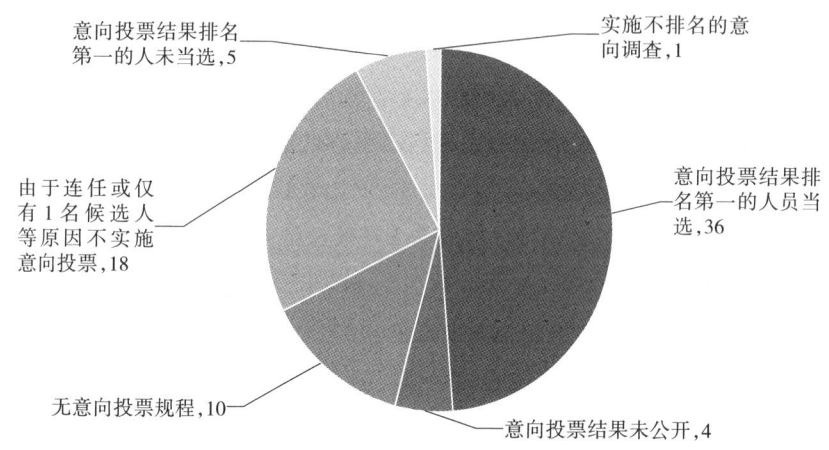

图3.2 日本国立大学校长选拔方式多样化(截至2019年3月)

资料来源:文部科学省.国立大学法人の戦略的な経営実現に向けて～社会変革を駆動する真の経営体へ～最終とりまとめ(参考資料集) [EB/OL].(2019-03-14) [2020-01-04]. https://www.mext.go.jp/b_menu/shingi/chousa/koutou/105/mext_00001.html.

---

[1] 文部科学省.学校教育法及び国立大学法人法の一部を改正する法律等の施行通知に盛り込む内容について [EB/OL].(2014-08-26) [2020-10-13]. https://www.mext.go.jp/component/b_menu/shingi/toushin/__icsFiles/afieldfile/2014/09/11/1351999_1_1.pdf.

2.强化校长辅佐体系建设

为了响应社会各界对国立大学改革的期望,　　　　　　人的校长需要发挥其领导力,从大学整体角度出发,最大程　　　的能力,构建有效的治理体制。但是,仅凭校长一己之力　　　　　实的,因此各国立大学要根据本校实际情况进一步强化校

《推进大学治理改革》提出,应学习美国大学的经验,设置辅佐校长的总副校长职位,使其持有大学全体的预算、人事及组织改编调整权。此条提议最终以法律条文的形式被列入2015年实施的《大学治理改革法》。《学校教育法》中亦有关于副校长职务的规定,即"帮助校长履行职责",但为了进一步强化其在校长辅佐体系中的地位和作用,此条规定后来被扩充为"帮助校长履行职责,受命负责学校事务"[①]。修订此条法令旨在表明,今后国立大学副校长的工作内容不再局限于辅佐校长工作,自身也能够在其职权范围内处理学校事务。同时,为保障国立大学的自治权,修订此条法令并不意味着强制各国立大学设立副校长一职,各校长可以根据本校实际规模与需要,自行判定副校长职位的设定与工作内容。为提高全校性决策的效率,《推进大学治理改革》建议国立大学设置由校长、副校长、学部长等构成的"大学运营会议""大学经营会议"等组织,听取各学部长陈述的意见,然后集合全校意见,对跨部门的事项(预算、人事等)实施有效决策。

国立大学执行部门担负着支持校长充分发挥领导能力的重要使命,因此,执行部门中人才的整体水平是值得关注的。目前,国立大学事务职员学习新知识与技术的机会越来越少,各部门间人员调动较频繁,难以长期保留、培养高水平专业人才,且多数国立大学使用竞争性资金作为定期聘用高水平专业人才的资金来源,影响了该群体薪资待遇的稳定性,使得有关岗位吸引力持续降低。为持续提升大学治理能力,《推进大学治理改革》提出,应以稳定、充足的资金聘用和培养高水平专业人才,国立大学应推动将事务职员与

---

① 文部科学省.学校教育法及び国立大学法人法の一部を改正する法律(新旧対照表)[EB/OL].(2019-11-15)[2020-10-13]. https://warp.ndl.go.jp/info: ndljp/pid/11402417/www.mext.go.jp/b_menu/houan/kakutei/detail/__ics-Files/afieldfile/2014/06/30/1349263_03_2.pdf.

教师置于对等地位的"教职协作"活动,有计划、有组织地提高事务职员的规划、沟通与语言能力,并为其提供适当的研修与研究条件。此外,为便于校长在充分了解各学部情况的基础上制定合理的治理方针,应进一步加强信息检索工作人员收集与分析大学各种活动的数据信息的能力,为帮助校长合理决策而进行充分的调查研究。

在政策引导下,各国立大学在实践中依据自身实际不断探索,逐步完善决策与决策执行机制。例如,东京大学在校长室中设置了由教师与事务职员构成的部门,用以协助校长与理事等执行部门更好地实施决策工作;[①]东京外国语大学在第一期中期目标期间进行了多种尝试,包括把将来构想会议等统合到经营战略会议中,增加校长特别辅佐,调整科室结构,设置支援事务室专门处理跨事务组织的教育研究项目相关事务,同时通过外包业务和简化业务等方式,使事务处理更加效率化、合理化;[②]爱媛大学为形成以校长为中心的决策机制,设置了由理事与校长特别辅佐构成的扩大役员会,将各委员会统合至运营协议会、役员会中,以进行效率化决策,并且分别设置了经营政策室、经营信息分析室、自我检查评价室,协助校长发挥领导力。为加强校长室的作用,爱媛大学还将经营政策室并入校长室之中。校长室下设由理事、副校长作为负责人的6个政策团队,负责制定政策,灵活应对学校急需解决的课题,增设负责企划的副校长及负责教育与学生支援的校长特别辅佐。国立大学法人评价委员会对第一期中期目标期间各国立大学的改革实践进行评价时表示,各国立大学均构建了有利于校长发挥领导力的运营体制,实施了战略性资源分配,导入教职员人事评价,构建了新的人事制度,[③]并对中期计划的实施给予了高度评价。

---

① 東京大学.「行動する大学」東大アクション・プランの成果～大学から未来・社会へ～[EB/OL].(2018-11-16)[2020-10-15].https://www.u-tokyo.ac.jp/content/400005061.pdf.
② 東京外国語大学.東京外国語大学アクション・プラン2007[EB/OL].(2007-11-18)[2020-10-15].http://www.tufs.ac.jp/documents/abouttufs/president/actionplan/actionplan2007.pdf.
③ 文部科学省.国立大学法人・大学共同利用機関法人の中期目標期間の業務の実績に関する評価について[EB/OL].(2009-03-26)[2020-10-15].https://www.mext.go.jp/a_menu/koutou/houjin/__icsFiles/afieldfile/2009/04/13/1260245_1.pdf.

3.加强校外人员参与力度

在美军占领期间,文部省就曾提出校外人士参与大学运营的构想,但因学界人士的强烈反对而不了了之。法人化改革后,校外人员参与国立大学内部治理获得了法律的认可,但在实施中,由于国立大学内部治理传统的影响,校外人员参与治理实践仍存在一定的问题,如校外人员参会人数不固定、所获信息资源与校内人员不对等、提出意见未被采纳等。因此,《国立大学法人法》修订后,规定国立大学须将经营协议会中校外人数的比重从"一半以上"提高为"超过一半",意在扩大校外人员的参与度。除了提高经营协议会中校外成员的比重以外,该法还要求各国立大学修改其内部规则,"根据校内外人员的时间安排合理设定会议日程,确保出席人数,并积极向校外委员提供校内信息,以便其能够对本校运营提供适切的意见和建议"[1]。在经营协议会改革的浪潮中,岛根大学和京都大学提供了典型的范例。岛根大学的经营协议会成员由校长、7名理事、9名校外人员构成,其中校外人员包括所在市市长、医院院长、东京大学名誉校长、公益财团法人、公司顾问、所在县中小企业团体中央会副会长等。[2]京都大学经营协议会成员由校长、11名理事、14名校外人员构成,其中校外人员包括京都市市长、京都府知事、研究开发机构监事、科学技术研究所所长及理事、前联合国日本政府代表部特命大使、大学校长、企业顾问与管理职员等。[3]各国立大学扩充了经营协议会中校外人员的人数,同时尽可能地吸纳各个相关社会领域中的人士,如地区政界人员、研究机构人员、企业管理人员和其他大学人员等。

---

[1]　文部科学省.学校教育法及び国立大学法人法の一部を改正する法律等の施行通知に盛り込む内容について[EB/OL].(2014-08-26)[2020-10-17].https://www.mext.go.jp/component/b_menu/shingi/toushin/__icsFiles/afieldfile/2014/09/11/1351999_1_1.pdf.
[2]　国立大学法人島根大学.経営協議会委員[EB/OL].(2022-04-30)[2022-05-30].https://www.shimane-u.ac.jp/introduction/university_profile/management_committee/.
[3]　国立大学法人京都大学.経営協議会委員[EB/OL].(2022-04-01)[2022-05-30].https://www.kyoto-u.ac.jp/ja/about/organization/executive/counci.

(二)执行能力

1.重新定位大学功能

法人化改革后,作为日本国立大学典范的东京大学成为各国立大学争相看齐、学习的范本。改革初期,在多数国立大学新制定的大学宪章与规章制度中均可看出参照东京大学模式的痕迹。为避免国立大学逐步"东京大学化",经过十余年的法人化改革,日本政府不断以政策引导的方式鼓励各国立大学明确自身的办学特色和优势,致力于使国立大学朝功能多元、百花齐放的方向发展。第二期中期目标期间,文部科学省要求各国立大学及各学部基于研究水平、教育成果、产学合作等客观数据分析自身的优势及社会责任,进行"使命再定义",并计划在第三期中期目标期间对国立大学进行功能分类。《国立大学改革计划》中设定了三种功能,分别为世界最高水平教育研究据点、全国性教育研究据点、地区教育研究据点,分类方向如图3.3所示。

各大学功能强化的方向性	世界最高水平教育研究据点	全国性教育研究据点	地区教育研究据点
	• 培养竞争性人才的世界顶尖水平教育研究据点 • 以大学为据点,实现最前端研究成果的实用化创新	• 通过超越大学与学部界限的合作,建立日本顶尖研究据点 • 向世界开放的教育据点 • 培养领导亚洲的技术人员、经营人员	• 响应社会需要的人才培养据点 • 作为地区社会智囊团,解决各种课题[地区活性化机关]

图3.3 国立大学功能分类

图片来源:文部科学省.国立大学改革プラン[EB/OL].(2013-11-26)[2020-10-20].https://www.mext.go.jp/a_menu/koutou/houjin/__icsFiles/afieldfile/2019/06/17/1418116_01.pdf.

在《国立大学改革计划》所提出的国立大学功能分类的基础上,《国立大学经营力战略》对分类做了进一步的细化调整,并宣布将依据分类调整政府财政拨款方式,建立国立大学法人运营费交付金重点分配的支援框架。三种国立大学的发展重点分别为:①为地区发展做贡献,基于特性,在本校具有优势的特色专业领域中实施世界级或全国级的教育研究;②基于特性,在本校具有优势的特色专业领域中实施跨地区的世界级或全国级的教育研究;③与创造出卓越成果的海外大学为伍,在全校范围内实施卓越的教育研究与社会实践[1]。

各国立大学为发挥多样性作用,在上述分类中自行选择一种功能类型作为重点发展方向,并设立可衡量的评价指标。第三期中期目标期间的运营费交付金的拨付方式也随之进行了改动,将第二期中期目标期间的"大学改革促进系数"改为"功能强化促进系数",提前抽取运营费交付金1%的经费,用以重点支援根据功能定位积极实施改革的国立大学[2]。依据国际、全国、地区三种不同发展重点和分类要求,以东京大学为首的16所国立大学选择以成为世界最高水平教育研究据点为目标,开展高水平科研创新;东京外国语大学等15所国立大学选择以成为全国性教育研究据点为目标,充分发挥特色学科专业优势,开展国内一流的教育研究活动;爱媛大学等55所设在地区的大学选择以成为地区教育研究据点为目标,为地区发展培养人才,并致力于解决地区问题。"此次功能分类在注重三种功能定位差异化的同时,兼顾地域结构分布的均衡性,在日本从北到南狭长的地域版图中,47个都道府县又被划分为几大区域,每个大的行政区域中,都有至少一两所及以上世界卓越研究型大学发挥引领作用。"[3]

各国立大学在第三期中期目标期间进一步明确了自身的功能定位,从明确发展目标、制订发展计划、重组组织结构等方面出发,开展了各具特色的改革行动,下面从三种功能类别的大学中分别选取一所进行说明。

作为久负盛名的学府,东京大学选择了以成为世界卓越研究型大学为其第三期中期目标期间的定位。时任校长五神真于2015年10月公布了以"卓越性"与"多样性"为关键词的《东京大学未来2020》,作为其任职期间(2015年4月—2021年3月)的行动指针,明确了东京大学的基本理念及具体改革方

---

[1] 文部科学省.国立大学経営力戦略[EB/OL].(2015-06-16)[2020-11-01].https://www.mext.go.jp/component/a_menu/education/detail/__icsFiles/afieldfile/2015/06/24/1359095_02.pdf.

[2] 文部科学省.第3期中期目標期間における国立大学法人運営費交付金の在り方について審議まとめ[EB/OL].(2015-06-15)[2020-11-01].https://www.mext.go.jp/component/b_menu/shingi/toushin/__icsFiles/afieldfile/2015/06/23/1358943_1.pdf.

[3] 王晓燕.日本推进国立大学功能分类改革的动向研究[J].中国高教研究,2016(10):70-77.

案。《东京大学未来2020》要求进一步加强学术研究中"卓越性"与"多样性"的联结,以更透彻地理解人类与世界为目的,开展创造新价值的学术研究。为实现此目标,第三期中期目标期间,东京大学将更大程度地向国内外展示其创造出的优秀学术成果,吸引多样化人才,致力于创设能使全体研究者都能够安心投入学术研究的环境。同时,为推动跨学科研究及融合研究,提供跨组织、跨专业交流学习的机会,2016年东京大学创设了合作研究机构制度,2年内已成立了14个跨学科领域的合作研究机构[1]。

东京外国语大学作为唯一一所以"外国语"命名的国立大学,选择了以成为有优势特色专业的教育研究型大学为其第三期中期目标期间的定位。东京外国语大学的前身是1873年建立的东京外国语学校,长期以来致力于对世界各地的语言、文化及国际问题的研究,其目标是通过研究、教授外语与文化,加深对国外的理解,培养促进日本与世界各地区相联结的人才[2]。2017年,时任校长立石博基于东京外国语大学语言文化专业的优势,提出继续深化建设"联结日本与世界的教育研究据点大学"和"基于对世界语言与地区的理解,为跨文化交流、理解以及全球人民共生共处做贡献的大学",制定了《东京外国语大学行动计划2017—2019》,提出了四个战略目标:①培养具有宣传能力的多语言全球化人才;②推动有助于解决世界和日本问题的研究;③为全球人民共存共处发挥社会作用;④通过加强治理进行有效的大学组织运营,强化大学功能[3]。此后,2019年就任的林佳世子校长制定了《东京大学行动计划2019—2020》,提出将"为多文化共生做贡献"作为促进本校功能强化与成果透明化的重要课题,明确了东京外国语大学的使命——通过世界语言、文化、社会相关的教育研究,为重视多样性及世界与日本多元化共生做出贡献[4]。

---

[1] 東京大学.東京大学ビジョン2020[EB/OL].(2015-10)[2020-10-16].https://www.u-tokyo.ac.jp/ja/about/president/b01_vision2020.html.

[2] 東京外国語大学.理想と構想[EB/OL].(2020-10-16)[2021-10-26].http://www.tufs.ac.jp/abouttufs/overview/.

[3] 東京外国語大学.TUFSアクションプラン2017-2019[EB/OL].(2019-04-16)[2020-10-16].http://www.tufs.ac.jp/documents/abouttufs/president/actionplan/actionplan2017_2019.pdf.

[4] 東京外国語大学.TUFS アクションプラン2019-2020[EB/OL].(2019-04-16)[2020-10-16].http://www.tufs.ac.jp/abouttufs/president/actionplan/2019-2020.html.

爱媛大学作为爱媛县唯一一所国立大学,选择了以成为地区贡献型大学为其第三期中期目标期间的定位。法人化改革后,爱媛大学于2005年制定了《爱媛大学理念目标与爱媛大学宪章》,提出了本校的基本使命:"进行高质量的教育与学术研究,为地区发展做贡献,培养能引领地区发展的人才。"基于基本使命,爱媛大学在第一期与第二期中期目标期间始终将建设"以学生为中心的大学""在地区中闪耀的大学"作为其发展的基本目标。在第三期中期目标伊始(2016年),校方修订了《爱媛大学宪章》,将本校的发展目标改为"成为以学生为中心、与地区共荣和与世界相连的大学"。在进行功能定位和确定发展目标的基础上,爱媛大学制定了第三期中期目标期间学校的战略目标,它由三个更加具体的目标组成:①培养能支撑地区持续发展的人才;②加强革新地区产业的能力;③成立引领世界的最尖端研究据点[①]。在目标的引领下,爱媛大学进行了一系列改革:2016年,新设了文理融合型社会共创学部,通过地区创生支援计划及奖学金等激励措施,为地区培养具有灵活思考能力及解决问题能力的人才;[②]发挥作为教职员能力开发据点的优势,以"教育企划室"为中心,着力推动教职员的能力开发,培养社会所需要的高水平专业人才;2020年,改编教育学研究科,在医学系研究科中设置爱媛县唯一的护理学专业博士后期课程;改编理学部及工学部,将理学部中的5个学科合并,加强跨专业领域及就业能力,将工学部的6个学科合并,重视工学的基础教育,设计能够学习广博知识的灵活课程;根据地区特点,在爱媛县全域配置地区紧密联结型中心,发挥地区中心功能,其中,南予水产研究中心和纸产业创新中心等地区产业专门型研究中心让本校的教职员及学生在该地区中生活、工作,与本地产业密切合作,共同致力于产业技术开发与研究[③];在爱媛县多地建立地区协作型中心,发挥与地区相连的中心作用,实施循环教育等活动,培养地区专门人才。爱媛大学的活动为创新地区产业、激发地区活力、促进解决更广泛领域的地区问题做出了显著的贡献。

---

① 爱媛大学.爱媛大学のVISION[EB/OL].(2020-10-16)[2020-10-16].https://www.ehime-u.ac.jp/overview/vision/-1.pdf.
② 爱媛大学.地域の持続的発展を支える人材育成の推進[EB/OL].(2016-04)[2020-10-16].https://www.ehime-u.ac.jp/wp-content/uploads/2016/04/vision1-1.pdf.
③ 爱媛大学.地域産業イノベーションを創出する機能の強化[EB/OL].(2016-04)[2020-10-16].https://www.ehime-u.ac.jp/wp-content/uploads/2016/04/vision2-1.pdf.

2.优化大学组织结构

法人化改革后,国立大学可根据学校发展方向和学科专业现状更为灵活地调整校内组织,实施有效的教育研究。在第三期中期目标期间,国立大学的改革方向为加强大学经营力。《国立大学经营力战略》中提到,应从优化组织结构等角度推动国立大学进行自我革新,提高经营能力。

第三期中期目标期间,各国立大学基于各自的优势及特色性责任,推进校内组织改革,废止落后于时代发展和不符合实际需要的组织。同时,各国立大学充分利用了"共同实施教育课程""共同利用·共同研究据点""教育相关共同利用据点"等制度,促进了各校之间及专业领域之间的合作。值得一提的是,文部科学省于第三期中期目标期间在一般运营费交付金对象事业费中专设了"校长裁量经费",这意味着校长能够在更大程度上对校内的教育研究组织及各类资源进行分配调整。《大学治理改革法》施行后,各国立大学校长通过更为完善的信息检索体制对校内现状进行分析,利用校长裁量经费对校内资源实施再分配,改善了国立大学的业务运营,加强了校长支援体制,促进了教育研究活动的灵活化。在中期目标期间的第三年及第五年,文部科学省对利用此经费实施的业务运营改善及教育研究活动成果进行验证。

自2010年至2020年,如图3.4所示,国立大学中被废除或进行了调整的学科达到579个。在此期间,国立大学根据本校特点及社会的需要新设了颇具特色的学部,如宇都宫大学于2016年创设了地区设计科学部,致力于培养可应对多层地区问题的人才,目前已与县内企业合作参与地区项目;九州大学于2018年新设共创学部,致力于培养学生以跨学科视野与他人合作,共同解决社会问题,目前已实施了海外留学、学生自主制定课程、与留学生共享班级等项目;滋贺大学于2017年和2019年分别设立了日本最早的数据科学学部及研究科,旨在培养具备数据科学专业知识与技术的人才,期望将本属人文社科型大学的滋贺大学转换为文理融合型大学[①]。此外,部分国立大学实现了优势专业和教育研究资源的强强联合,例如,东京外国语大学、东京农工

---

① 文部科学省.国立大学法人的战略的な经营实现に向けて~社会变革を驱动する真の经营体へ~最终とりまとめ(参考资料集)[EB/OL].(2020-12-25)[2021-01-04].https://www.mext.go.jp/b_menu/shingi/chousa/koutou/105/mext_00001.html.

大学与电气通信大学进行了深度合作,于2019年设立了共同可持续性研究专业,旨在以自身专业为轴心,通过吸收其他专业领域的研究成果实施创新生产,培养跨学科、跨国境的实务型人才;静冈大学与滨松医科大学发挥各自的光电子工学与光医学专业优势,培养开发先进医疗器械的高水平专业人才,发挥地区大学优势创建新产业,为地区发展做贡献。

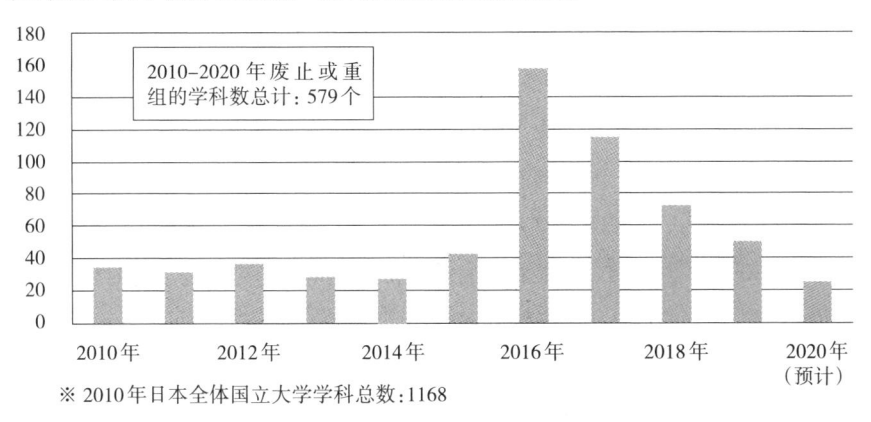

图3.4 2010—2020年国立大学学科调整情况

※2010年日本全体国立大学学科总数:1168

2010—2020年废止或重组的学科数总计:579个

资料来源:文部科学省.国立大学法人の戦略的な経営実現に向けて~社会変革を駆動する真の経営体へ~最終とりまとめ(参考資料集)[EB/OL].(2019-03-14)[2020-01-04].https://www.mext.go.jp/b_menu/shingi/chousa/koutou/105/mext_00001.html.

3.夯实国立大学财务基础

法人化改革后,国立大学的资金收入来源逐渐多元化。为加强国立大学经营力,日本政府进一步鼓励国立大学夯实财务基础,扩充外部资金来源。各国立大学须明确第三期中期目标期间的收益项目计划,比如增加捐款、受托研究、与社会合作研究等。各国立大学须制定获取捐款战略,增加捐款收入,设定中期目标,在第三期中期目标中设定共同研究及受托研究的目标,积极发布校内优势研究领域和研究成果的相关信息,推进"提案型"共同研究和主动进行的产学合作。为此,文部科学省积极鼓励各国立大学中的研究者、科研管理人员等教职员共同推动产学合作,完善管理团队,制定相关战略计划,消除与民间合作研究的障碍。

法人化改革后,国立大学自我创收的能力显著增强。有附属医院的国立大学在法人化改革后,通过调整组织制度、完善运营体制、更新器械设备等方式,利用医院的经营提高整体营收,"2004年国立大学附属医院收益为6245亿日元,至2015年医院收益提高至10380亿日元,2018年达11457亿日元。2018年国立大学获取竞争性资金及外部资金总额也已达到2004年总额的2倍。"[1]

第一期中期目标期间,为了获取外部资金,53所国立大学实施了体制调整和研究者支援活动,28所国立大学法人设立了基金。东京大学是运用基金创收的典范之一,于2008年2月设立东京大学信托基金。2009年,东京大学以建校130周年为契机,实施了募捐活动。至2009年末,东京大学获得了总额达130亿日元的收入,这些收入被用于改善教育研究环境[2]。除东京大学外,大部分国立大学也积极进行创收:20所国立大学基于第一期基金,进一步增加了捐赠金的金额;27所国立大学发挥科研管理人员的作用,增加外部研究资金收入;51所国立大学法人实施的自我创收活动得到国立大学评价委员会的认可[3]。其中,东京工业大学地球生命研究所通过与美国财团合作,于2015年获得了超过6亿日元的研究资金。在第三期中期目标期间,各国立大学为增加外部资金,开辟了更加多元化的途径,比如:设置大学共同研究讲座,增加外部资金比率;构建产学合作数据库,增加知识财产收入等[4]。如图3.5所示,法人化改革后,国立大学整体外部资金收入总额逐年提升。

---

[1] 文部科学省.国立大学法人の戦略的な経営実現に向けて～社会変革を駆動する真の経営体へ～最終とりまとめ(参考資料集)[EB/OL].(2020-12-25)[2021-01-04].https://www.mext.go.jp/b_menu/shingi/chousa/koutou/105/mext_00001.html.

[2] 東京大学.「行動する大学」東大アクション・プランの成果～大学から未来・社会へ～[EB/OL].(2008-11-16)[2020-10-15].https://www.u-tokyo.ac.jp/content/400005061.pdf.

[3] 国立大学法人評価委員会.国立大学法人・大学共同利用機関法人の第2期中期目標期間の業務の実績に関する評価結果(概要)[EB/OL].(2017-06-06)[2021-01-04].https://www.mext.go.jp/a_menu/koutou/houjin/detail/__icsFiles/afieldfile/2017/06/14/1386173_01.pdf.

[4] 国立大学法人評価委員会.国立大学法人等の令和元年度評価結果について[EB/OL].(2020-12-23)[2021-01-04].https://www.mext.go.jp/content/20201223-mxt_hojinka-000011660_005.pdf.

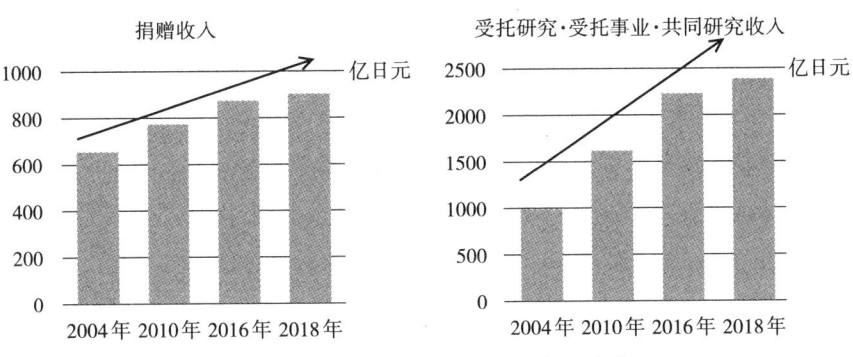

图3.5 法人化改革后国立大学外部资金收入

资料来源:文部科学省.国立大学法人の戦略的な経営実現に向けて～社会変革を駆動する真の経営体へ～最終とりまとめ(参考資料集)[EB/OL](2019-03-14)[2020-01-04].https://www.mext.go.jp/b_menu/shingi/chousa/koutou/105/mext_00001.html

4.强化国立大学与社会的联结

法人化改革前,国立大学作为日本高质量研究成果产出的主力军,其注意力主要集中在研究(尤其是基础性研究)之上,相对忽视了在育人与提供社会服务方面的职责与使命,引发了社会各界利益相关者的不满和质疑。法人化改革实施后,国立大学被要求重视其固有的各方面使命和责任。日本政府通过一系列政策引导,持续增强国立大学与社会的联结。

(1)强化大学的社会服务功能

法人化改革后,多数国立大学制定了大学宪章及校长就职期间的行动计划,作为大学长期和阶段性发展的指导纲领。这些指导纲领均强调了国立大学的社会职能,要求加强与外部的联结,增强社会服务意识。《大学治理改革法》以法律的形式加强了校外人士在国立大学经营中的影响力,使国立大学的治理能够在充分汲取社会各界的经验与建议的基础上进行。

第三期中期目标期间,国立大学功能分类改革正式启动。55所选择成为地区贡献型大学的国立大学均不同程度地加强了与所在地区的产学合作和社会服务力度。除了这些学校以外,定位为其他功能类型的大学也同样加强了与产、学、官、民等多个领域的联系,例如:第三期中期目标期间,东京大学开始与大规模企业组织探讨有关未来创造生产以及研究开发相关的商业化合作,并在柏校区建设"筑波-柏-本乡创新走廊",作为产、学、官、民合作的枢纽,与产业技术综合研究所合作建设研究室,与千叶县柏市共同建立产学协创平台[①];东京外国语大学多语言文化共生中心充分发挥语言文化支援者的作用,实施对外儿童的教育帮助,并计划与公共机关、国际交流协会、企业开展高效的社会合作等[②]。上述举动切实增强了国立大学的社会服务意识,强化了与社会的联系。

(2)校内信息积极对外公开

为增加外界对国立大学运营的了解,同时也便于外界参与其中,国立大学需要积极推进校内信息的对外公开和校内成果的对外宣传。目前,各国立大学已在学校网站向社会公开了规章制度、实践成果及中期计划、中期目标等详尽的信息。在《大学治理改革法》颁布以后,各国立大学的校长选拔也趋于透明化,选拔标准、选拔过程和决策结果可为社会各界所了解和监督。在积极推进校内信息公开的同时,各国立大学还制订、改进了一系列对外宣传策略。例如,东京外国语大学在第一期中期目标期间扩大了学术资料库"东京外国语大学学术成果集",对地区市民开设"TUFS开放学院",创设了面向企业和学生的宣传杂志Globe Voice等[③];爱媛大学通过开设校长定期记者见面会以及与报道机构的恳谈会、播放介绍研究者的广播节目、全面更新爱媛大学官网等方式,向社会各界公布校内教育研究的相关信息。

(三)评价能力

1991年起,日本政府一直致力于推动高校进行自我检查与评价,但评价的落实效果和质量始终不佳。大学审议会报告中指出,日本高校的自我评价制度

---

① 東京大学.東京大学ビジョン2020中間報告書[EB/OL].(2018-03)[2021-01-06].https://www.u-tokyo.ac.jp/content/400078971.pdf.
② 東京外国語大学.TUFS アクションプラン2019-2020[EB/OL].(2019-04-16)[2021-01-06].http://www.tufs.ac.jp/abouttufs/president/actionplan/2019-2020.html.
③ 東京外国語大学.第1期中期目標期間に係る業務の実績に関する評価結果国立大学法人東京外国語大学[EB/OL].(2020-04-06)[2021-01-06].http://www.tufs.ac.jp/documents/abouttufs/public_info/ev_cyuki_23.pdf.

形同虚设,建议试行第三方评价的模式。文部省于2000年改组了大学评价与学位授予机构,以国立、公立大学为目标,实施了试行性评价。法人化改革后,新的国立大学法人评价制度得以建立。在该制度下,国立大学将自我评价与第三方评价相结合,能够自主、灵活地基于本校特点对教学研究与运营进行调整,适当地进行资源分配,同时也保证了评价活动的透明度和有效性。

1.自我评价制度得以规范化

国立大学的自我评价主要由"中期目标与计划达成度评价"和"学部、研究科教育研究水平评价(即现状评价)"组成,并以大学改革支援与学位授予机构颁布的业绩报告编写说明为参照,将自评结果编制成业绩报告书交给国立大学法人评价委员会。自评结果既是国立大学进行改进的参照,也是第三方评价的重要调查依据。

国立大学自我评价体系中的"中期目标与计划达成度评价",是以各国立大学制定的中期目标与计划为评价标准,对每一期中期目标的达成情况进行自我评价,主要从教育研究目标、社会合作与社会贡献、国际化目标方面判断本校中期目标达成状况,并编制《中期目标达成状况报告书》。"学部、研究科教育研究水平评价"则是以国立大学中各学部、研究科为对象,评价其教育水平与研究水平。

教育水平的评价内容主要包括教育的过程、方法以及成果。第一期中期目标期间,各学部、研究科以自由和多样化的形式制定了对教育方法的特征和教育成果进行说明的两种自我评价书:一种仅记述学科构成与授课科目,另一种宣传教育内容特色和改革措施。尽管尝试是有益的,但是,由于处在自评改革的起始阶段,"此时,对于如何进行高水平的自我评价以及以何种形式进行记述的要求并不明确,或者说也没有认识到形成规范化教育水平自我评价的必要性。"[①]针对上述情况,在第二期中期目标期间,大学改革支援与学位授予机构研究开发部将所有学科分为7个学系(学科领域),分别制定了教育水平自我评价内容参考文件,以供各国立大学及学部、研究科参考。参考

---

① 林隆之.大学評価の20年[J].高等教育研究,2020,23(6):9-31.

文件对第一期自我评价中得到较高认可的内容进行了分析,并总结了来自政府、学界、产业界等方面的建议。2018年,大学改革支援与学位授予机构的调查显示,66%的学部、研究科以及81%的参与评价相关人员对该文件持认可态度,多数人表示,文件对教育水平自我评价的实施具有参考价值。

国立大学对研究水平的自我评价,是在各研究领域设定适当的研究活动与研究成果指标的基础上展开的,这些指标包括参与学会发表论文情况、共同研究情况、获得专利情况等。此外,日本借鉴了英国的同行评价Research Excellence Framework(简称REF)模式,"2014年实施的REF是以研究实施教员每人提交四个研究成果的方式,大学以一定数量为上限选择代表组织的优秀研究成果,第一期中期目标期间为教师人数的50%,第二期中期目标期间为教师人数的20%。大学以指标等客观信息为依据,从学术意义、社会、经济、文化中选择判定标准,自行说明并展现各研究成果的卓越性。"[①]

法人化改革后,国立大学的自我评价模式也需要进一步改良,尤其是需要与第三方评价制度结合起来,目的是在保障大学学术自由、尊重大学个性特色的基础上,促进大学的自我检查与改善。经过一系列调整,目前国立大学的自我评价模式处在能够根据实施情况不断调整的状态之中,以往自我评价制度形同虚设的问题也得到了改善,国立大学自我评价制度逐步规范化。

2.第三方评价制度建设逐渐完善

《学校教育法》修订之后,进行自我评价成为日本高校的一项义务。但是,仅依靠自我评价来督促高校的进步是不切实际的。大学审议会报告指出,仅设置自我评价容易导致高校的自我评价形式化,易滋生造假、舞弊、不公正评价等问题,如此一来,就无法发挥评价的促进学校改善运营情况的效果,因此,报告建议建设高校活动的第三方评价机制。法人化改革前,文部省已于2000年设立由学术组织、质量认证机构组成的大学评价与学位授予机构,独立进行高校的评价工作。

法人化改革后,文部科学省为实施新型国立大学法人评价制度,设立了由社会各界人士及专家学者组成的国立大学法人评价委员会。原大学评价

---

① 林隆之.大学評価の20年[J].高等教育研究,2020,23(6):9-31.

与学位授予机构从文部省分离出来,成为独立行政法人,更名为大学改革支援与学位授予机构。国立大学法人评价委员会将有关学校教育研究的评价工作委托给作为第三方的独立行政法人——大学改革支援与学位授予机构。大学改革支援与学位授予机构收集各国立大学法人提交的自我评价报告后进行调查和分析,将评价结果交给国立大学法人评价委员会进行全面评估,最终的评价结果向社会公开。中期目标期实施的国立大学法人总体评价工作内容如图3.6所示。

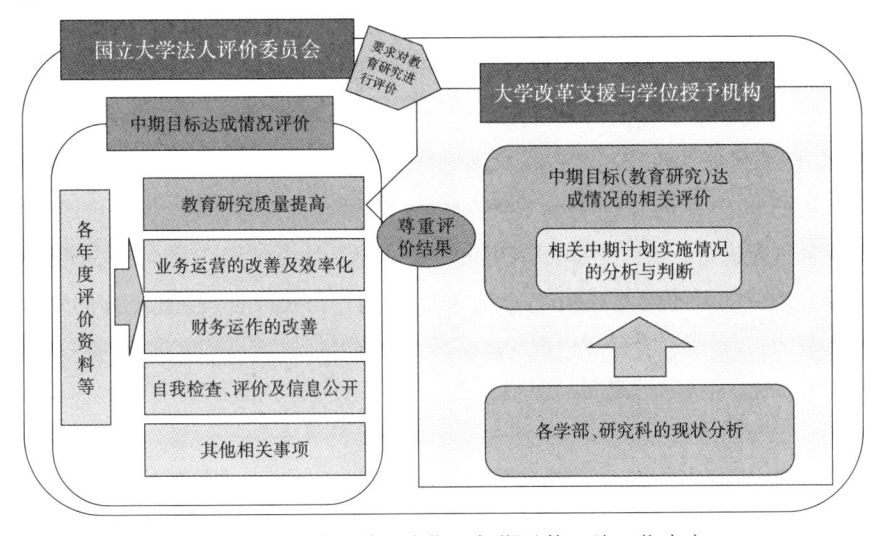

图3.6 国立大学法人中期目标期总体评价工作内容

资料来源:图表来自对国立大学法人评价委员会公布的国立大学法人第一期、第二期、第三期目标期间业务实绩评价结果概要文件内容的整理。

国立大学法人评价委员会的评价工作由国立大学法人分科会下设的评价小组承接。评价小组由根据各国立大学法人规模与特点分配的基本小组和以附属医院为评价对象的专门评价小组组成,负责对国立大学法人实施具体的调查分析行动。国立大学法人评价委员会对各国立大学法人实施自我检查与外部评价后提交的业绩报告等资料进行调查和分析,并结合校长听证会报告、财务报表等材料,对"业务运营的改善及效率化""财务运作的改善""自我检查、评价及信息公开"和"其他相关事项"(如:设施设备的开发和利用、安全管理等)进行分项目评价。

大学改革支援与学位授予机构在国立大学教育研究评价委员会下设置了达成情况判定会议与现状分析部会,对各国立大学的教育研究进行评价,如图3.7所示。达成情况判定会议根据各国立大学法人的规模及构成,分8个小组实施评价行动。现状分析部会根据学科领域,分设10个学科部会(第三期分设了11个学科部会)实施评价行动。除此之外,部会还在各个根据科学研究辅助金分类的研究学科专业领域配置了多名专业委员,对研究业绩水平进行评价。大学改革支援与学位授予机构对各国立大学的教育研究评价实施中期目标达成情况评价与学部、研究科现状分析,国立大学法人评价委员会在尊重大学改革支援与学位授予机构的评价结果基础上进行分析和调查。其中,中期目标达成情况评价是对各国立大学法人提交的达成情况报告书进行调查与分析,并对"教育目标""研究目标"与"社会合作与国际交流的目标"等的达成情况进行评价。学部、研究科现状分析是从加强各国立大学法人个性化与提高质量的目的出发,基于各学部、研究科通过自我检查与评价制定的现状调查表,对各主要教育研究组织的教育研究水平及质量提高程度进行判断。

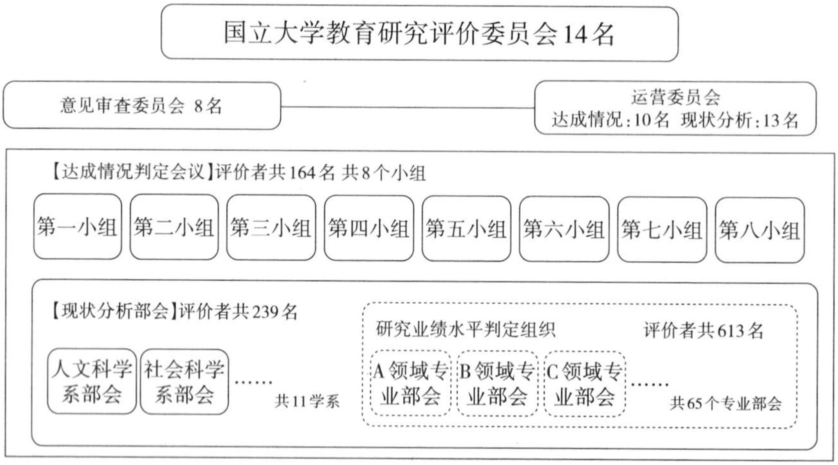

图3.7 国立大学教育研究评价委员会评价组织结构

资料来源:国立大学法人評価委員会.国立大学法人・大学共同利用機関法人の第3期中期目標期間(4年目終了時)の業務の実績に関する評価結果の概要[EB/OL].(2021-06-30)[2021-07-05]https://www.mext.go.jp/content/20210705-mxt_hojinka-000016310_5.pdf.

所有国立大学法人的每一期中期目标的评价结果,由国立大学法人评价委员会统合目标期间的总体评价结果后,分别以全体概况评价与分项目评价两种形式核定评价结果并向社会公布。其中,项目评价与评价级别会根据每一期中期目标的评价要求进行微调,如图3.8所示。其评价内容主要围绕各国立大学的"教育""研究""社会合作及国际交流""业务运营的改善及效率化""财务运作的改善""自我检查、评价及信息公开""其他相关事项"等方面展开。第一期与第二期中期目标达成情况设定了五个评价级别,即"非常出色""良好""大体良好""不充分"和"存在需要重点改善的事项"。第三期中期目标达成情况设定六个评价级别,即"取得显著进展""取得了超出计划的进展""进展顺利""进展大体顺利""存在需要重点改善的事项"和"存在需要重大改进的事项"。

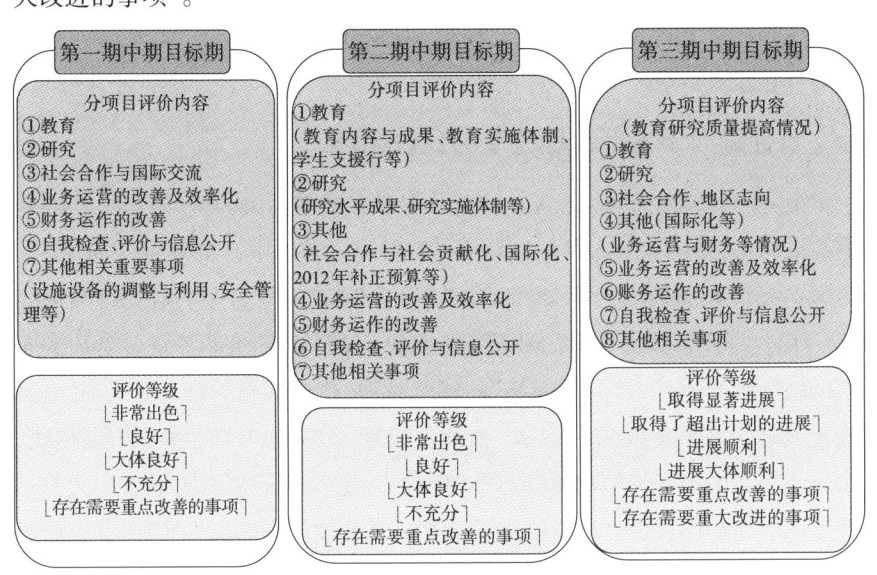

图3.8 国立大学法人三期中期目标期分项目评价内容及评价等级

资料来源:图表来自对国立大学法人评价委员会公布的国立大学法人第一期、第二期、第三期目标期间业务实绩评价结果概要文件中内容的整理。

新型国立大学法人评价制度是在考虑到国立大学法人组织所具有的多面性基础上建立的,主要发挥对国立大学法人经营行为的监督与促进作用。

该制度充分尊重各校的特点,促进教学研究质量的提高与运营治理状况的改善,能够辅助政府对国立大学进行适当的资源分配。依据《国立大学法人法》,国立大学法人与国家的关系由附属机构变为委托代理机构,实行法人自治。国家与国立大学法人以中期目标与中期计划的形式签订委托合同,法人评价制度的实施使得国立大学法人的工作进展可视化,进而使国家的监督与监测行为更加便捷可行。国家通过评价结果调整运营费交付金的拨款额度,对国立大学法人的改革与改善起到激励与促进的作用。同时,考虑到国立大学作为高等教育机构的组织特性,该制度允许国立大学法人参与制定中期目标与中期计划,且在教育研究评价机构中实施同行审查,尊重了高等教育机构的学术自由,且评价中仅依据各校制定的目标进行评价,保障了各国立大学的特色发展。此外,国立大学作为"由国民税金支持的大学",其公共机构的组织特性要求评价结果向社会公开,使大学内部治理透明化,打破了国立大学与社会的隔膜。

3.促进大学内部治理改革的良性循环

第一期中期目标的法人评价制度分别于2007年、2010年实施。与2007年的结果相比,2010年公布的第一期中期目标综合评价中,"被评为'非常出色'的国立大学从20所增加至32所,被评为'不充分'的国立大学则从11所减少至6所"[1]。同时,90%以上的被调查者表示,各学部、研究科中的教育研究水平可以达到"达标"或"有所提高"的评价级别,教育研究质量可以达到"显著改善"或"正在实施相应的改善"的评价级别。与2007年的评价结果相比,2010年公布的第一期中期目标综合评价中,"每个评价项目中'教育研究水平低于标准'的组织以及'教育研究质量并未得到改善与提高'的组织都有所减少"[2]。据此可知,对多数国立大学来说,第一期中期目标的评价工作及其结果相当具有参考意义,促进了国立大学对提高教育研究质量的重视度,也为其指明了努力方向。

---

① 国立大学法人評価委員会.国立大学法人・大学共同利用機関法人の第1期中期目標期間の業務の実績に関する評価について[EB/OL].(2011-05-24)[2021-07-05].https://www.mext.go.jp/a_menu/koutou/houjin/1303483.htm.
② 国立大学法人評価委員会.第1期中期目標期間の業務実績に関する評価結果のポイント[EB/OL].(2011-05-24)[2021-07-05].https://www.mext.go.jp/a_menu/koutou/houjin/1306344.htm.

第二期中期目标期被称为"全面推进发挥法人优势的改革期",其中的后三年又被特别称为"改革加速期"。在改革加速期,各国立大学在政策引导下积极推进内部治理改革,努力推动人事制度、财务制度的改善。从评价结果来看,所有国立大学在教育研究方面呈现出良好发展态势,但部分国立大学在业务运营及法令遵守等方面仍存在尚待改进的问题。在第二期中期目标期间,国立大学的评价结果与运营费交付金的拨款额度联系了起来,"将'法人运营活性化支援'项目中每年30亿日元的运营费交付金分配给了评价结果优秀的30所大学"[①],这使评价真正起到了激励作用。同时,国家基于第二期中期目标的评价结果,在总体评价中提醒各国立大学法人须意识到此评价为PDCA循环中的"C(检查)"环节,应当将评价结果与实现第三期中期目标的"A(行动)"环节相联系,结合国家倡导的大学改革方向,发挥国立大学独特的教育研究优势,关注地区与社会的需要,在第三期中期目标期间进一步提高改革效率与强度,为日本社会发展做出贡献。

第三期中期目标期间,项目评价的等级进一步细化。从评价结果中可以看出,在第三期中期目标期间,各国立大学在改革加速期的实施基础上进一步推动大学内部治理的改革,加强与社会的合作,回应社会和国家的期待,如:能够在校长的领导下发挥大学优势特色;通过大学间的合作建立共同学部;寻求自治体和企业的支持促进校园建设等。[②]此外,国立大学法人评价委员会在评价结果中也指出,有少部分国立大学存在研究活动不当行为、法人组织体制与内部治理有重大问题等现象,这些学校需要按照通知要求进行整改。同时,国立大学法人评价委员会对有突出进展的国立大学改革工作予以介绍和表扬,并提供给诸大学作为样本参考。从第三期开始,运营费交付金拨款中设立了"功能强化经费"项目,将1%左右的金额根据评价结果进行重新分配,并新设立了"校长裁量经费"这一类别,从而在预算分配方面为国立

---

① 林隆之,齊藤貴浩,水田健輔,等.大学評価と運営費交付金配分の一体的改革の在り方[J].SciREX ワーキングペーパー,2020,(4):1-126.
② 国立大学法人評価委員会.国立大学法人・大学共同利用機関法人の第3期中期目標期間(4年目終了時)の業務の実績に関する評価について[EB/OL].(2021-06-30)[2021-07-05].https://www.mext.go.jp/content/20210630-mxt_hojinka-000016307_1.pdf.

大学战略性内部治理改革增添了动力。

根据表3.1所呈现的三期中期目标结束时的总体评价情况来看,国立大学的中期目标达成情况大有进步,教育研究质量不断提高,运营状况得到改善。相关评价信息的及时公开,既对国立大学起到了监督、激励的作用,又加强了社会与政府对国立大学的了解,法人评价的实施发挥了促进大学内部治理改革良性循环的作用。

表3.1　国立大学法人三期中期目标期综合评价结果

项目		第一期中期目标达成状况评估结果	第二期中期目标达成状况评估结果	第三期中期目标达成状况评估结果
教育研究质量改善状况	教育	非常出色:1% 良好:13% 大体良好:86% 不充分:0% 存在需要重点改善的事项:0%	非常出色:0% 良好:13% 大体良好:87% 不充分:0% 存在需要重点改善的事项:0%	取得显著进展:2% 取得了超出计划的进展:20% 进展顺利:66% 进展大体顺利:12% 存在需要重点改善的事项:0% 存在需要重大改进的事项:0%
	研究	非常出色:4% 良好:31% 大体良好:65% 不充分:0% 存在需要重点改善的事项:0%	非常出色:6% 良好:15% 大体良好:78% 不充分:1% 存在需要重点改善的事项:0%	取得显著进展:20% 取得了超出计划的进展:36% 进展顺利:37% 进展大体顺利:7% 存在需要重点改善的事项:0% 存在需要重大改进的事项:0%

续表

项目		第一期中期目标达成状况评估结果	第二期中期目标达成状况评估结果	第三期中期目标达成状况评估结果	
教育研究质量改善状况	社会贡献与国际化	非常出色:2% 良好:42% 大体良好:56% 不充分:0% 存在需要重点改善的事项:0%	非常出色:1% 良好:24% 大体良好:75% 不充分:0% 存在需要重点改善的事项:0%	社会合作地区志向	取得显著进展:0% 取得了超出计划的进展:36% 进展顺利:56% 进展大体顺利:8% 存在需要重点改善的事项:0% 存在需要重大改进的事项:0%
				其他(国际化等)	取得显著进展:2% 取得了超出计划的进展:23% 进展顺利:73% 进展大体顺利:2% 存在需要重点改善的事项:0% 存在需要重大改进的事项:0%
业务运营与财务等状况	业务运营	非常出色:31% 良好:54% 大体良好:14% 不充分:1% 存在需要重点改善的事项:0%	非常出色:14% 良好:63% 大体良好:20% 不充分:1% 存在需要重点改善的事项:2%	取得显著进展:6% 取得了超出计划的进展:14% 进展顺利:64% 进展大体顺利:11% 存在需要重点改善的事项:4% 存在需要重大改进的事项:1%	

续表

项目		第一期中期目标达成状况评估结果	第二期中期目标达成状况评估结果	第三期中期目标达成状况评估结果
业务运营与财务等状况	财务运作	非常出色:3% 良好:88% 大体良好:8% 不充分:1% 存在需要重点改善的事项:0%	非常出色:7% 良好:92% 大体良好:0% 不充分:1% 存在需要重点改善的事项:0%	取得显著进展:4% 取得了超出计划的进展:20% 进展顺利:74% 进展大体顺利:1% 存在需要重点改善的事项:1% 存在需要重大改进的事项:0%
	自我评价信息公开	非常出色:0% 良好:98% 大体良好:1% 不充分:1% 存在需要重点改善的事项:0%	非常出色:8% 良好:91% 大体良好:1% 不充分:0% 存在需要重点改善的事项:0%	取得显著进展:1% 取得了超出计划的进展:7% 进展顺利:92% 进展大体顺利:0% 存在需要进行重点改善的事项:0% 存在需要重大改进的事项:0%
	法令遵守设施调整	非常出色:3% 良好:84% 大体良好:10% 不充分:3% 存在需要重点改善的事项:0%	非常出色:6% 良好:56% 大体良好:24% 不充分:14% 存在需要重点改善的事项:0%	取得显著进展:6% 取得了超出计划的进展:14% 进展顺利:71% 进展大体顺利:6% 存在需要重点改善的事项:3% 存在需要重大改进的事项:0%

资料来源:图表来自对国立大学评价委员会公布的国立大学法人第一期、第二期、第三期目标期业务实绩评价结果概要文件内容的整理。

第四章
韩国高校内部治理现代化

一、韩国国立大学外部治理的演进

韩国是世界上高等教育普及率最高的国家之一,其高等教育毛入学率目前已超过90%。韩国能够在独立至今的短时间内取得如此的高等教育发展成就,得益于其在探索高等教育现代化道路方面的不懈努力。韩国高等教育的现代化是在大韩民国民主政权建立之后逐步完成的。长期以来,已有多位学者探索韩国高等教育的发展与其经济腾飞之间的内在联系,而从大学治理角度来看,韩国大学治理的现代化亦深深嵌入其国家现代化的框架之中。

(一)1945—1960年的大学外部治理:民主主义与民族主义并存

1.美军自由放任政策成为民主化基石

"二战"后,美苏军队分别进驻朝鲜半岛南北部。"在日本殖民统治时期,韩国国民接受高等教育的机会只限于少数的特权阶层。但从美军政厅时期开始,随着自由民主主义体制的建立,韩国引进了新的教育理念与教育思潮,这对新的大学理念的建立产生了很大的影响,即接受了美国的政治、教育理念的影响,大学在就学机会、教育内容、基本制度及体制等方面都具备了开放的性质。"[1]1945年9月,美军政厅成立了由教育界10名权威人士组成的教育委员会,同年11月又在此基础上成立了教育审议会,并多次组织会议对各类教育问题进行全面研讨,最终提出的基本方针为"基于弘益人间的教育理念,养成人格完善并具有深切爱国精神的民主国家的国民"[2]。"弘益人间"的思想源自古代朝鲜的建国神话,含义是使广大苍生得益。韩国的国民教育方针既强调"弘益人间"的民主主义理想,又明确"爱国精神"在实现民主主义理想中的重要作用,深深嵌入韩国的高等教育治理体系之中。

在民主主义与民族主义的双重驱动下,韩国民众对高等教育热情高涨,一时间捐资办学蔚为风潮。对此,美军政厅选择采取"自由放任"的态度,并通过派遣美国教育工作者以及仿照美国教育模式重组高校等措施,有意利用"办学潮"的契机,推进韩国高等教育由传统向现代的转变。宽松的政策环境使韩国的私立大学迅速发展,许多私立学校升格为四年制的私立大学。日占时期所建的京城帝国大学更名为汉城国立大学,成为韩国的最高学府。随着学校数量的扩张,韩国的高等教育入学率急剧攀升。从1945—1948年韩国高等教育发展情况来看,其体制迅速由日本殖民模式转向美国模式,在强调民族主义的同时也注重赋予大学自由宽松的生长空间,大学治理受到西方影响而呈现自由民主化。因此,1945—1948年也被称为韩国教育民主化的奠基时期。

2.民主主义与民族主义的尴尬并存

1948年,韩国在美国等发达国家的援助下建立起以李承晚为总统的民主化政权,大韩民国终于成为具有独立主权的国家。次年,韩国国会通过了《教育法》,将大学分为单科大学和综合性大学,对大学的宗旨、学制、入学条件、学位授予等事项做出了明确规定,并确立了国立大学的评议会制度。《教育法》将国民教育理念阐释为:教育全体国民在弘益人间的思想下完善自己的品格,使其具备自主生活能力和公民素质,从而为民主国家的发展和实现人

---

[1] 索丰.韩国大学治理研究[D].长春:东北师范大学,2011:36.
[2] 张云飞.韩国民族精神教育情况简介[J].高校理论战线,2004(3):55-58.

类共同繁荣做出贡献。随着《教育法》的颁布,韩国的大学制度得以重建,高等教育规模进一步扩大。对比"二战"结束时仅余1所综合性大学、19所具有高等教育水平的机构、高等教育在籍学生仅有7819名的状况,到1950年,韩国高等教育机构数量已达42所,在籍学生则达到29218名,高等教育机构数增加了1倍以上,在籍学生数则增加了近3倍。

可以说,李承晚政府推动了韩国现代大学制度的建立以及高等教育规模的扩张,为韩国的高等教育发展做出了一定的贡献。但是,李承晚政府对教育理念的表述造成了大学治理的尴尬局面:一方面,由于法律体系尚不完善,所谓大学制度的建立仅停留在构想层面,并无专门的法律依据,法律的缺位导致政府对大学的管理方式仍可见日占时期的集权模式残余,政府可以借由民族主义理念干涉大学自治;另一方面,民主主义理念也出现滥用现象,由于当时的韩国政局仍不稳定,国内民主势力处在亲美派政府的压制之下,政府施加于民众的精神高压加上经济上的通货膨胀,致使韩国社会氛围日益紧张,高等教育的盲目扩张带来了大学治理秩序的混乱,许多大学质量低下,高等教育治理呈现一派乱象。

1960年4月19日,韩国学生和劳工发起"4·19革命",推翻了李承晚的统治,随后尹潽善出任大韩民国第二任总统,并试图推行教育民主化与教育自治政策。然而,1961年朴正熙军人集团又发动了"5·16军事政变",推翻尹潽善政权,教育民主化的思想也被朴正熙的威权主义统治所压制。

(二)1960—1980年的大学外部治理:威权主义

1.军政府严格把控高等教育发展方向

"从朝鲜战争结束到60年代初,韩国实行以'替代进口'为特征的内向型发展道路,这对于保护和促进内需工业的发展起到了一定的作用。但由于领土狭小,资金匮乏,奖金和技术不足,内部市场消纳能力有限,劳动力市场供过于求等客观条件,韩国自60年代初期开始果断地变内向发展战略为外向发展战略,推行'出口第一主义',将经济活动重心由内部市场转向国际市场,由抑制出口变为以出口带动经济增长。"①朴正熙上台后,开始推行以"贸易立国"为方针、以"出口第一"为口号的外向型经济发展战略,其在任期间共带领韩国完成四个经济开发"五年计划",实现了韩国的经济腾飞。在教育方面,朴正熙政府则以"祖国近代化"为口号,推动了"通过教育改造人类运动",着力使教育发展为经济建设服务,教育投资论和教育计划论逐渐成为韩国教育思想的主流。

"进入60年代后,特别是在第三共和国时期,由于国家政策的重点是发展经济,高等教育的发展也必须为经济的发展服务,教育发展政策从第一共和国时期无计划的量的扩张转向有计划的质的提高,质量成为高等教育发展的重点。"②为提高高等教育质量,朴正熙政府进行了三方面改革。一是调整大学规模。1961年,韩国政府先后颁布了《教育临时特例法》和《学校整备基准令》,对于国立大学而言,同一地区的单科大学可以选择合并到综合性大学内,成为综合性大学内的学院;多所单科大学也可统合为一所综合性大学,大学内部合并了教学内容相近的学院。至此,国立大学在规模上开始精简。二是配合大学精简化改革,进一步控制招生数量。韩国政府于1966年推出《大学学生定员令》,对每所大学(具体到学科)的招生数额都做出了明确规定,控制高等教育的入学规模。三是重点发展理工科专业。韩国需要建设现代的工业社会,急需工业科技方面的人才,因此朴正熙政府开始大力发展理工科专业,其在任期间韩国大学理工科专业的招生人数大大增加,这为韩国的工业化和现代化做出了卓越贡献。

2.大学治理走向威权主义

朴正熙政府成功实现了韩国经济的现代化转型,并缔造了"汉江奇迹"。然而,在经济发展路线以外,他选择以强硬的军政统治禁锢韩国的民主精神,导致在经济飞速现代化的同时,韩国的政治格局与民主社会却走上了逆现代化之路。从朴正熙政府推出的一系列高等教育政策来看,1961年颁布的《教育临时特例法》虽有效精简了大学规模,但其用意在于通过此手段来更好地

---

① 孙启林.战后韩国教育研究[M].南昌:江西教育出版社,1995:21-22.
② 袁本涛.从属与自立:韩国教育发展研究[M].太原:山西教育出版社,2006:128.

控制大学教授和学生的思想;而之后推出的"大学教授再任用制"虽也旨在提高教育质量,却最终用于驱逐活跃于民主化运动中的教授。到1968年,朴正熙政府颁布《国民教育宪章》,其威权主义的教育意图终于达到顶点。与李承晚政府"弘益人间"的国民教育理念不同的是,《国民教育宪章》更加强调个人对国家的认同和服从:"该宪章的基本精神可以概括为三点:一是着眼于建立民族认同;二是通过传统与进步的和谐创造新的民族文化;三是通过个人与国家的和谐实现民主主义的发展。"[①]这一时期的韩国高等教育无疑成了经济发展的附庸,为统治阶级意志所牢牢控制,政府自上而下地强制推行各类改革,并未考虑到大学的实际情况。例如同时推进限制大学规模、控制入学人数和提高理工科地位三项改革,一方面导致民众接受高等教育的机会减少,只能通过私立大学的公开讲座获取教育资源;另一方面,韩国社会急需理工类人才,但过于严格的入学规则又不利于大规模的人才储备。为此,20世纪70年代后期,朴正熙政府又开始逐步扩大招生规模,并通过一系列援助手段对大学运营进行补救。

从韩国光复至80年代的民主制度初创时期,韩国社会始终处在集权统治的阴影之下,大学的使命、目标、招生、课程设置、人才培养等关键环节全由政府掌控,被视为促进经济发展的工具,失去了自由民主之魂。在大学内部,长期的政治高压也使得师生无法专心投入教学与科研,国家与大学的关系一度失衡。这段时期,韩国的高等教育一直受到民主主义和民族主义的双重影响,大学的自治虽有所发展,但始终无法摆脱政府的控制。

(三)1980—1993年的大学外部治理:威权主义向民主化转型

1.政府主导"7·30"教育改革

1979年10月朴正熙被刺后,崔圭夏出任韩国第四任总统。他当选后便着手推动韩国的宪制民主化改革,使韩国进入短暂的"汉城之春"时期。同年12月,全斗焕发动了"双十二政变",建立起独裁统治的"第五共和国",韩国的民主

[①] 두산백과.국민교육헌장[EB/OL].(1968-12-05)[2021-09-20].https://terms.naver.com/entry.naver?docId=1066883&cid=40942&categoryId=31723.

化之路再次中断。对于80年代韩国独裁统治的回潮,我国有学者将其归因于四个方面:"一是威权主义力量仍然强大。朴正熙被刺具有偶然性,军人、财阀和官僚结成的权力联盟并未改变。二是民主力量仍然弱小。虽然全斗焕的军事戒严遭到了民主力量的激烈反对,甚至发生了光州事件这样的流血冲突,但是民主运动的主力仍然是以学生运动为主,工人阶级和城市阶层并未参与进去。三是中产阶级相对保守。中产阶级本是民主运动的主力,但是韩国的中产阶级很多都是威权体制的受益者,因此政治倾向相对保守。四是美国态度暧昧。同朴正熙政变一样,全斗焕调动军队发动政变和镇压光州,也未遭到驻韩美军的阻止。"[1]全斗焕政府时期,民主力量依然被强权政府所压制,因此80年代初韩国高等教育的一系列改革依然由政府主导,其中最具代表性的就是1980年的"7·30教育改革"。

由于产业结构变化和国民经济实力的大幅提升,韩国各级教育机构均面临"教育热"的压力。1968年,为缓解中学入学竞争问题,朴正熙政府推出中学免试入学政策,促使70年代韩国初中的入学率大幅提升。而为继续缓解高中入学竞争问题,朴正熙政府又于1973年推出高中"平准化"改革方案,令高中的入学人数也大幅增加,这使得升学压力又被转移到大学。在巨大的升学竞争压力面前,"课后补习热"成为一种全国性的社会问题。因此,全斗焕政府上台后,需要尽可能地充实国民的受教育机会,缓解大学入学压力。1980年7月30日,国家安全应急委员会颁布教育正常化及消除过热课外补习的方案,亦称"7·30教育改革"。在高等教育方面,改革内容包括取消大学入学考试,凭高中成绩和大学预备考试成绩入学;实施毕业定员制度,依据毕业人数扩大入学人数;进行全日制授课;逐年增加大学招生人数;改良大学设施条件;改善教师待遇等。从改革结果来看,"7·30教育改革"一方面扩大了韩国高等教育规模,建立起从小学到大学的全面的入学保障体制;另一方面,"课后补习热"问题实际上并未被完全解决,"秘密补习"等现象仍层出不穷,且随着大学入学人数的激增,大学的教育质量和就业率开始下降,盲目地扩大招生导致了一系列社会问题。

---

[1] 许亮.韩国国家建设初探:对韩国现代化进程的新认识[J].理论月刊,2017(5):182-188.

2.大学治理的民主化转型及法人化改革的萌芽

经过50年代的新生国家建构以及60—70年代经济的高速增长,韩国已经建立起独立的政治经济体制。在此基础上,根据当时的国家发展需要,全斗焕设定了四个国家指标:民主主义的本土化、福利社会的建设、正义社会的建设、教育创新与文化创造。为实现教育创新任务,又拟定了全人教育、精神教育、科学教育和终身教育四大教育指标。教育不再是经济的附庸,开始更多地体现出促进人的发展等本体功能。尽管全斗焕上台时韩国的民主社会尚未成熟,但从四项国家指标的内容来看,全斗焕政府已然无法维持朴正熙政府时期绝对的威权统治,其教育改革也不可避免地转向放松管制的路线。第五共和国末期,全斗焕政府已经无力抵抗韩国社会全方位的民主化浪潮,1987年6月29日,执政党的新代表卢泰愚发表了八项"民主化宣言",其中第六项"实施地方自治"特别提及要保障大学和教育的自治。同年10月,韩国国会通过新宪法修正案,将总统选举制度改为直接选举,卢泰愚随即于12月当选韩国第13届总统,"第六共和国"时期来临。

80年代是韩国政治民主化转型的关键时期,大学生是民主运动的关键力量,而大学外部治理也随着社会的转型而更加开放化。这一时期的教育改革主要由两个机构负责:一是全斗焕政府时期的教育改革审议会;二是卢泰愚政府时期的教育政策咨问会议。

教育改革审议会成立于1985年3月,1987年被取缔,是直属于总统的教育改革机构。1985年4月,教育改革审议会召开第一次会议,对教育体制、中小学教育、高等教育和教育发展四个主题进行探讨。在高等教育方面,教育改革审议会主要探讨了学院自由化政策的制定、优化大学定员、通过提高大学教育质量增强国际竞争力、专门大学和研究生院的实体化、地方大学培育计划、海外留学及培训体系等问题,并提出韩国教育改革的基本方向是培养"21世纪的韩国人",即独立、有创造力、有道德的人。1987年,教育改革审议会发布《教育改革综合构想》报告,首次提出"国立大学特殊法人化"的建议,尽管该建议并未得到政府支持,但法人化提案就此在国立大学内部及社会引起了广泛的讨论。

教育政策咨询会议成立于1989年,1993年2月被取缔,也是直属于总统的教育改革机构。教育政策咨询会议在四年间共研究审议了34项教育政策,并推动设立大学教育审议会,进一步推动了大学治理的现代化。

总体来看,尽管80年代的高等教育改革依然由政府主导,大学尚未获得充分的自治权,但与朴正熙统治时期不同的是,随着学生运动的扩大,全斗焕和卢泰愚政府开始逐渐放松对大学的管制,长期以来教授和学生对于民主化社会的渴望也为法人化奠定了民意基础,这使得法人化政策开始迅速进入公众视野。

(四)1993年后的大学外部治理:大学自治

1.民主政府继续推动法人化改革

军事独裁政府统治的时代结束后,金泳三于1992年成为韩国第一任文官总统,在新闻自由、言论和集会自由以及恢复公民权利等方面推行"放松管制"的民主化政策,高等教育改革被纳入国民经济目标体系之中。在教育发展理念上,"金泳三政府启动了标志性的'世界化'战略,这在高等教育领域的一个关键影响是系统性地转向以市场为基础的政策,旨在振兴韩国高等教育,并积极吸纳私人资源来扩大高等教育的服务"[①]。全球化和市场化浪潮将"象牙塔"式的韩国国立大学推向全球高等教育市场,传统的、僵化的体制显然无法应对此种局面。在新的挑战面前,新公共管理主义等先进理念无疑是大学突破传统治理模式桎梏的重要手段,因此金泳三政府在经济市场化的基础上进一步扩大了教育的市场化程度。在教育制度上,"90年代初韩国公共部门开始放松管制后,教育部门也开始放松管制,韩国教育部放弃了截至1996年底有效的所有教育行政命令,1999年起,所有新的规章制度在实施前都要交由教育放松管制委员会进行审查。此外,包括教育部在内的所有中央行政机构都要将其规章制度向监管改革委员会汇报"[②]。金泳三政府掰起国

---

① GREEN C.Internationalization, deregulation and the expansion of higher education in Korea: an historical overview[J].International journal of higher education,2015,4(3):785-795.
② BYUNG-SHIK R.Incorporation of National Universities of Korea: Dynamic Forces, Key Features, and Challenges[M].New York:Palgrave Macmillan US,2010:70-72.

内民主化高潮,社会呼吁政府对公共机构进行治理改革,韩国高等教育延续多年的教育行政命令系统得到了重建。

金泳三政府的一系列民主政策促进了韩国公民社会的繁荣,也激起了学界对于推行国立大学法人化改革的信心,韩国教育改革委员会于1995年出台《5·31教育改革方案》,在高等教育方面将教育自治、大学自律以及学生作为消费者的权益等问题均纳入改革方案,并公布了《关于鼓励国立大学选择性法人化改革的提案》,鼓励一部分国立大学自愿成为法人化改革试点学校。同年,首尔国立大学在题为"2000年代的未来"的报告中首次提出了特殊法人化改革构想,此后韩国社会开始对于法人化改革的前提条件、可行性及社会支持程度进行反复探讨,但由于在搜集意见的过程中,社会各界对于法人化政策褒贬不一,法人化改革并未直接实行。

1997年亚洲金融危机期间,韩国人均国内生产总值显著下降,世界银行等国际金融机构开始借援助的名义要求韩国进行改革,进一步扩大韩国公共部门的市场化和私有化程度。韩国教育部于同年颁布《国立大学特别会计法》,试图通过改革国立大学财务制度来提高大学自治程度,韩国大学治理逐步走上大学自治的现代化轨道。次年金大中上台后,力图转变政府形象,建立"小而高效的服务型政府",并于1999年推出"BK21计划"(Brain Korea 21 Project),以研究生院为主要对象,对硕士生、博士生、博士后和青年教师进行资助,致力于通过培养创新型人才来全面提高韩国大学的竞争力。韩国教育部于2002年在国民议会上正式提出《国立大学运营特别法》提案,将国立大学法人化、转换政府治理模式等改革纳入讨论范围,试图推进"基于自愿"原则下面向所有国立大学的法人化改革。但由于该提案并未考虑到国立大学各自的特色,即使国立大学自愿选择法人化改革,也要遵循提案中关于法人化大学运营的统一规定,大学自治程度依然有限,这使得韩国社会担忧法人化改革仅是政府推卸责任的手段,最终该提案因受到社会层面的强烈反对而未能在国会通过。

2.三所法人化试点大学投入运营

从1995年"5·31教育改革"正式公布法人化改革方案开始,韩国政府就一直试图通过大学"自愿试点"的方式进行改革。大学自愿改革的可能性来源于韩国国立大学自身面临的严重质量危机。"政府是韩国国立大学的主要收入来源,这使得国立大学较私立大学资金充裕,但财务优势是以大学自治为代价的。由于国立大学是政府的一部分,其治理结构和治理过程要受到法律约束,大学行政组织与政府之间又缺乏能够自主决策的缓冲组织,因此大学治理容易受到政府及教育部决策的影响。"[①]韩国国立大学拥有充足的资源优势,但由于国立大学须遵循人事、财务和组织方面的全国统一性规定,以及政府在人事、财务和组织机构等方面的过度干涉,国立大学内部治理结构呈现僵化状态,大学很难对快速变化的经济社会迅速做出反应,更无法自主选择符合自身特色的发展战略。国立大学的质量问题是韩国实行法人化改革的重要驱动力,虽然2002年《国立大学运营特别法》提案未被通过,但服务型政府对于大学改革自愿性的考量成为后来韩国国立大学法人化改革的一条重要原则。

在韩国国立大学面临质量危机时,其邻国日本于2004年对国立大学全面进行了法人化改革,这使得韩国国立大学更加意识到改革的迫切性。2003年,韩国教育部向总统提交了《大学竞争力强化方案》,提出加强大学的自律力量是目前最紧迫的课题。由于之前的失败教训,韩国政府开始意识到单一的自愿原则不足以推动韩国国立大学的法人化改革,改革方案中还需纳入对于大学特色的考量。2004年,韩国政府推出大学结构调整政策,提出"合并国立大学""国立大学法人化"等改革方案,由此树立起国立大学数量"只减不增"的原则,为法人化改革铺平道路。次年,韩国教育人力资源部成立大学运营体制改革协议会,卢武铉总统在《大学专业创新计划》报告中重申了"国立大学自愿选择法人化改革"的原则。报告还提出,要通过大学专业化促进计划,在国立大学自愿法人化改革的框架中纳入对大学特色的考量,承诺为每所自愿

[①] BYUNG-SHIK R.Incorporation of National Universities of Korea:dynamic forces,key features,and challenges[M].New York:Palgrave Macmillan US,2010:69.

接受法人化改革的国立大学选择最适合大学发展的特色方案,国立大学法人化改革方案的"基于自愿且尊重特色"的原则就此成型。在自身质量危机和政府提供了"自愿"与"特色"两条宽容的改革原则的背景下,韩国的几所国立大学开始表露出法人化改革的意向。2005年开始,韩国政府相继与蔚山科学技术大学和仁川市立大学签署了特殊法人合作谅解备忘录。2006年,首尔国立大学在长期发展委员会中设立了"法人化小组委员会",基于国外大学法人化案例对法人化的具体路径进行商议,再度掀起对于法人化改革的讨论。

"美国的州立大学、英国的牛津大学和剑桥大学在成立之初就是法人。在强调国家高等教育责任的欧洲,德国的哥廷根大学、法兰克福大学和奥地利的维也纳大学已经转变为法人。在亚洲,日本于2004年推动全部89所国立大学法人化,新加坡国立大学也于2006年在国家的全力支持下实现法人化。在世界排名前十的大学中,没有一所大学不拥有独立的法人资格,这一事实对于首尔国立大学法人化具有重要意义。"[①]2007年,韩国国会通过《国立大学法人蔚山科学技术大学设立运营特别法(草案)》,国立大学法人化改革首次拥有正式的法律依据。2008年,首尔国立大学成立了韩国第一个正式讨论国立大学法人化问题的官方机构——首尔国立大学法人化委员会,由内外部合作团队、法人化研究团队和法人化案例研究团队组成总委员会,下设操作系统、财务会计、行政组织和人事、教育和研究、校园和设施五个小组委员会,成员涵盖教员代表、学生代表和校外人员,主要负责收集政府、大学以及社会对于首尔国立大学法人化的意见,并以平衡各方需要为原则提出首尔国立大学的法人化改革框架。经委员会统计,有关首尔国立大学法人化的反对意见涉及以下几个方面:其一,由于韩国是世界上私立大学比重最高的国家,国立大学是保护韩国高等教育大众化、促进教育公平的基础,因此部分学者担忧韩国的国立大学法人化政策实际上是政府逃避责任的举措,是以"提高大学自主权"的名义来实现"国立大学的私有化";其二,法人化改革可能会使政府的高等教育投入再度降低,法人化改革前首尔国立大学的学费约为私立大学的60%,改革后必然会导致学费升高,教师则将因法人化改革而丧失国

---

① 교육부.서울대, 법인화 날개를 달다[EB/OL].(2011-09-22)[2020-09-20].https://if-blog.tistory.com/1345.

家公务员身份;其三,法人化改革为提高大学自治能力而将全部权力向上集中,校长选拔方式由师生主导的校长直选制改为层层批准的间接选举制,师生权利无法在法人结构中体现;其四,法人化改革后首尔国立大学需要自负盈亏,大学可能会选择优先发展具有营利性质的理工科专业,而减少基础性学术研究。

  面对各方面的反对意见,韩国政府做出了一系列政策调整。李明博和朴槿惠两届政府从修订《国立大学财政会计法》入手,对韩国国立大学进行了若干改革:一是统一国立大学原本的国库会计和非国库会计,二是缩减政府对于国立大学运营的经费投入,三是要求大学设置由校内外人士组成的财政委员会并进行公开预算,四是拒绝由政府任命国立大学校长。在财政公开和缩减政府资金的硬性要求下,国立大学的"自愿"改革成为无奈之举。为进一步控制学费上涨,韩国教育部于2010年修改了《高等教育法》,规定"大学每年的学费涨幅不得超过前三年平均消费通货膨胀率的1.5倍"[①]。2010年,韩国国会通过了《国立大学法人首尔国立大学设立运营特别法》,其中第29条"国家应向国立大学法人首尔国立大学提供稳定的财政支持,以帮助提高教育质量和增强国际竞争力"、第30条"为了对国立大学法人首尔国立大学进行稳定的财务管理,国家应根据原国立大学的预算、高等教育规模和增长率来计算,每年向大学发放劳务费、常规费用、设施扩建费以及用于教育和研究发展的补贴"和第31条"国立大学法人首尔国立大学必须制定和实施奖学金和福利政策,最大程度地减轻学费负担,国家鼓励国立大学法人首尔国立大学积极扩大财务来源,但大学财务来源应与学生的经济负担无关"[②]等条款,对法人化改革后依然保证国家财政支持和控制学生学费做出强制规定。蔚山科学技术大学、首尔国立大学和仁川国立大学相继通过《国立大学法人蔚山科学技术大学设立运营特别法》《国立大学法人首尔国立大学设立运营特别法》和《国立大学法人仁川国立大学设立运营特别法》,成为法人化试点大学。

[①] 교육부(고등교육정책과).고등교육법[EB/OL].(2010-01-22) [2020-09-20].https://www.law.go.kr.
[②] 교육부(국립대학정책과).국립대학법인 서울대학교 설립·운영에 관한 법률[EB/OL].(2010-12-27) [2020-09-20].https://www.law.go.kr/.

二、韩国国立大学内部治理理念的现代化

(一)以大学自治作为理念基础

"大学自治是大学作为法人实体不受国家、教会、任何其他私人或公共的法人社团以及任何诸如统治者、政治家、政府官员、教会负责人、政策评论家或实业家等个人干涉的自由。它是由有能力代表大学而不是作为个人的大学成员就大学事务做出决定的自由。"[①]大学自治理念是大学治理理念现代化的重要表现形式,而由于法人化改革就是赋予国立大学独立法人身份,使其脱离政府的统一规划,从而进行独立决策和运营,因此三所法人化大学的内部治理尤其能够彰显大学自治的现代化理念。法人化改革前,韩国国立大学内部治理的各方面均须服从国家政策安排,配合国家战略和社会的期望,大学内部结构统一、制度死板,无法形成有效的自治。而法人化改革后,理事会和校长成为法人化大学的最高决策者,因此大学可以根据自身需要,自行设计发展愿景,自行融资并分配财政、管理内部人事、建立和废除内部机构,如根据财务状况设置专门的营利机构或筹款组织,或为提升国际化水平而开设专门的中外交流机构,以及应学术研究需要而开设学术研究中心等。

法人化改革后,韩国政府与法人化试点大学之间形成了"委托-代理"关系。作为委托方的政府对大学事务不再具有决策权,而是与法人化大学共同制订大学运营计划,并依照绩效评估情况向大学提供一定程度的财政支持,起宏观指导作用;作为代理方的法人化大学则将决策权集中于校长和理事会,自主决定其财政分配、组织机构以及教育科研等事项,并由各部门合作执行大学运营计划,起具体执行作用。与未进行法人化改革的国立大学相比,韩国政府对三所法人化试点大学在各方面的限制更少,大学自治理念成为韩国国立大学内部治理现代化的基础,三所法人化试点大学则通过校长、理事会、副校长、行政部门和大学评议会等部门之间的权力分配和相互协作来保障大学自治的实现。

---

① 爱德华·希尔斯.学术的秩序[M].李家永,译.北京:商务印书馆,2007:21.

(二)借助新公共管理主义理念与市场接轨

在经济全球化和高等教育市场化背景下,知识成为可以自由选择和传递的商品,"高等教育管理开始强调一种竞争的文化,这种文化认为,高等教育需要通过市场原则来提高各种活动的效率"[1]。市场化浪潮将"象牙塔"式的韩国国立大学推向全球高等教育市场。韩国国立大学肩负着为第四次工业革命培养人才的使命,而对于僵化的大学体制而言,新公共管理主义等先进理念无疑是韩国国立大学突破传统治理模式桎梏的重要手段。

"与新公共管理原则相关的改革的典型特征是:第一,中央政府的角色发生关键转变,由直接控制(通过规定和法令等)转变为间接参与(通过合同政策的'远距离指导'或基于绩效评估的激励机制);第二,在大学战略重点方面,程序性自治权增加了,但实质性自治权却减少了;第三,加强大学内部的行政和领导职能,但同时削弱传统的'大学'原则;第四,更加重视大学决策中的外部参与(如企业和当地政府等),引入服务型理念;第五,强调'服务提供者之间的竞争'和'消费者选择',推动大学的市场定位。"[2]国立大学的法人化改革体现了上述五项原则:韩国政府对三所试点大学通过四年一期的绩效评估来进行间接管理;大学无法完全独立于教育部制定的发展目标,仅拥有程序性自治权;大学内部行政权力得到强化,而民主权力则被限制在"审议"职能之内;理事会包含一半以上的外部人员,加强与当地政府或产业的产学合作;大学作为高等教育市场的教育服务提供者,参与到世界大学排名的竞争之中。

法人化改革注重绩效、服务和效益等企业化经营标准,从以下几方面体现了新公共管理主义的精神:一是在与市场接轨、以独立法人身份活跃于高等教育市场的背景之下,大学成为高等教育市场中参与自由竞争的"商品",学生和家长的身份也随之转变为大学的"消费者"和"客户",其需要和喜好与大学运营方向紧密相关,大学内部治理也开始纳入来自商界、产业界和文化

---

[1] 温正胞."无边界"及其挑战:全球化视域下政府、高等教育与市场的关系[J].比较教育研究,2010,32(2):1-6.
[2] BYUN K.New public management in korean higher education: Is it reality or another fad?[J].Asia pacific education review, 2008, 9(2): 190-205.

界的社会人士,治理的方向已经向私营部门治理所强调的质量和效益靠拢;二是大学可以自由接收地方政府和企业的财政支持,为获得运营收益而积极开发产学合作项目,结合地方优势办学,建立区域联合的高水平研究基地,并与地方企业合作确立人才培养模式,推动成果孵化和人才输出实现双赢;三是大学的社会服务意识得到提升,积极研发和推广公共教学资源,并举办地方文化节等项目,从而提高当地居民的科学文化素养,履行国立大学的社会责任。

(三)三所试点大学自行设计治理理念

1.蔚山科学技术大学的内部治理理念:科研兴校

自1962年1月被指定为特殊工业地区(工业特区)以来,蔚山市作为韩国最大的工业城市,引领着韩国的经济增长。截至2004年,在蔚山科学技术大学成立之前,蔚山市制造业的增值产品所占比例已达到全国的11%。该地区的生产总值约为393249亿韩元,占全国的5%,人均地区生产总值为3615万韩元,是全国平均水平1600万韩元的2.25倍左右,这是一个很高的水平。但是,由于缺乏知识基础设施,特别是教育条件匮乏,高级别研究人员不愿在蔚山定居的恶性循环反复发生。[1]蔚山科学技术大学设立于韩国最具研究氛围的工业之都蔚山市,当时的蔚山市虽工业发达,却仅拥有私立的蔚山大学一所四年制大学,同时蔚山市也是韩国6个广域市中唯一没有国立或公立大学的地区。在国家层面,韩国迫切需要建立一所新材料和新再生能源等新经济增长引擎的研究中心;在地理层面,位于韩国东南的工业之城蔚山市缺乏国立大学配额;在产业层面,蔚山市各类产业有助于研究型大学开展产学合作项目;在社会层面,高水平研究型大学的建立能够控制蔚山市生源外流状况,减少市民的经济负担。韩国政府于1994年成立了蔚山国立大学建立促进委员会,经过蔚山市民的请愿活动以及非政府组织和蔚山市议会的不懈努力,2007年3月5日,韩国国会通过《国立大学法人蔚山科学技术大学设立运营特

---

[1] 정재락.울산과학기술대학교(현 울산과학원·UNIST)설립 과정에 대한 연구:Kingdon의 다중흐름모형을 중심으로[J].한국지방정부학회 학술대회 논문집,2018(1):681-696.

别法(草案)》》(临时名称),并于4月正式出台《国立大学法人蔚山科学技术大学设立运营特别法》,蔚山科学技术大学成立并成为韩国第一所被评为国立大学法人的大学。由于韩国出生率过低,大规模的综合性大学必然造成机构冗余,因此在成立之初,蔚山科学技术大学校长就试图创建一所"小而优"的研究型大学,把规模控制在韩国科学技术院和浦项科技大学之间。2009年,蔚山科学技术大学正式开学。

"蔚山是一个工业之都,约占韩国出口总量的20%,因此成立蔚山科学技术大学的目的不是单纯建立一所国立大学,而是要培养蔚山市汽车、造船和石化等世界一流公司所需的人力资源,并与跨国公司进行产学合作研究,以促进国家发展。"[1]作为新建的国立大学法人,蔚山科学技术大学将"一所为人类生活做出贡献的世界领先的科学技术大学"作为发展愿景。《国立大学法人蔚山科学技术大学设立运营特别法》规定,成立蔚山科学技术大学法人的目标是"增强国家产业竞争力,培养能够引领蔚山科技创新的技术、管理和教育人才"[2]。此后,蔚山科学技术大学于2011年提出"VISION 2030"中长期发展计划,试图到2030年跻身世界十大科技专门研究中心大学之列。蔚山科学技术大学的教育、研究和产学合作分别以美国奥林工程学院、麻省理工学院和佐治亚理工大学为参照目标,并效仿香港科技大学,在教学上实行全英文授课。

在教育方面,蔚山科学技术大学本科阶段实行以7个学部、23个专业为中心的跨学科教育,各院系不设学生定额,学生可在506种课程组合中自由选择两个专业,继而形成适合自己的研究领域。学生须完成基于产学合作的企业研究实习,并以基于两个研究领域的融合研究作为毕业作品。为适应融合教育模式,蔚山科学技术大学还引入了翻转学习课堂,这种新型教学模式吸引了国内外的青年人才以及韩国成绩前5%的优秀学生。在研究方面,蔚山科学技术大学的研究生院在学部的基础上开设,并建立基于两个研究领域的融合研究院,主要聚焦新材料和新能源方向的融合研究。在产学合作方面,蔚

---

[1] 정재락.울산과학기술대학교(현 울산과학원·UNIST)설립 과정에 대한 연구: Kingdon의 다중흐름모형을 중심으로[J].한국지방정부학회 학술대회 논문집,2018(1):681-696.
[2] 과학기술정보통신부(미래인재양성과).국립대학법인 울산과학기술대학교 설립·운영에 관한 법률[EB/OL].(2007-04-06)[2020-10-05].https://www.law.go.kr/.

山科学技术大学与蔚山市企业合作,积极推动技术商业化并为企业培养科技人才,企业则通过经济技术支持大学提高科研预算,从而形成良好的正向循环。

在蔚山科学技术大学与教育部部长共同制定的第二期(2012—2015)中期运营计划中,规定了大学发展的5个绩效目标和12个重点项目(见表4.1)。由于蔚山科学技术大学是依托地区建立的大学,财政和技术大部分来自蔚山市政府和企业的支持,因此从绩效目标体系可以看出,蔚山科学技术大学运营的绩效目标以发展科研和产学合作为重点,意在为蔚山培养高质量的人力资源,并成为引领韩国乃至世界科学技术发展的大学。在内部治理过程中,蔚山科学技术大学也以构建研究型大学为目标,遵循科研兴校的内部治理理念。

表4.1 蔚山科学技术大学绩效目标体系[①]

绩效目标	重点项目
实现信赖责任经营	推动2030愿景
	建立透明的信赖经营
	确保自主责任经营系统
加强创新教育的基础	建立研究型教育框架
	创意融合教育体系的发展
搭建世界一流人力资源库	招聘优秀研究人员
	吸引优秀学生
建设最新的研究基础设施	扩大大学研究空间
	扩充有效的教育科研工具
确保卓越的研究	建立以研究小组为中心的研究体系
	培养后备研究人员
	建立并促进与基础科学研究院的联系

2.首尔国立大学的内部治理理念:多元共治

首尔国立大学是韩国第一所国立大学,前身为1895年成立的法官培训学校和汉城师范学校,1946年被命名为首尔国立大学,2011年正式成为国立大学法人。首尔国立大学被公认为是韩国综合实力最强的一所大学,也是韩国

---

① UNIST.2012년 UNIST 대학운영계획[EB/OL].(2012-03)[2020-09-20].https://unist-kor.unist.ac.kr/.

三所法人化试点大学中唯一一所由现存国立大学直接转为国立大学法人的学校。首尔国立大学的现代大学体系始建于1946年,是韩国高等教育发展的先锋,且享有韩国政府最多的财政支持,然而在追求"世界一流大学"目标的同时,国立大学的身份使其在财务、人事和学术等各个方面均受到政府限制。在僵化的治理结构之下,大学内部治理的灵活性受限。虽然首尔国立大学在韩国排名第一,但其世界排名却常年位于50名左右。蔚山科学技术大学通过新建的方式进行法人化,其地位不足以影响韩国其他国立大学,因此,韩国国立大学法人化改革模范试点的任务就落到了首尔国立大学身上。由于首尔国立大学的特殊地位,其法人化改革不仅关系到大学自身的命运,还影响着韩国高等教育的整体发展乃至韩国的国家竞争力。正因如此,首尔国立大学内部治理需兼顾政府、大学和社会等多方面的利益,实现多方利益相关者的共同治理。

《国立大学法人首尔国立大学设立运营特别法》规定,成立首尔国立大学法人的目标是"增强大学自治权和社会责任感,并提高教育和研究能力"[①]。《国立大学法人首尔国立大学章程》也从教育、研究和社会服务三方面对大学发展的目标做出规定。作为一所国立大学,首尔国立大学尊重学术自由,探索各个学术领域的真相,旨在通过教育和研究创造新知识,培养具有创造力和奉献精神的人力资源,为国家发展和人类繁荣做出贡献。为此,首尔国立大学将开展以下项目:一是培养具有探究精神和创造力的教育和人力资源;二是加强研究能力和研究支持,从而促进学术发展和文化艺术创造;三是履行作为国立大学的社会责任和社会服务;四是开展为实现首尔国立大学目标所必需的其他项目。[②]作为韩国首个由国立大学转为国立大学法人的学校,首尔国立大学将"实践世界历史使命的创新知识共同体"作为发展愿景,并在首尔国立大学与教育部部长共同制定的绩效目标体系中规定了大学发展的4个战略目标和12个重点项目(见表4.2)。从绩效目标体系可以看出,首尔国

[①] 교육부(국립대학정책과).국립대학법인 서울대학교 설립·운영에 관한 법률[EB/OL].(2010-12-27)[2020-10-25].https://www.law.go.kr/.

[②] 서울대학교 기획처 기획과.국립대학법인 서울대학교 정관[EB/OL].(2020-02-12)[2020-10-05].http://rule.snu.ac.kr/.

立大学注重"共同体""创新"和"可持续"等概念,意在成为韩国乃至世界范围内的一流大学。

表4.2 首尔国立大学绩效目标体系[①]

战略目标	绩效目标
培养优秀的领导者	培养能够实现共同体价值的优秀人才
	培养具有学术能力的先进人才
	加强学生综合支持系统
创新知识领导力	创建全球研究成果
	加强研究支持系统
	产学合作体系创新与启动支持
对国家、公众和全球社会的贡献	促进公共教育规范化和充化化
	加强社会贡献
	加强知识共享
为可持续的教育和研究奠定基础	符合法人制度的管理创新
	提升财务基础至世界水平
	下一代多校区建设

具体来看,首尔国立大学以构建知识共同体为目标,实施了四项任务:一是培养全球融合人才,建立以学生为主体的融合教育系统,加强跨学科教育研究,并通过阅读研讨会来培养学生的人格和价值观;二是建立创新型知识生态系统,通过数据科学专业研究生院建立跨越所有学科界限的教育模式,并对未来领先的研究领域扩大投入;三是为知识型社会创造价值,履行国立大学的社会责任,通过全球公民教育和社会贡献活动加强大学的社会化,并积极开发在线课程以满足公众的教育需求;四是为大学可持续发展奠定基础,为参与第四次工业革命而建立针对新技术的全球研发园区,建设生态友好型智能校园,并推动大学创新体系的建设,探讨首尔国立大学的未来发展趋势[②]。总而言之,首尔国立大学的内部治理是与国家人才培养的一系列目标和战略紧密相连的,国家、社会和大学自身在大学发展前景上达成了共识——建设全球性的知识共同体。为此,首尔国立大学一方面要加强内部治理中的

---

① SNU.2019년도 대학운영계획[EB/OL].(2019-02-22) [2020-10-05].https://www.snu.ac.kr/about/downloads.
② SNU.대학현황 /비전[EB/OL].[2020-10-05].https://www.snu.ac.kr/about/overview/vision.

社会参与,另一方面要通过人才培养和社会服务来反哺社会,以政府、大学和社会多元共治的内部治理理念引领自身的发展。

3.仁川国立大学的内部治理理念:区域联合

仁川国立大学成立于1979年,历经工程学院、私立大学、市立(公立)大学几重身份的转变,最终于2013年改制成为仁川国立大学法人,是韩国唯一一所历经全部大学体制(私立、公立和国立)的大学。正因如此,与其他两所试点大学相比,仁川国立大学在法人化改革进程中进行了由市立大学向国立大学、由国立大学向国立大学法人两个层次的变化,因此其身份的转变涉及国家、市政府、大学成员和社会四个方面的利益交涉。

仁川市立大学的国有化建议始于2003年。当时的仁川市因建立"松岛国际城市"而财政吃紧。为减少对市立大学的投入,仁川市提出将仁川市立大学国有化。此后,仁川市国民议会和市/郡/区议会的135名议员向青瓦台提交了在仁川市建立一所国立大学的建议,仁川市立大学国有化公民促进委员会随即于2005年发起"百万签名活动",共收集到130万仁川市民对于仁川市立大学国有化的签名支持。然而,由于当时卢武铉政府正在推行大学结构调整政策,继续建立国立大学有悖于当时的高等教育改革政策基调,因此政府以国有化为条件,要求将仁川市立大学直接转变为仁川国立大学法人。政府的法人化倡议招致众多师生不满,最直接的原因是法人化将导致政府对大学财政投入的缩减,教师将失去公务员身份,学生学费则会升高,但更核心的原因是法人化改革将使仁川市立大学原本的校长直选制度改为间接选举制度,这被认为实际上是政府借"扩大大学自治"的口号对师生参与大学治理的权利进行了限制。最终,仁川市立大学选择了一项折中法案,即2006年签署的《仁川国立大学特殊法人合作谅解备忘录》。通过该法案,韩国政府与仁川市政府、仁川市立大学达成协议,在大学实行法人化改革后,前五年的运营费用依然由仁川市承担,五年后再由政府承担所有运营费用和学校基础设施费用。

但在该协议签署后,仁川市拒绝转让大学用地和资产,并以"国立大学不再由市政府管辖"为由而停发大学运营费用,使仁川国立大学数度面临财政危机,被称作"没有政府资金的国立大学"和"韩国第一家负债经营的大学"。作为地区性国立大学法人,在法人化改革之后,仁川国立大学未能获得像首尔国立大学一样充足的政府财政支持,也未能像蔚山科学技术大学一样通过科研成果的转化而赢利,因此一直处于财政亏空的状态,国家财政的缺位导致仁川国立大学自身需要承担的运营成本较其他两所国立大学法人多出近一倍。从法人化进程来看,仁川市推动市立大学国有化、政府推动国立大学法人化以及大学师生对法人化政策的强烈反对,体现出仁川市立大学法人化进程的独有问题——国家、市政府以及大学三方互相推卸责任,甚至有学者将变革中的仁川市立大学喻为"韩国政府与仁川市之间的乒乓球比赛"。

《国立大学法人仁川国立大学设立运营特别法》规定,成立仁川国立大学法人的目标是"增强大学自治权和社会责任感,提高教育和研究能力,使仁川国立大学成为具有国际竞争力的基础型大学"[①]。《国立大学法人仁川国立大学章程》也规定:"作为一所具有地区基础的国立大学,仁川国立大学旨在培养独立、具有创造力且负责任的人才,并通过以学术多样性和自由为基础的研究,为国家和社会发展做出贡献。为此,仁川国立大学开展了以下四个项目:一是通过教育培养具有较强的社会责任感和创造性地解决问题能力的人才;二是加强研究能力和研究支持,从而开展有助于国家和人类知识发展的研究;三是履行作为地区性基础国立大学的社会责任;四是开展为实现仁川国立大学目标所必需的其他项目。"[②]

由于面临一系列特殊情况,仁川国立大学在财政实力和科研能力方面都弱于其他两所试点大学。在外部条件限制之下,仁川国立大学将"一所将世界人才培养成未来领导者的大学"作为发展愿景,力求成为一所"独特而非最好的学校"。为此,仁川国立大学与教育部部长共同制定的绩效目标体系规定了4个战略目标和11个绩效目标。从绩效目标体系中可以看出,仁川国立

---

① 교육부(국립대학정책과).국립대학법인 인천대학교 설립·운영에 관한 법률[EB/OL].(2012-01-17)[2020-11-01].https://www.law.go.kr/.
② INU.국립대학법인 인천대학교 정관[EB/OL].(2015-08-31)[2020-10-30].https://rule.inu.ac.kr/.

大学的发展目标以地区为基础,强调"矩阵型课程""区域相关""创新"等关键词,以区域联合的内部治理理念开展一系列区域性产学合作项目。具体来看,仁川国立大学试图建立以实践研究为基础的科研和教育体系,并实施了三项策略:一是扩建教育和研究基础设施,由于财务限制,仁川国立大学的基础研究设施和首尔国立大学有很大差距,因此其首要任务是扩充设施来创造良好的教研环境;二是专业化和创造共享价值,采用"建设矩阵型大学"等其他非地方性大学难以完成的创新战略;三是创新大学运营系统,建立以绩效为导向的运营系统,创新师生关系,发挥系统的激励作用。在三项策略中,"矩阵型大学"是仁川国立大学独创的适应地方性特色的教育系统,如表4.3所示:矩阵的X轴由基础学术课程组成,Y轴则由企业要求的专业课程组成,学生可以在矩阵的64种组合中选择一项,并主修对应公司所需要的其他课程。矩阵型大学一方面为学生提供了就业导向的教育和就业机会,另一方面也为仁川市的企业培养符合其要求的人才,在学校和企业之间搭建桥梁。

表4.3 仁川国立大学绩效目标体系

战略目标	绩效目标
为矩阵型大学培养创意型人才	创新矩阵型课程,建立质量管理体系
	建立全球人才培训体系
	建立周期性的学生支持系统
加强全球研究和产学合作的能力	吸引具有全球水平的研究人员
	研究支持系统的创新和专业化
	建立区域相关的产学合作体系
为大学和社会创造共享价值	建立和运行综合战略社会贡献系统
	促进区域、国家和全球贡献项目
用创新思想完善大学管理体制	建立创新的大学管理制度
	最大限度地确保运营资源的安全
	基础设施扩展和服务能力提升

三、韩国国立大学内部治理体系的现代化

法人化改革后,韩国政府与大学之间形成了"委托-代理"关系。作为委托方的政府对大学事务不再具有决策权,而是与法人化大学共同制订大学运营计划,并依照绩效评估情况向大学提供一定程度的财政支持,起宏观指导作用;作为代理方的法人化大学则将决策权集中于校长和理事会,自主决定其财政分配、组织机构以及教育科研等事项,并由各部门合作执行大学运营计划。法人化改革前,韩国国立大学组织机构的建立与废除等事项须遵照《国立学校设立法令》等法律。法人化改革后,三所大学主要依照独立的法人法和大学章程进行特色化发展,其组织机构等事项全部由理事会进行决议。尽管三所试点大学的法人治理结构大致相似,但在部门的具体设置与运作上依然保有较高的自主权。

(一)法人制度的建设

1.推进国立大学法人化改革的配套法制建设

(1)政府完善法人化大学的立法工作

法人化改革后,大学的主要权力下移至作为学校法人代表的校长身上,同时多元治理主体之间权力分散且相互制衡,法律主权高于校长的个人主权,实现了以"法治"代替"人治"的目的。三所法人化大学将法律法规的维护视为评价大学运营绩效的重要指标之一,如首尔国立大学就将"《首尔国立大学法》及大学内部法规维护"纳入大学运营绩效目标体系内,将法律的制定、修改和维护作为评价大学运营状况的重要标准[1]。韩国三所法人化大学的独立法人身份分别由《国立大学法人蔚山科学技术大学设立运营特别法》《国立大学法人首尔国立大学设立运营特别法》和《国立大学法人仁川国立大学设

---

[1] 한국교육개발원.2018년 국립대학법인 서울대학교 운영성과평가 결과 공개[EB/OL].(2018-11-06)[2020-11-01].https://www.snu.ac.kr/about/downloads?sc=y.

立运营特别法》确立。以上三部法律规定了大学的目标和愿景、内部组织机构设置、内部运行机制等具体事项,对于有关三所大学的事务,以上法律均优先于其他法律生效。但是,三所法人化大学仍要受到《高等教育法》和《私立学校法》的约束,财政方面须遵循《公共财产和商品管理法》和《国立大学财产管理法》等法案,教师权利保障方面须遵循《国家公职人员法》和《提高教师地位和保护教育活动特别法》等相关法律,附属学校的设立则须遵循《中小学教育法》。

(2)大学章程规定法人化大学运营具体事项

在大学立法方面,三所大学各自制定的大学章程是法人化改革后韩国国立大学须遵守的宪章,在三部法人法之下对内部治理作了进一步规定和限制,为各利益相关方的权力运行提供保障,同时以绝对的法治权威防止任何一方的权力外溢。与三部法人法不同的是,大学章程是每所大学依据自身特色而自主制定的,在大学发展理念、内部组织架构、机构运行机制等方面的规定和设计更加符合自身的实际情况,其实际功能相当于三部法人法的补充。在具体运行过程中,大学在宏观层面上遵循法人法和《高等教育法》等政府法律,在大学内部治理事务上则更多遵照大学章程。

整体来看,三所法人化大学在有关大学事务的各个方面均能做到有法可依,各部法律之间纵横交错,形成法人化大学依法治理的新格局。各权力主体则在共同的法治化信念之下各司其职,从而实现内部治理的法治化。

2.改革国立大学的财务制度

(1)延续国家的财政支持义务

韩国国立大学法人化在财务制度设计中明确了国家对法人化大学的财政支持义务,也同时规定了大学作为国立大学法人的社会责任。法人化大学可以从多个来源获得国家财政支持:第一,国家有义务每年为法人化大学提供稳定的财政支持,用于支付年度人工费用、日常费用、设施扩建费用以及用于教育和研究发展的补贴,且每年的拨款数额要依据大学发展预算、高等教育预算及其增长率而重新分配;第二,地方政府也应为国立大学法人的运营和发展提供捐款或补贴,如蔚山科学技术大学除国家拨款外,还将在15年内每年获得由蔚山市提供的1500亿韩元的市政府拨款;第三,韩国政府应根据法人化大学每年的绩效评估成绩来进行特殊财政支持;第四,法人化大学还可获得来自中央政府或地方政府的资产捐赠,大学可以自由接收和使用土地等国有财产。

作为国家财政支持的附加条件,大学需要每四年与教育部部长共同制定大学运营目标,同时必须积极制定和实施奖学金福利政策,做到最大程度地减轻学费负担,营造良好的学习和研究环境。由此可见,韩国国立大学法人化政策对于国家财政支持义务的规定实际上是法人化大学实施福利政策的通道,避免法人化大学在自主经营时忽略了教育研究的本职工作。

(2)赋予法人化大学财务自主权

法人化改革前,大学的财产使用受到《国家财产法》等法案的限制,大学无法确保自己的财务状况。法人化改革后,大学可以利用债务或长期借款等手段获得融资,通过确保财产所有权来轻松保护其外部资源[1]。在财务制度设计上,法人化大学被赋予一定程度的财务自主权,由内设的财务部门自主管理大学财务,但必须向教育部部长提交财务报表、绩效报表、职工薪酬表、设备清单和理事会会议记录等文件。法人化大学可以通过学生学费、政府拨款、私人捐助和自主营利等多个来源获取经费:在学生学费方面,三所大学均设有学费审议委员会,负责召开学费审议会议,自行制订每年的学费缴纳计划;在政府拨款方面,法人化大学可以获得韩国政府的稳定拨款和大学绩效评估拨款;在私人捐助方面,法人化大学可以接受非政府组织捐赠的发展基金,或接受私人财产捐助,用于大学的科研经费支出;在自主营利方面,作为独立法人实体,三所大学均享有在政府拨款之外自主营利的自由,可以在教育和研究活动范围内开展教育服务业、科技服务业、艺术体育服务业等类型的业务。如有需要,大学还可以成立独立的营利性公司或发行学校债券,所得利润可用于大学的运营和研究,但有义务公开其业务类型和负责人等相关事项,且所有收入都由学校统一管理。为此,三所大学积极设置附属学校、开办产学研合作项目,拓宽收入来源。

---

[1] 김미란.국립대학 법인화[Z].한국교육개발원,2012.

(3)统一设置法人会计

法人化改革前,韩国国立大学在财务制度上遵循按项目预算的方法,大学内既有政府会计,又有校内会计,两种会计职能相互重叠,整体效率不高。为此,李明博政府从修订《国立大学财政会计法》入手,对国立大学财务制度进行改革,提出"统一国立大学原本的国库会计和非国库会计,重新建立法人会计"等改革措施,政府与高校之间通过权力的划分实现政资分离、政校分离。

为强调大学运营绩效与会计事务的紧密联系,韩国三所法人化试点大学都遵循一次性预算法,整合大学的政府会计和校内会计,重新建立法人会计,并将会计年度统一设置为每年的3月1日至次年2月底,由于法人化大学可以在教育研究范围内自行营利,大学还可以对法人会计重新进行划分和管理。在三所法人化试点大学内部,法人会计分为一般会计和特别会计。一般会计适用于大学在教育、研究及大学运营等方面的财务事项,而特别会计则适用于大学开展特定业务、经营特定基金及申请特定支出等方面的财务事项。由此,三所法人化大学的法人会计做到了权责明晰,财务管理的有效性和透明度得到提升。

3.改革国立大学的人事制度

(1)实行新型人事制度

随着韩国国立大学法人化政策的推行,大学教师的身份由公职人员转变为普通教师。一方面,工作绩效评估成为教师薪酬待遇和晋升等事项的重要依据,法人化改革后,大学教师薪酬的一个重要来源就是绩效考核工资,晋升也以工作绩效评估和能力评估形成的量化分数为标准;另一方面,由于法人化大学中的教师不再是公职人员身份,因此退休后按《私立学校教师退休金法案》享受退休待遇,大学教师的退休年龄为65周岁,受雇超过20年的教师可以享受名誉退休,但任何教师都不允许主动离职。整体来看,有关工作绩效和退休制度的改革有利于提高教师的教育研究热情,从而提高大学整体运营效率,但身份的转变依然引起众多韩国教授反对。为保障教师利益,韩国国立大学法人化改革在制定政策的过程中为教师保留了一定的适应空间,大学教师有权选择是否留在法人化改革后的国立大学中继续任教。对于愿意留校任教的教师,在大学实现法人化改革之日起即被视为以公职人员身份从原大学退休,并继续任命为国立大学法人的雇员;对于不愿意留校任教的教师,大学为其继续保留五年的公职人员身份。

在获得人事自主权后,韩国三所法人化试点大学设置了专门的人事部门,主要负责制订人员管理计划、聘请员工与执行工作合同、员工的评价与管理、员工培训以及工资福利等。在人事方面,三所法人化大学还设有职工人事委员会,其成员均由校长任命,负责对人力资源部门的决策进行审议。在人员招募上,三所试点大学均采取公开考试和特殊招募相结合的方式。公开考试包括考试成绩、研究成果及技能评估,按公告、接收、审查、选拔、结果通知和任命的程序进行;特殊招募则由大学校长决定,主要面向在教育和学术领域做出杰出贡献的教师。此外,法人化大学还可根据部分教师的研究需要,与校外人员签订特殊劳动合同。整体来看,法人化改革使人事权力下移至作为学校法人代表的校长身上,大学可以调动自身资源招募适合大学发展的人才,人事自主权的取得提高了大学人事制度的灵活性。

(2)赋予法人化大学人事自主权

法人化改革前,韩国国立大学在人事制度上受到《国家公务员法》和《教育公共服务法》的限制,而法人化改革后,法人化大学可以自行招募适合大学发展方向的人才。[①]韩国国立大学法人化改革赋予大学法人以人事自主权,大学可以根据《高等教育法》第14条规定的"大学教师分为教授、副教授、助理教授和专职讲师""大学应有学校运营必需的人员和助手,如行政人员等"自行设置学校教职岗位,并可根据《高等教育法》第17条规定的"大学除负责教育或研究的教师外,还可以有辅助教员、名誉教授和兼职讲师等职位"来任命兼职教师。如蔚山科学技术大学以"全球领先的研究型大学"为自身定位,因此积极招聘海外学者和能够进行双语教学的韩国学者,并以国际化潜力作为筛选教师的标准。此外,韩国法人化国立大学教职员工的资格任命、服务、身份保障、社会保障和纪律处分适用韩国《私立学校法》,教师的任免、薪酬待遇

---

① 김미란.국립대학 법인화[Z].한국교육개발원,2012.

以及职位晋升等事项均由校长据其学历、工作经验、工作困难程度以及工作负责态度等综合表现来决定。

(3)将校长直选制改为间接选举制

法人化改革前,大学在校长选举上实行直选制,由大学所有内部成员(教师、教员和学生)直接选举校长。大学成员普遍认为民主的、直接的选举能够确保校长的最终人选获得多数认可,且在一定程度上保障了大学自治权,但在具体运行过程中,大学成员多因选举而参与到派系纠纷中,导致大学内部学术权力和行政权力相互纠缠,腐败现象频发。

法人化改革后,三所法人化试点大学的校长选拔方式由校长直选制变为间接选举制,大学内部成员不再拥有直接投票决定校长人选的权力,而是以校长推荐委员会为中介行使选举权。校长须通过韩国教育部许可、理事会任命的程序后正式上任,这体现了政学双方权力制衡的理念。具体来看,蔚山科学技术大学和仁川国立大学的校长推荐委员会规模均为15人,而首尔国立大学的校长推荐委员会规模为30人。三所试点大学的校长推荐委员会中,应至少包括三分之一的外部人员,理事会仅推荐2名外部人员和1名内部人员,其余代表则由大学评议会推荐。在职能上,校长推荐委员会统管校长候选人的招募、资格审查、面试和推荐等一系列工作,如首尔国立大学的校长推荐委员会由30人组成,其中包括10名外部人员,19名内部人员(17名教师,2名雇员)和1名学生代表,主要负责以下事项:设定校长候选人的资格标准;通过竞争、推荐、邀请、招募等方式确认校长候选人;校长候选人的资格审查;对校长候选人进行面试、讨论和政策评估;校长候选人的人事核实;校长候选人的选择和推荐;与校长候选人推荐有关的其他相关任务。在运作流程上,首先由校长推荐委员会内设的校长候选人邀请委员会邀请校长候选人。校长候选人邀请委员会共有9人,其中半数以上为校外人员。在候选人招募完成后,校长推荐委员会在本届校长任期届满之日前五个月开始由委员会主席和副主席召集委员会会议。会议一直持续到任命新校长之日为止,向理事会举荐的校长候选人数不得多于3名,理事会和教育部部长再从校长推荐委员会所推荐的人选中逐层推荐,最终由韩国总统正式任命校长(见图4.1)。

第四章 韩国高校内部治理现代化

与校长直选制相比,法人化改革后韩国国立大学的校长间接选举制将大学内部成员的选举权力缩小至校长推荐委员会之内,只有少数教师代表能够参与到推荐校长的过程之中,且校长推荐委员会所推荐的3名候选人还要经过理事会和韩国教育部部长的二次筛选,校长的最终任命权依然由理事会和韩国政府等非民主力量掌控。

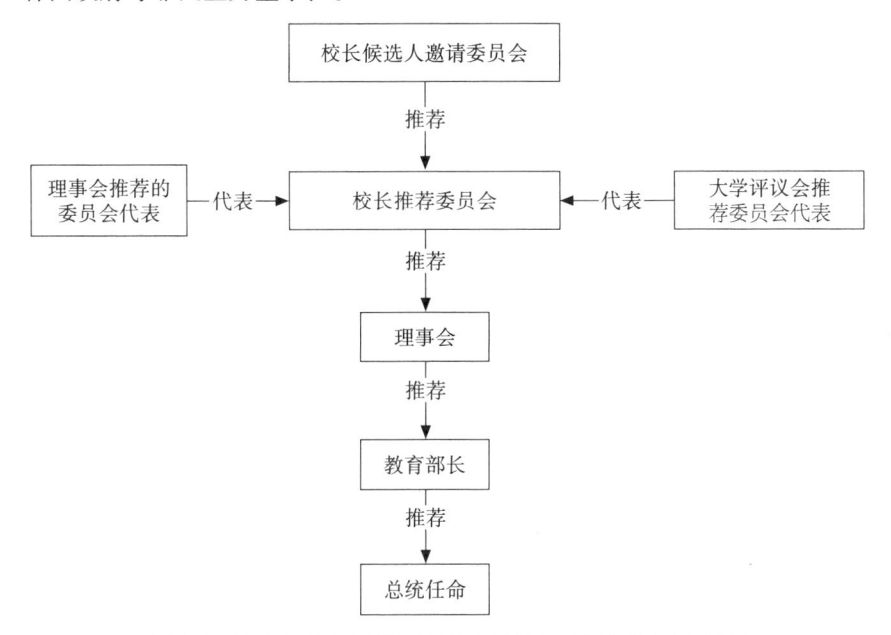

图4.1 法人化改革后韩国国立大学的校长间接选举机制图

(二)三所法人化试点大学治理体系的整体架构

蔚山科学技术大学的内部治理体系以科研和产学合作为主干(见图4.2)。蔚山科学技术大学的本科学部、研究生院和融合研究院一脉相承,院系设置以理工科为主,并通过产学合作团为大学的科研项目提供成果转化的契机。从组织结构图可以看出,蔚山科学技术大学内部治理结构包含以校长和理事会为核心的决策机构、服务科研的执行机构、以大学评议会为首的审议机构和由监事形成的监督机构。

```
                        蔚山科学技术大学
                              │
                             校长
                              │
   ┌──────────────┬──────────┼──────────┬──────────┐
 大学评议会                              理事会      监事
   │                          │
   │                       教学副校长
   │                          │
   │          ┌──────────┬────┴─────┬──────────┐
   │        教务处       招生处      学生处    规划研究处
   │       教务团队     招生团队   学生支持团队  规划团队
   │     学术管理团队  招生办公室              研究支持团队
   │                                          研究策略规划团队
   │
   │         ┌─────附属机构─────┐    ┌─────UNIST融合研究院─────┐
   │         │ 研究支持部门      │    │ 绿色能源支持—下一代核反应堆系统│
   │         │ 超级计算中心      │    │ 生物—化学研究院        │
   │         │ UNIST公关媒体中心 │    │ 人类便利信息通讯研究所—GEV部门│
   │         │ UNIST国际化中心   │    │ 先进机械与材料研究所—石墨烯研究中心│
   │         │ 教授学习支持中心   │    │ 科技经营—设计研究院    │
   │         │ 学生辅导中心      │    └────────────────────┘
   │         │ 语言教育院        │
   │         │ 学生宿舍          │
   │         └────────────────┘
   │
   │         ┌──────学部──────┐    ┌──────研究生院──────┐
   │         │ 基础课程部       │    │ 睡眠科学部          │
   │         │ 电气电子计算机工学部│   │ 电气电子计算机工学部  │
   │         │ 机械新材料工学部   │    │ 机械新材料工学部     │
   │         │ 纳米生命化学工学部 │    │ 纳米生命化学工学部   │
   │         │ 设计与人机工学部   │    │ 设计与人机工学部     │
   │         │ 城市环境工学部    │    │ 城市环境工学部       │
   │         │ 科技经营学部      │    │ 环保能源工学部       │
   │         └───────────────┘    │ 科技经营学部         │
   │                                └───────────────────┘
   │                                    │
   │                                技术管理研究生院
   │
   └──学术信息处     事务处         产学合作处
      文献信息团队   总务团队       产学合作团
      信息服务团队   财务团队       技术商业化中心
                    采购团队       商业孵化中心
                    设施管理团队    研究费审计团队
```

图4.2 蔚山科学技术大学组织结构图[①]

在三所国立大学法人中,首尔国立大学是规模最大、综合性最强的学校,设有15个本科学院,包括70个专业的学术研究生院以及10所专业研究生院,在专业设置上涉及人文、教育、工商、艺术、医学、自然科学等多个专业领域。首尔国立大学的内部治理体系划分明晰,设有由理事会和校长组成的决策机构,分别负责教育、研究和规划的3名副校长及其下属的10个行政组织形成

---

① 서민원.기초과정부 교육과정 모듈 및 특수법인화 대학운영모델 개발 연구[M].서울: 교육인적자원부, 2007: 70.

第四章 韩国高校内部治理现代化

的执行机构,大学章程以及学校规章规定的审议机构,监事以及咨询性质的机构(见图4.3)。整体来看,首尔国立大学的内部治理体系充分尊重大学多样性融合的特色,各权力机构内融入政府、大学和外部人员,并设置了校长直属的多样性委员会,以保证大学内部多元化权力主体的利益诉求,这一结构设置与大学多元共治的内部治理理念相契合。

```
                           首尔国立大学
   理事会 ─────────── 校长 ─────────── 监事
                  教育副校长兼研究生院院长
                       研究副校长
                       规划副校长
```

教育机构:15个本科院系、学术研究生院、专业研究生院

支援设施:中央图书馆、基础教育院

审议机构:
- 大学章程规定的审议机构:大学评议会、学术委员会、财务委员会、基础学术振兴委员会、奖学金福利委员会、教员人事委员会、员工人事委员会
- 大学章程规定的审议机构:规划委员会、教育委员会、研究生院委员会、基础教育委员会、学术指导委员会、未来研究委员会、研究指导委员会、信息化委员会、研究诚信委员会、自我评估委员会、学费审议委员会、始兴校区发展委员会

研究设施:本部研究所(7个)、大学管理的研究所(70个)、国家支持研究中心(64个)

附属设施:人权中心、培训学院、动物医院等37个附属设施

附属学校:附属小学、中学、高中、女子中学

其他法人机构:首尔国立大学医院等11个法人机构

咨询机构:多样性委员会

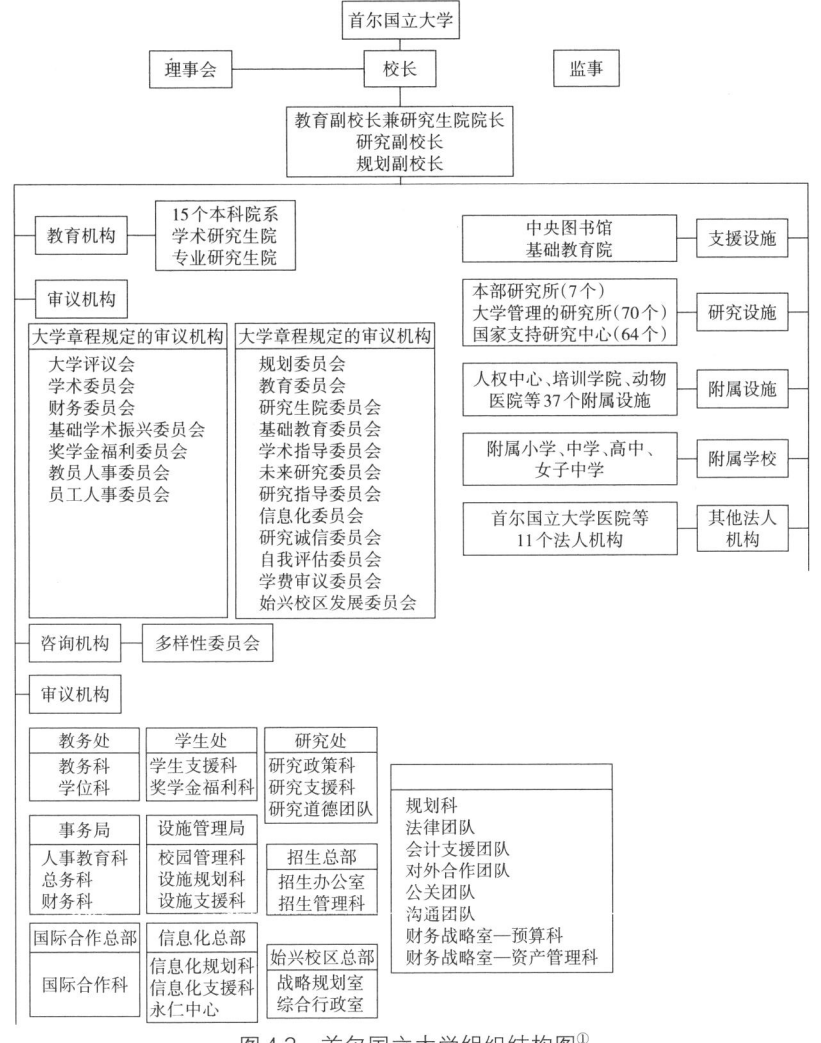

审议机构:
- 教务处:教务科、学位科
- 学生处:学生支援科、奖学金福利科
- 研究处:研究政策科、研究支援科、研究道德团队
- 事务局:人事教育科、总务科、财务科
- 设施管理局:校园管理科、设施规划科、设施支援科
- 招生总部:招生办公室、招生管理科
- 国际合作总部:国际合作科
- 信息化总部:信息化规划科、信息化支援科、永仁中心
- 始兴校区总部:战略规划室、综合行政室
- 规划科、法律团队、会计支援团队、对外合作团队、公关团队、沟通团队、财务战略室—预算科、财务战略室—资产管理科

图4.3 首尔国立大学组织结构图[①]

---

① SNU.조직도[EB/OL].[2020-10-22].https://www.snu.ac.kr/about/overview/organization/sub_organ.

东北亚高校内部治理现代化研究

仁川国立大学与蔚山科学技术大学一样具有独特的地区基础,校内设有12所本科学院,8所研究生院,在专业设置上涉及人文、工程、教育、工商、艺术与体育、信息技术等专业领域,还设有多个附属研究所。仁川国立大学的内部治理结构包括由校长和理事会组成的决策机构,分别负责教学和对外合作的2名副校长及其下属的7个行政部门组成的执行机构,大学评议会等审议机构和监督机构(见图4.4)。

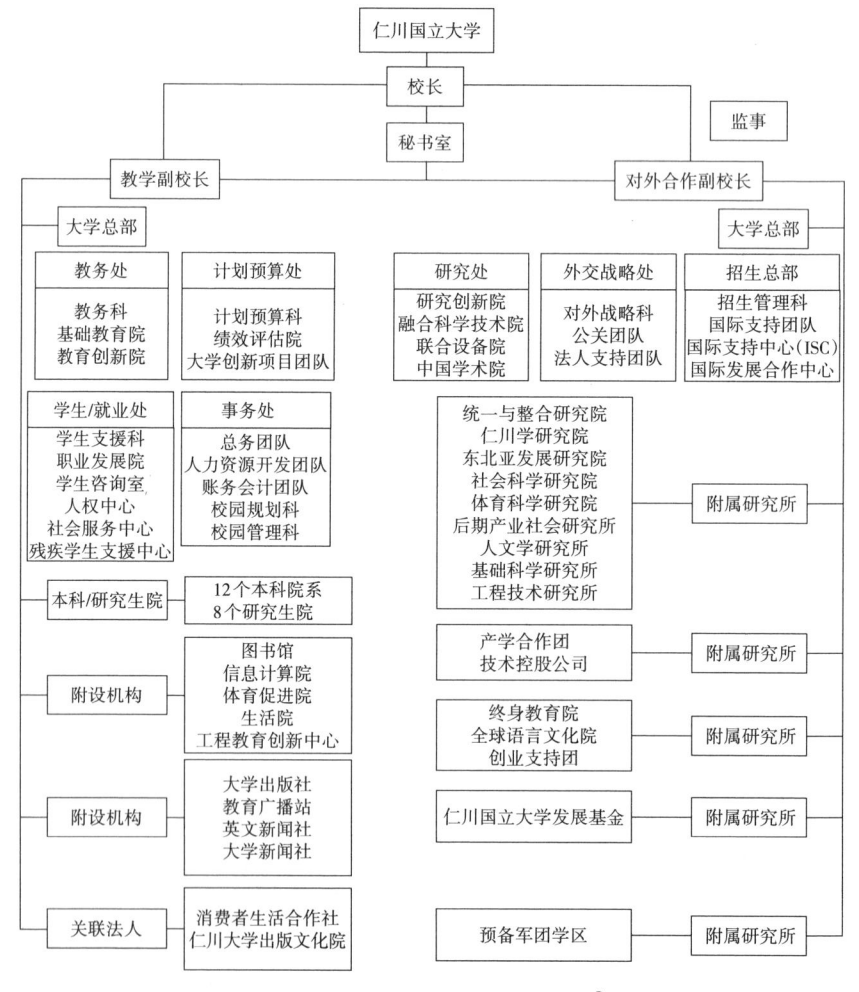

图4.4 仁川国立大学组织结构图[①]

① INU.조직도[EB/OL].[2020-10-30].http://www.inu.ac.kr/.

(三)强化以校长和理事会为核心的决策机构

法人化改革后,三所法人化大学都构建了以校长和理事会为核心的决策机构。校长是大学的最高决策者,统管大学所有事务。理事会一般由来自政府、社会和大学的人员组成,与校长进行集体决策。

1.校长

《国立大学法人蔚山科学技术大学设立运营特别法》第7条规定:"校长是蔚山科学技术大学的代表,负责总管学校事务。校长任期四年,可以连任。"[①]蔚山科学技术大学是一所小规模大学,作为新建的国立大学法人,校址选定、制度建设、教师招聘及吸引生源等重大事项都由校长负责统筹规划。在作为国立大学法人身份运营的八年中,蔚山科学技术大学的第一任校长在完成四年任期后又连任,引领蔚山科学技术大学迅速成为韩国顶尖科研中心。在人事方面,校长统筹公开招聘和特殊招聘等事项,以国际化潜力为标准,招聘海外学者和能够进行双语教学的韩国学者,并负责教师的任免、薪酬待遇以及职位晋升等事项,以任命职工人事委员会成员的方式介入大学民主监督与管理权力;在财务方面,校长可以自主决策大学的一切财政收入和支出,并与理事会共同负责统筹韩国政府拨款、蔚山市政府拨款以及外部企业产学合作等资金来源。虽然从组织结构图来看,校长与理事会共同处于大学决策的顶端,且其下设有教学副校长,但大学的实际权力掌握在校长手中。校长能够直接与大学组织接轨,确保大学各类组织运营的方向性。这也使得与其他两所试点大学相比,蔚山科学技术大学校长的地位更加突出,其决策权力和影响力并未受到过多限制。

《国立大学法人首尔国立大学章程》第8条规定:"校长是首尔国立大学的代表,负责总管学校事务、监督教员和指导学生。校长任期四年,可以连任。"[②]与蔚山科学技术大学相比,首尔国立大学校长还负责监督教员和指导

---

① 과학기술정보통신부.국립대학법인 울산과학기술대학교 설립·운영에 관한 법률[EB/OL].(2007-07-07)[2020-10-05].https://www.law.go.kr/.

② 서울대학교 기획처 기획과.국립대학법인 서울대학교 정관[EB/OL].(2020-02-12)[2020-10-22].http://rule.snu.ac.kr/.

学生等事务。校长之下最多可设15个处/局/室作为其附属机构。从组织结构图可以看出,首尔国立大学校长位于大学整体结构的顶端,与理事会平行决策。

《国立大学法人仁川国立大学章程》第7条规定:"校长是仁川国立大学的代表,负责总管学校事务、监督教职员工和指导学生。校长任期四年,可以连任。"①从组织结构图来看,仁川国立大学校长位于大学顶端,在权力划分上与首尔国立大学校长相似,但二者的区别在于,仁川国立大学校长在决策过程中所受的政策压力较小,在理事会中拥有更多的话语权。

2.理事会

蔚山科学技术大学理事会规模为15人,由以下人员组成:校长;规划财政部部长、教育部部长、知识经济部部长和蔚山市市长各推荐1名人选;科学、信息通信技术和未来计划部部长推荐1名人选;贸易、工业和能源部部长推荐1名人选;工业或商业人士;具有学校管理所需的专门知识和经验的其他外部人员②。理事由理事会任命,但必须经由教育部部长批准,任期两年,可以连任。理事长在理事会内部投票选举产生,候选人须在理事会会议中得到三分之二以上理事的支持,校长不可以同时担任理事长。理事会通过理事会会议进行决策。理事会会议分为定期会议和临时会议,定期会议每年举行两次,临时会议则由校长、监事或超过三分之一的理事要求召集,或在理事长认为必要时召集。

由于蔚山科学技术大学的定位是地区性研究型大学,其发展目标是引领蔚山乃至全国的科技发展,因此理事的选择考虑到了科学、信息通信技术和未来计划部部长以及贸易、工业和能源部部长的推荐,并吸纳蔚山市市长推荐人员以及工业和商业人士,使这些外部人员能参与到大学决策的过程中,这对于蔚山科学技术大学的产学研合作以及科研成果转化起到了促进作用。此外,与其他两所试点大学相比,蔚山科学技术大学的教员无法通过大学评

---

① INU.국립대학법인 인천대학교 정관[EB/OL].(2015-08-31)[2020-10-30].https://rule.inu.ac.kr/.
② 과학기술정보통신부.국립대학법인 울산과학기술대학교 설립·운영에 관한 법률[EB/OL].(2009-07-31)[2020-10-05].https://www.law.go.kr/.

议会推荐理事,理事成员的任命权力掌握在校长和理事会手中,这尤其体现出蔚山科学技术大学决策权向上集中的特点。从理事会职能来看,蔚山科学技术大学理事会负责审议并决议以下事项:关于高管任免的事项;关于高管和教员人事及补偿的事项;关于大学预算与结算,财产的收购、处置与管理的事项;关于教育和研究的事项;关于建立或废除大学组织的事项;关于大学章程变更的事项;关于大学章程规定的法规制定、修改和废除的事项;法令、大学章程和其他法规要求理事会解决的事项;理事会认为必要的其他事项。

蔚山科学技术大学的理事会负责大部分与大学宏观发展相关的重要事务,但与其他两所试点大学有两点区别:一是蔚山科学技术大学理事会的地位弱于校长,不能起到牵制校长的作用;二是蔚山科学技术大学的理事会还负责决议教育研究相关事项,可见其以科研为中心的特色。

首尔国立大学理事会的规模为15人,其中包括7名内部理事和8名外部理事,具体由以下人员组成:校长;由大学章程确定的2名副校长;规划财政部部长指定的1名规划财政部副部长;教育部部长指定的1名教育部副部长;大学评议会推荐的1名人选;其他具备大学运营所必需的知识和见识的人员[①]。理事均由理事会从具备大学运营必备的知识和远见的人员中任命,并由教育部部长批准就职,任期两年,可以连任。理事长则在理事会内部投票选举产生,候选人须在理事会会议中得到三分之二以上理事的支持。首尔国立大学理事会的内部理事既包括大学校长和2名副校长,又包括来自大学评议会和大学附属机构等组织的代表,这一方面促进了大学行政权力的集中化,另一方面也使大学内部事务的决策更能彰显民意。

首尔国立大学理事会的外部理事中包括规划财政部部长和教育部部长分别指定的1名副部长,政府人员的参与说明官方对首尔国立大学的重视,体现出韩国国家意志在大学内部的渗透。从理事会职能来看,理事会审议并决议以下事项:关于校长任命的事项;关于高管任免的事项;关于大学年度运营计划的事项;关于预算和结算的事项;关于大学章程第47条规定的与重要财

---

① 교육부(국립대학정책과).국립대학법인 서울대학교 설립·운영에 관한 법률[EB/OL].(2020-07-30)[2020-10-22].https://www.law.go.kr/.

产的获得、处置和管理有关的事项;关于建立或废除本科学院或研究生院的事项;关于建立或废除主要行政组织的事项;关于大学中长期运营和发展计划的事项;关于大学章程变更的事项;关于制定、修改和废除《首尔国立大学学校规章》以及大学评议会、校长推荐委员会、学术委员会和财务委员会规章的事项;关于大学发展的筹款和赞助事项;关于长期借款和发行学校债券的事项;法令、大学章程和其他法规要求理事会解决的事项;理事会认为必要的其他事项[①]。首尔国立大学理事会与校长平行,但可以审议和决议关于校长任命的事项,理事会能够起到牵制校长独立决策权的作用。与蔚山科学技术大学相比,首尔国立大学理事会审议和决议的事项范围更广,涵盖大学运营计划和筹款、借款等关系到大学运营的重大事项,可见首尔国立大学的决策更加偏向于集体决策。

仁川国立大学的理事会规模为9人,理事由以下人员组成:校长;大学章程确定的1名副校长;教育部部长、规划财政部部长、仁川市市长、仁川国立大学校长和大学评议会各推荐的1名人选;具有大学管理所必需的专业知识和经验的其他人员[②]。仁川国立大学与蔚山科学技术大学同样具有地区基础,因此其理事要包括1名市政府推荐人员。此外,理事还要包括仁川国立大学校长推荐的1名成员,这在其他两所学校中是没有的,可见仁川国立大学校长的重要性。从理事会职能来看,仁川国立大学在其组织结构图中没有体现,但其地位仍然是决策机构,与仁川国立大学校长共同决议大学运营事项。仁川国立大学理事会审议和决议的事项与首尔国立大学相同。

3.副校长领导的执行机构

从组织结构图来看,蔚山科学技术大学的内部行政机构规模较为精炼,权力集中于校长。教学副校长之下开设教务处、招生处、学生处和规划研究处,另设有校长直属的学术信息处和事务处,共计6个行政部门,具体职能见表4.4。其中,教务处对学术事务进行统一管理;招生处负责招收优秀人才;学生处为学生的学习生活提供支持;规划研究处则负责研究资金以及产学研合

[①] SNU.국립대학법인 서울대학교 정관[EB/OL].[2020-10-25].http://rule.snu.ac.kr/.
[②] INU.국립대학법인 인천대학교 정관[EB/OL].(2015-08-31)[2020-11-01].https://rule.inu.ac.kr/.

作项目;学术信息处为师生的研究活动提供支持;事务处则作为大学校长与各部门之间的桥梁,从人事、设施管理等方面为大学的科研能力提供保障。执行机构直接对大学校长负责,各机构平行设置,负责执行校长的工作安排,并将工作成果向上汇报。6个行政部门在数量上符合小规模大学的体量,在功能上则与大学科研兴校的内部治理理念相衔接,所有部门都为推动蔚山科学技术大学成为研究型大学这一目标服务。

表4.4 蔚山科学技术大学行政部门职能表

部门	职责范围
教务处	入学管理;教员人事管理;制订与调整学术管理计划;班级管理与支持;成绩管理;学籍管理;毕业与学位授予管理等事项
招生处	制订招生计划;举办高中/地区入学介绍会;天才计划;商议选拔学生的方法等事项
学生处	运作综合投诉处理室;颁发证书;支持学生生活和自治活动;宿舍和设施管理;奖学金管理;学生培训;生活福利组织的运营与管理等事项
规划研究处	制订大学发展计划;促进大学评估等重要评估项目;大学推广工作;学校能力管理;法律法规的制定、修订和管理;预算工作;学校设施和空间分配与管理;大学发展资金管理(与蔚山市等协商);校内外研究项目和研究资金管理;研究所和研究支援设施管理;学术活动支持;产学合作团的运营支持;知识产权管理等事项
学术信息处	文献搜索服务;图书馆;电子资源服务;组织学术讲座;信息技术支持等事项
事务处	会计管理;员工人事管理;各种活动与礼仪工作;协助校长执行工作;与法人运营有关的事项(经营理事会等);工会和委员会管理;设施管理(交通、安全和环境);邮件及文件接收业务;大学设施的规划、设计、施工、维修和监督等事项

资料来源:蔚山科学技术大学官网(https://www.unist.ac.kr/)

为协助校长工作,首尔国立大学在校长之下设有分别负责教育、研究和规划的3名副校长。从组织结构图来看,首尔国立大学的3名副校长位于由理事会与校长组成的决策机构和大学整体结构之间,在教育、研究和规划三个重要领域各司其职,且其中2名副校长还能够参与到理事会中对大学事务进行决策。从组织结构图可以看出,首尔国立大学的行政部门共包括教务处、学生处、研究处和规划处、事务局设施管理处,以及招生总部、国际合作总部、信息化总部和始兴校区总部共10个部门。行政部门设置于副校长之下,分别由1名副校长管理,各部门具体职能范围见表4.5。从各部门职能来看,首尔国立大学的行政部门被分割为教育、研究和规划三大类,各部门在3名副校长之下平行设置,权力范围划分明晰。

表4.5 首尔国立大学行政部门职能表

部门	职能范围
教务处	全面管理学校教育事务;建立或废除本科学院和研究生院;运营教育相关委员会;教员人事管理;附属设施管理等事项
学生处	指导和支持学生活动;军事与专业研究人员管理;文化和体育赛事;支持学生协会;学生纪律管理;奖学金和福利工作;师生健康保障;残疾学生支持等事项
研究处	建立和执行研究计划;运营国家支持研究中心;吸引大型研究项目;研究所的建立与评估;支持产学合作;研究伦理审查与教育;研究成果的管理与转化等事项
规划处	制订中长期教育和研究计划;建立教育统计数据库;完善大学制度;制订财政战略;资产管理;运营财务委员会;处理大学法务;大学公关与宣传等事项
事务局	举办仪式典礼;法人会计资金管理;收取学费和考试费用;运营绩效管理系统;员工人事管理(任命、定额、薪酬、退休金、培训及绩效评估)等事项
设施管理处	校园设施费用;校园扩建工程;建筑设施维护等事项
招生总部	本科学院和研究生院的录取/转学审查;留学生招募;招生总部的运作;招生制度的完善等事项
国际合作总部	组织国际学校访问与合作计划;举办国际论坛;留学生奖学金管理;促进首尔国立大学的国际化水平;扩大出国留学机会等事项
信息化总部	制订大学信息化总体规划;与信息化相关的标准化、系统改进和外部合作;信息技术支持;信息化人员培训;信息化项目和预算的总体调整等事项
始兴校区总部	制订始兴校区的综合发展计划;促进产学合作,加强校区发展;始兴校区行政工作;始兴校区环境设施管理等事项

资料来源:首尔国立大学官网(https://www.snu.ac.kr/)

第四章 韩国高校内部治理现代化

仁川国立大学在校长下设分别负责教学和对外合作的2名副校长。教学副校长负责与学术事务处、学生/就业处、计划预算处、事务处、本科学院和研究生院以及图书馆、信息计算中心、体育促进中心、生活中心和工程教育创新中心等附属机构有关的事务；对外合作副校长负责与研究处、外交战略处、招生总部、产学合作团、终身教育中心、全球语言文化中心、创业支持团以及附属研究所有关的事务。行政部门具体职能范围见表4.6。

表4.6 仁川国立大学行政部门职能表

部门	职能范围
教务处	建立和执行学术计划；教师的管理与支持；课程管理；基础研究；学位管理；培训计划；MOOC开发；教育计划评估；教育创新；创意融合教育等事项
计划预算处	制订和发布大学中长期和年度运营计划；制订大学财务战略；整体财务运作；大学自我评估；制作统计年鉴；大学创新项目支持；借款与发行债券等事项
学生/就业处	指导和支持学生活动；奖学金与福利工作；助学贷款；就业指导；毕业生实训；开展人权和性教育；组织学生社会服务；支持残疾学生等事项
事务处	举办仪式典礼；教员薪资福利；员工的招聘、管理、培训和绩效评估；采购与缴税；会计核算与资产管理；校园设施空间规划；实验室安全保障等事项
研究处	制订和执行研究计划；研究基金管理；研究项目支持；研究所的建立与评估；出版学术期刊；开发融合学科研究项目；购买联合设备；中国研究等事项
外交战略处	制订校园发展综合计划；国会、仁川市的合作事项；政府和市政支出；大学公关与宣传；制订理事会和大学评议会工作计划等事项
招生总部	新生/转校生的入学事项；高考成绩研究；国际学生的招募、支持和管理；海外实习计划；国际交换学分认定；支持地方政府的国际合作等事项

资料来源：仁川国立大学官网（http://www.inu.ac.kr/）

（四）以大学评议会为首的审议机构

韩国法人化大学的决策权力向上集中至校长和理事会，而教授的学术和民主权力则通过以大学评议会为首的审议机构实现。大学评议会以本科院系和研究生院教师协会选拔的教员为主体，加上理事长指定的部分教员和员工代表组成。会长和副会长均在评议会成员内部选举产生，所有成员任期两年，可以连任。大学评议会旨在改善师生的福利以及教学科研环境，负责大学发展和民主运营,尊重并反映各方对大学管理的需求。大学评议会审议的事项包括:关于大学中长期运营和发展计划的事项;关于法律、大学章程和其他规定中要求评议会推荐人员的事项;关于教育、研究和学术管理的基本政策的事项;关于本科院系、研究生院和重要研究设施的建立与废除的事项;关于建立、修改和废除学校规章、评议会规章和其他与教育、研究有关的重要规章的事项;关于学校职工福利的重要事项;校长、理事长、评议会会长或四分之一以上的现任评议会议员认为对学校运营很重要的其他事项。评议会会议分为定期会议和临时会议,定期会议每年举行两次,临时会议在校长、评议会会长或超过四分之一的评议会议员要求时召开。评议会设有特殊的观察员系统,由1名本科生代表和1名研究生代表作为观察员旁观会议过程。大学评议会审议的一切事项均要经过投票选举表决,议员不允许委托投票。会议结束后,大学评议会会长将审议结果立即通知校长,并将重大事项以书面或学校媒体的方式通知学校成员。除大学总部要求进行审议的事项外,大学评议会还可以审查教员要求或通过自身研究制定的政策,然后将其提交给大学总部。大学评议会还可以就校长或理事会关于大学运营的决定发表意见,并可以要求回应。由于评议会的主要组成人员为教员,负责审议的事项也大多与员工福利、教育研究、人员推荐以及大学发展计划等有关,确保了教员在与其利益相关的理事会决议中具有发言权。

  作为三所法人化大学中规模最大的学校,首尔国立大学在大学评议会之外,还针对各种组织事项设置了多样化的专门审议机构,确保校长和理事会的决策符合大学成员的利益。从组织结构图来看,根据大学章程的规定,首尔国立大学设置了大学评议会、学术委员会和财务委员会等审议机构,又在此基础上通过学校规章设立了规划委员会、教育委员会、研究生院委员会等审议机构。在两大类审议机构之外,首尔国立大学各行政部门还设有预算执行委员会、动物实验伦理委员会、大学入学程序管理委员会、教授伦理委员会、AI委员会等。各审议机构均由两类人员组成:一是首尔国立大学副校长和行政部门的副处长、副局长等人;二是由校长或理事会选拔的教授和副教授代表,其中奖学金福利委员会还有学生代表参与,是大学内部学术人员意志的集中体现。从职能来看,各委员会对大学运营、教育、学术、财务和人事等事务进行全方面审议,并可以对一些需要专业人员的小型事项进行直接决议,虽然其功能仅限于审议而非决策,但对校长和理事会的决策权也起到了牵制作用。

从审议机构数量来看,仁川国立大学的审议机构与首尔国立大学持平。具体来看,仁川国立大学根据大学章程设置了大学评议会、教育研究委员会、财务管理委员会、基础学术振兴委员会、奖学金福利委员会和教员人事委员会,负责审议的事项与首尔国立大学基本相同。此外,仁川国立大学还通过学校规章设置了学术委员会、学费审议委员会、学生活动审议委员会、建设技术审议委员会、动物实验伦理委员会、发展基金筹集委员会、性骚扰和性暴力预防措施委员会、研究伦理与诚信委员会、体育振兴管理委员会和大学入学程序管理委员会等审议机构。由于仁川国立大学与首尔国立大学同为综合性大学,因此仁川国立大学的审议机构也体现出多样化的特色,大学成员在有关大学运营的各个方面通过集体表决的方式对大学决策进行审议,体现了综合性大学的民主权力。

(五)监督机构

韩国三所法人化大学均设有监事一职,对大学运营进行全方位的监督。监事须具备以下资质之一:具有执行监事工作必备的专业知识或技能;具有注册会计师或律师等资格证书;校长认为其适合执行监事工作。由于蔚山科学技术大学的定位是小规模大学,因此仅设有1名监事,经教育部部长批准后由理事会任命,任期两年,可以连任。监事的监督范围如下:与大学财务状况和会计有关的事项;与理事会运作有关的事项;理事会决策事项的执行状况;与相关法律、公司章程、法规等制定有关的事项;大学执行的重要项目中校长和理事会要求的事项等。为确保监事的公正性和独立性,监事遵循独立原则,一切监督工作都独立于大学的决策机构、执行机构及其他部门,以独立身份参加理事会,并就其监督范围内的重要问题发表意见,在发现有违规或不公正之处时,可以直接向教育部部长报告。除因违反法律或疏忽职守等原因,任何人不得因监事履行职责而使其受到不利处分,监事也应在合理范围内尊重学校官员的职权。校长应为监事部门积极提供支持,一方面要保证监事人员的绝对独立性,另一方面则应保证监事活动不会受到上级权力的干扰。同时,监事还可以要求聘请外部专家或内部人员(例如注册会计师)共同监督,以辅助其工作。

监督分为综合监督、专项监督和日常监督。综合监督根据年度监督计划每年进行一次,专项监督在校长或理事长要求时进行,日常监督主要针对物品的购买(制造)、服务、设施建设合同等日常工作。监督过程包含计划、执行和结果报告三个步骤。监督计划应在每个会计年度开始后一个月内完成并提交至校长,计划要涵盖监督对象部门、监督对象业务内容、监督组成员、监督方法和时间表等内容。监事的工作应通过实际调查或文件调查的方式进行,可以根据需要采取以下措施:要求有关人员出席并回答问题;要求提交相关文件、条款等材料;密封仓库、保险箱、书籍等物品;接受书面声明、确认书、调查表;下发调查问卷等。除某些专项事务外,监事须提前一周将监督时间和范围等内容通知接受监督的部门主管。如无特殊情况,监事应在工作结束起60天内将监督结果报告提交给校长,并在监督结果中向校长提出通知、改进、纠正、注意、警告、纪律处分等建议。

首尔国立大学设有2名监事,其中一名是由教育部部长推荐的擅长大学管理的专业监事,另一名是由理事会根据《注册会计师法案》推荐、经教育部部长批准而任命的注册会计师,任期三年,不能连任。首尔国立大学的监事与蔚山科学技术大学的监事在资质、职能和工作方式上均保持一致,但首尔国立大学多出1名由教育部部长直接推荐的监事,这一方面是考虑到大学规模,另一方面则体现出首尔国立大学的内部治理改革受到更多国家意志的影响。

(六)首尔国立大学特有的咨询机构

在不断提高国际化水平的过程中,首尔国立大学吸引了世界各地的学生。这一方面有利于实现其成为引领世界的创新知识共同体的发展目标,另一方面也在内部引起文化多样性问题。作为一所综合性大学,首尔国立大学内部少数群体的利益需要得到关注。为此,在常规的决策机构、执行机构、审议机构和监事之外,首尔国立大学于2016年专门成立了多样性委员会,作为校长直属的咨询机构,旨在形成健康的大学文化和建立具有创造性的知识共同体,加强对多样性的理解和尊重。

首尔国立大学将多样性界定为五个方面:一是卓越性,即提高创造性、加强跨学科研究和强化机构竞争力;二是公平性,即消除文化歧视,尊重少数群体;三是可持续性,即提高生活质量、提高信任度和稳定发展;四是包容性,即统一大学共同体,建立相互尊重的文化;五是开放性,即动态发展和全球化。在人员构成上,多样性委员会成员不超过15人,其中必须包括教授会主席、女教授会主席、教务处处长、学生处处长、规划处处长等固定成员,女教授会推荐的4名成员,以及校长任命的具有多样性群体工作经验并能够收集少数群体意见的校内外人员,任期两年。多样性委员会的职能包括以下几个方面:进行保护和促进大学多样性的研究并制定相关政策;发布关于大学多样性现状和改善成果的年度报告;收集关于多样性的意见并进行大学内外部沟通;大学多样性的宣传和教育。委员会会议分为常规会议和临时会议,常规会议每季度举行一次,临时会议在委员长或大多数成员认为有必要时举行。整体来看,多样性委员会服务于校长的决策过程,意在保护大学内少数群体的利益,其每年对大学多样性所做的研究和年度报告也专注于监控大学的多样性水平,确保大学运营向首尔国立大学成为引领世界的创新知识共同体的目标发展。

四、韩国国立大学内部治理能力的现代化

(一)决策能力:自上而下的决策机制发挥集体决策功能

韩国国立大学多年来一直沿袭教授治校传统,由大学教授组成的教授会是国立大学的最高权力机关,对学校一切内部决策、校长选举等重大事项均

享有决策权。法人化改革后,由于教授会的权威被削弱,教授和学生的权力被限制在大学评议会和学术委员会等审议机构之中,决策权力由教授会转移至校长和理事会,实现了权力的向上集中,三所试点大学开始通过自上而下的决策机制发挥集体决策功能。

作为新建的国立大学法人,蔚山科学技术大学的校长和理事会组成顶层决策机构,并通过副校长和各级行政部门自上而下地管理大学事务(见图4.5)。大学权力虽向上集中,但由于理事会成员的多样性,其集体决策必然考虑到国家相关部门、蔚山市政府和企业的意见,故学术权力实际上是该套权力运行体系的主体,行政权力则是服务性的。大学的学术权力通过产学合作循环得到壮大,各类机构通过一致的教育、研究和产学合作理念,推动蔚山科学技术大学成为研究型大学。

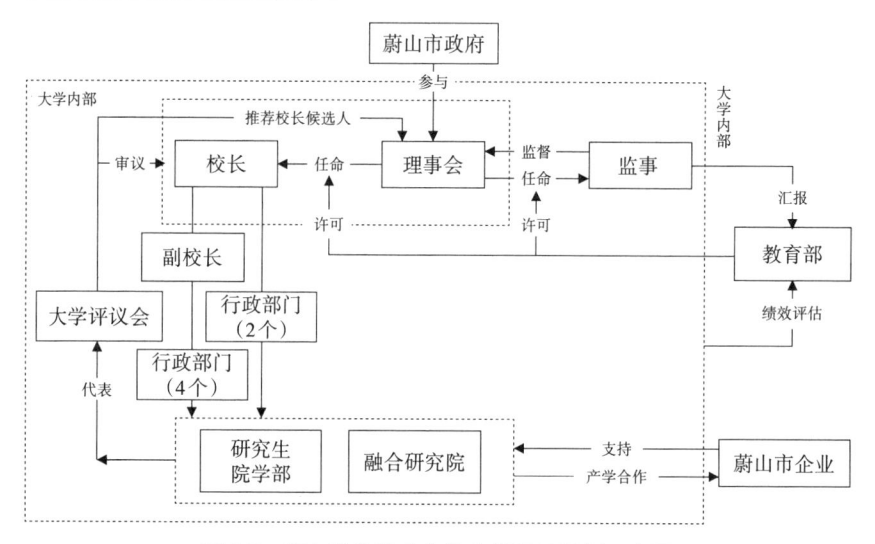

图4.5 蔚山科学技术大学内部运行机制示意图

作为直接由国立大学转为国立大学法人的特例,为推进知识共同体建设,首尔国立大学内部运行机制的首要目的是在多方利益相关者之间实现权力的制衡(见图4.6)。首尔国立大学通过在理事会中纳入政府官员的方式保障政治权力的运行。根据2020年12月的资料,首尔国立大学理事会成员中包括1名规划财政部副部长、1名教育部副部长和3名前任政府官员,占理事会成员的三分之一,这体现出国家意志和政治权力在首尔国立大学内部的地位。在学校层面,校长和理事会是决策中心,二者相互配合,也存在制约关系。校长是大学的最高决策者和法人代表,理事会则是大学的最高决策机构,校长能够参与到理事会中,但不能兼任理事长。理事会拥有任命校长的权力,但其中外部人员的参与也使得大学的集体决策受到外部力量的钳制。在决策机构之下,行政权力依次由3名副校长流向各下属行政部门,行政部门则从校级层面对教育、研究和规划等项目进行宏观管理。从整体来看,在知识共同体的宏观目标下,首尔国立大学各机构在人员组成上积极吸纳能够代表多方利益相关者的人员,其内部各方权力相互制衡,确保大学在集体决策的智慧下高效运营。

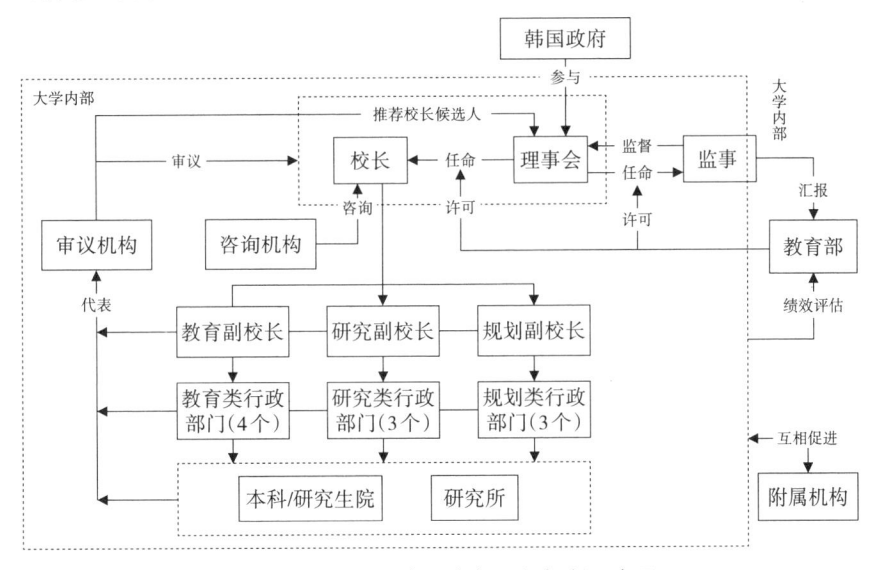

图4.6 首尔国立大学内部运行机制示意图

作为由市立大学转为国立大学法人的特例,为加强学校与外部企业的联系,仁川国立大学内部运行机制整体呈现向外趋势(见图4.7)。仁川国立大学校长和理事会共同代表校内的最高决策权,在决策机构之下设有分别负责教学和对外合作的2名副校长。教学副校长所负责的教务处、计划预算处、学生/就业处和事务处一致面向大学内部事务,其下设的12个本科学院和8所研究生院与仁川市政府和企业联合开发矩阵型教育系统;对外合作副校长所负责的研究处、外交战略处和招生总部一致面向大学外部事务,其下设的附属研究所和产学合作团等机构与仁川市政府和企业进行产学合作。与同为地方国立大学法人的蔚山科学技术大学相比,仁川国立大学的行政权力也体现出为学术权力服务的性质,但由于校长和执行机构之间设有2名副校长,教育部门的自主权被削弱,因此大学治理的权力重心依然位于上部。

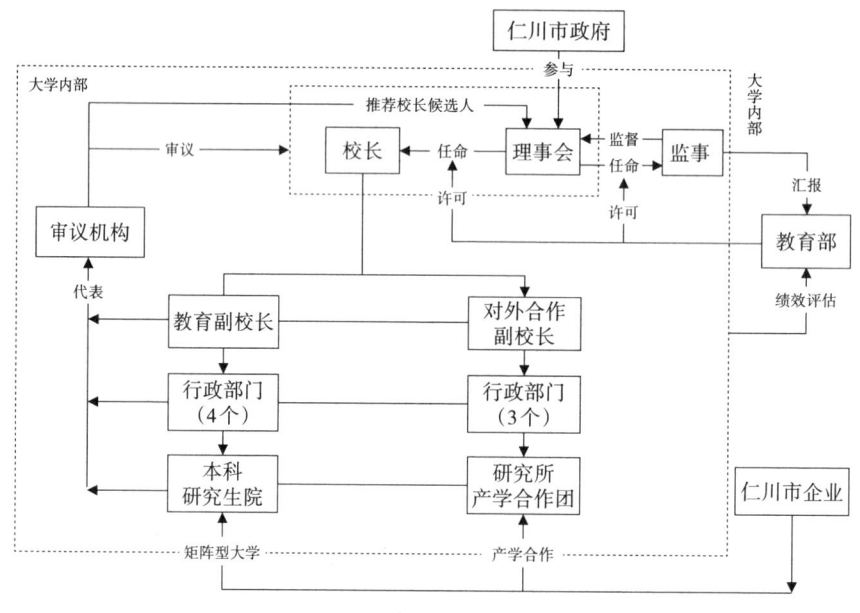

图4.7　仁川国立大学内部运行机制示意图

"校级集权模式的治理结构实际上是一种高度内聚的等级制结构,便于决策的统一性和连贯性,效率较高,多由行政权力或政党权力主导,有利于大学组织在短期内得到迅速发展。"[①]三所试点大学的内部治理体系均包含四个关键要素:一是由校长和理事会组成的决策机构,校长是大学的法人代表,校长和理事会组成的决策机构位于大学决策顶点,拥有大学事务的最高决策权力;二是由若干副校长和行政部门组成的执行机构,负责执行决策机构的行政指令;三是大学评议会和学术委员会等审议机构在大学事务上受到决策机

---

① 何淑通.大学内部治理结构的类型分析[J].当代教育科学,2017(7):50-54,59.

构和执行机构的支配,但可以对决策机构做出的有关大学发展计划、学术事务、员工福利的决策进行审议;四是监事形成的监督机构,监事一职的设置均须经过教育部部长的批准,其地位独立于大学整体架构,对整个治理过程的公正性和有效性进行监督,并直接对教育部部长负责。

整体来看,法人化改革后,国立大学教授治校的传统被自上而下的决策机制所取代。三所试点大学的内部权力高度集中于校长和理事会组成的决策机构,校长统筹大学整体结构,理事会则对关乎大学发展的重要事项进行决议,同时校长还作为内部理事参与到理事会之中,二者紧密协作,确保法人化大学做出科学的决策。而执行机构、审议机构和监督机构的权力均未触及"决策"一级,只是自上而下地分配和流动,内部治理属于校级集权模式。

(二)评价能力:循环评估机制提升办学绩效

随着世界各国高等教育的评价标准和模式逐渐趋同,大学成为国家间吸引优秀人才资源的出口产业。法人化大学需要在法人独立办学与国立大学的教育、科研、社会服务职能之间保持平衡,提高独立运营的质量和效益。因此,绩效评估机制成为法人化大学的立身之本。大学一方面要接受政府的中期评估和年度评估,以便政府确定拨款数额;一方面要对教师和员工进行绩效考核,从而决定员工的薪资待遇。三所法人化试点大学对绩效评估做出了统一的规定:第一,校长应与教育部部长协商,每四年确立一期大学运营绩效目标,并在每个财政年度开始之前发布能够反映绩效目标的大学年度运营计划;第二,教育部部长应逐年评估和公布大学年度运营计划的绩效,并将评估结果反映在行政和财政支持中。

在韩国国立大学法人化改革政策"基于自愿且尊重特色"原则的基础上,虽然三所试点大学都要向政府履行绩效评估责任,但其绩效目标是由大学校长和教育部部长根据大学发展愿景而独立设计的,且韩国政府并未规定全国统一的评估框架,大学在绩效评估体系中仍然保有一定程度的自主操作性。从内部治理改革的分析来看,三所大学每四年进行一次中期评估,每年进行一次年度评估。两类评估分别对应中期运营计划和年度运营计划,具体流程体现为先由大学与教育部共同制订运营计划,大学按照绩效目标进行运营;然后由大学自身及教育部指定的评估委员会对大学绩效进行评估,比对绩效评估结果和绩效目标;最后通过评估结果的反馈来确定财政支持方向并制定下一轮绩效目标(见图4.8)。从评估流程来看,绩效评估机制是一整套循环往复、紧密衔接的科学流程,根据绩效评估结果,法人化大学会对次年的内部治理改革做出相应调整,这将直接反映在大学下一年的运营计划之中。

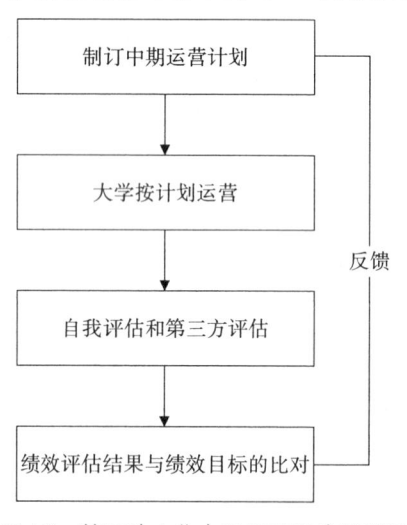

```
制订中期运营计划
      ↓
  大学按计划运营        反馈
      ↓
自我评估和第三方评估
      ↓
绩效评估结果与绩效目标的比对
```

图4.8 韩国法人化大学循环评估机制图

三所试点大学绩效评估机制的关键环节在于循环提升办学绩效,这一功能通过年度总结建议和逐年数据对比来实现。以首尔国立大学为例,在年度总结建议方面,首先,首尔国立大学归纳上一阶段的对比结果,从整体、优点和不足三个要点出发,分别对每一条绩效目标及对应的评估指标进行分析;然后,在对评估指标进行深入分析的基础上,总结本年度绩效评估的经验;最后,明确提出对下一年度绩效指标的建议。如针对2018年中期绩效评估中"发展筹集资金"目标未完成的状况,年度总结建议中着重强调"有必要改善2018年较2017年筹资减少的现状",提出"加强资产管理系统,设置更具挑战性的目标"的建议。这一分析结果会用于下一年的绩效运营计划之中,带动下一轮循环。在建立逐年数据对比方面,虽然每所大学的具体运营指标有所区别,但三所法人化大学的绩效评估均从教育、研究、社会贡献、运营系统和反馈五项内容展开,年度绩效评估总分设为110分,分别为每项绩效目标赋值。依据百分制转化后的总分数,年度绩效评估结果划分为优秀(90~100分)、良好(80~89分)、中等(70~79分)、较差(60~69分)以及差(低于60分)五个层次,建立起运营绩效分数的逐年对比。截至2020年,首尔国立大学收集了2012—2018年的年度绩效评估结果,并建立起逐年数据对比。各年度绩效评估整体分数分别为82.9分(2012)、83.3分(2013)、80.1分(2014)、80.0分(2015)、82.3分(2016)、81.3分(2017)和83.4分(2018),这表明首尔国立大学每年的运营状况均保持在"良好"的水平线上。此外,首尔国立大学2018年在教育、研究、社会贡献目标领域的评估中所取得的分数均较前两年有提高,其中研究领域的评分涨幅最大,但基础设施领域的分数降至中等水平。为此,首尔国立大学年度绩效评估报告中指出要"全面改进首尔国立大学的会计和财务制度,提高首尔国立大学财务报告的准确性和透明度"。数据对比的建立突破了单一年度绩效评估的局限性,将绩效评估视为一项长远任务来实施。三所试点大学每年出台的大学年度运营计划都要根据上一年的反馈做出相应调整,通过不断循环提升绩效。

(三)权力制衡能力:重建内部复杂权力间的平衡

法人化改革后,国立大学需要在韩国政府、地方企业、校长、理事会、大学评议会和监事等利益相关者之间建立起新的平衡机制,以理顺多方之间复杂的权责和利益关系。

从宏观角度来看,韩国政府和教育部通过绩效拨款、任命监事、推荐校长以及推荐政府人员进入理事会等措施,与法人化大学建立间接管理关系。在政府的间接干预之下,大学的人才培养目标等重大决策需要向国家政策靠拢,政治权力则起到维持大学各类内部权力之间的平衡的作用。具体到大学内部,与日本法人化改革后形成的"唯校长"的决策机制不同,韩国法人化大学的校长虽能够作为内部理事参与到理事会决议过程之中,但不可以兼任理事长。理事会由1名理事长、1名校长及若干理事组成,其中一半以上为外部人员,监事以独立身份参与理事会。理事会包含来自政府、学校和社会三方面的人员,一方面能够平衡多方利益相关者的需求,另一方面能够对校长的绝对决策权起到牵制作用,确保法人化大学做出科学的决策。由于蔚山科学技术大学和仁川国立大学是地区性国立大学法人,理事会规模相对较小,因此大学校长的权力更加突出。而首尔国立大学的理事会组成人员复杂,外部理事中还包括韩国政府官员等代表政治权力的成员,因此大学校长在实际决策中受制较多。为限制法人化大学校长、理事会、副校长和行政部门所掌握的行政权力,大学成员可以从三个方面行使权力:一是组成大学评议会等审议机构;二是通过大学评议会推举代表成为校长推荐委员会的主要成员,与理事会推举的成员共同推荐校长候选人,确保校长人选符合大学多数成员的意愿;三是允许教师和学生代表旁观部分决策过程。此外,在整个大学内部治理结构之外,监事的独立身份允许其对内部治理过程进行全方位监督,防止各部门的权力外溢。内部权力的相互制衡提高了法人化大学内部治理的整体效率,为大学运营的质量和效益提供了保障。

值得注意的是,由于法人化大学内部并未正式建立用于协商民主的多方对话机制,所以行政权力依然是大学内部治理改革中的绝对领导权力。学术权力虽能参与到内部治理流程之中,但仅行使举荐、建议性质的权力,其地位被层级之间的"间接代表"弱化,缺少实质性的决策权。即使是在内部治理改革效果最好的首尔国立大学,其内部权力制衡机制也仍未达到完善,"学生参与治理的情况正在扩大,但治理上的参与还比较少,比起表决权,参观者的作用更大。在排除这些利益相关者参与的情况下,做出的治理很难被多种利益相关者接受,而且对大学治理结果不满和不信任使利益相关者很难合作"[①]。

---

① 南淞靓(Nam Songyi).韩国首尔大学内部治理研究[D].金华:浙江师范大学,2020:46.

第五章
东北亚高校内部治理现代化：特征、问题与抉择

一、东北亚高校内部治理现代化的共同特征

东北亚高校内部治理现代化的共同特征，可以从理念、体系和能力三个角度出发进行概括。在理念方面，东北亚高校普遍以国家主义理念作为基本框架，并从政府的新公共管理实践中吸收了法人治理、企业化经营等经验，促进了内部治理的公益化、独立自主化和运营化；在体系方面，东北亚高校以顶层制度设计为起点，重视通过建章立制使各类权力的运行趋于规范化，并且进行了一系列具有创新性的制度实践；在能力方面，东北亚高校致力于在内部治理的主要环节——决策、执行、监督和保障上提高效率、发扬民主和扩大参与，以促进高校内部治理的民主、法治、公开等属性的形成和强化，实现高校内部治理效益度、合法性的相互促进。

（一）理念现代化：国家主义框架下多元治理理念的融合

1.以国家主义理念为基本框架

国家主义理念可以视作东北亚高校共有的、本位性质的高校内部治理理念。由于东北亚国家普遍拥有体制完备的、以中央政府为核心的国家政治架

构,以及附着于此种架构之上的强大的社会动员能力,因此在东北亚国家的总体治理格局中,国家、政府的影响力能轻易地延伸至作为社会治理子系统之一的高校内部治理系统之中。

在历史上,东北亚高校内部治理体系的构筑和沿革向来离不开政府的积极指导和调控。东北亚国家的政府依据实际需要,使高校内部治理改革的构想和举措可操作化,进行配套的政策、法律体系建设,并担任改革成效的评价者和监督人。除此之外,东北亚国家的政府还往往是本国最卓越高校的主要资助者,借助政治传统、政治体制和经济上的优势,能够对高校内部治理进行强有力的政治介入。

东北亚国家均是后发现代化国家,推进国家现代化、实现国家的跨越式发展是维护最高层次的国家利益所需,这使东北亚高校自诞生之初就背负了沉重的使命与责任,一切制度的建设和实施均要符合"同自身政治使命和任务相契合"的原则。东北亚高校的内部治理必然要致力于为服务国家利益提供充分的保障,其生存和发展不能与其责任、使命相抵触。

在特殊的历史和现实条件的作用下,许多东北亚高校在陈述自身的办学宗旨时,往往特别强调学校利益和国家利益的高度一致,强调教育、研究及其他活动的国家本位属性。在高校行为"有涉国家利益"的认知中,东北亚高校往往在内部治理体系中设有与官方有关联或直接由官方权力机关代理的组织或机构,使得国家政治权力能够在其内部治理中以"统领""引导""监督""调控"等形式来运作。

总而言之,东北亚高校内部治理理念体系要以国家主义的高校治理理念为基本框架来构建。这不仅是东北亚国家的强大政治治理能力作用的结果,也是东北亚高校完成其天然使命之必需。

2.尊重高校的自由自治

美国知名的社会学家希尔斯(Edward Shils)曾指出,学术自由是"学者们在特定的高等教育机构或学术团体中思考和行动的自由",而这种自由的来源是现代高等教育机构"指向真理的旨趣"——现代高等教育机构并非"既定真理"的代言人和传播者,而是其解释者和批判者,这是机构内学术人员享受自由的合理基础。希尔斯的观点代表了西方高等教育界尤其是直接从事学术研究的人员对学术自由的认知。以希尔斯为代表的群体对这种自由的长久的讨论、追求也在西方社会中形成了一种广泛的共识,那就是高等学府教师的学术自由权利自有其认识、政治和道德方面的合理性根基。[1]如今,西方高校的学术自由已然具备了深厚的制度底蕴,成为高校及其学者维护自身权利、保障学术发展的有力武器。[2]

西方高校对"大学自治,学术自由"精神的推崇,自然而然地影响到了以西方高校为蓝本建成和发展的东北亚高校。东北亚高校关于学术自由的最早实践,可以追溯到19世纪莫斯科大学的一系列民主管理改革,当时的俄罗斯高校就已经处在以"学校自治"与"国家控制"为两端的"改革钟摆"的作用之下。[3]如今,"大学自治,学术自由"已是东北亚国家普遍施以法制保障的一项属于高校及其学术人员的合法权利。除了法律层面的保障外,东北亚国家还积极开展以激发高校办学活力、提高高校的自主程度、建设现代高校制度等为主题的体制机制改革。从东北亚各国改革的本质和实际成果来看,提高高校自治和学术自由的水平是这些改革方案的共有倾向,不断地将关于"大学自治,学术自由"的理论建设、制度设计转变为切实的实践行为已经成为东北亚高校的共同选择。

尽管对"大学自治,学术自由"有着共同的内在需求,但由于所处环境的差异,东北亚高校内部治理实践中自由、自治的形式和程度有所不同。以我国为例,公立高校作为事业单位法人,自主权必须在校党委的领导下、按照社会主义的办学路线来行使,不得违背政治正确的基本原则,更不得损害国家和人民的利益。相较之,作为独立行政法人的日本国立大学在这方面所受限制则较少,但其自治路线更多地受到市场经济规律和民间经营思维的影响。因此,东北亚高校的自由、自治是在环境约束下的自由、自治,而非完全独立、不受任何干涉。在未来,东北亚高校的内部治理仍将兼顾高等教育认识论和

---

[1] 约翰·S.布鲁贝克.高等教育哲学[M].3版.王承绪,等,译.杭州:浙江教育出版社,2002:42.
[2] 孔垂谦.论大学学术自由的制度根基[J].江苏高教,2003(2):15-18.
[3] 李盼宁.俄罗斯高等教育治理模式研究[D].西安:陕西师范大学,2017.

政治论的价值,在提供高等教育的附加价值的同时,坚持对自治、自由的追求。

总的来说,由于与西方高校在一定程度上的同源性,以及"大学自治,学术自由"精神对于现代学术生产的意义和价值,东北亚高校在进行内部治理的过程中显示出追求"大学自治,学术自由"的共性。经过长期的理论和实践层面的探索,现代东北亚高校的学校自治和学术自由的水平正不断提高。"大学自治,学术自由"在东北亚不仅得到了国家法律的认可,也正逐渐成为一种社会共识。如今对于东北亚高校来说,自治和自由更像是一种自发的意识,是其他治理观念的前提和基础,是内部治理不断改进的"生长点"。

3.吸纳各种先进的治理观念

除努力促进国家主义理念和高校自治、学术自由理念的交融外,东北亚高校还积极吸纳各种先进的治理观念,以充实和丰富内部治理的理念体系、激发内部治理的活力。由前文可知,东北亚高校的发展受到来自政治领导阶层的功利主义(工具主义)理念的强烈助推,这意味着,如果某种理念是符合东北亚国家政治领导阶层对于激发高等教育的工具价值的认识和需要的,那么这种理念就会为东北亚高校所接受和实践。在内部治理现代化的实践过程中,东北亚高校主要借重的有新公共管理理念、法人治理理念和企业化经营理念等。

目前,东北亚国家和高校之间普遍形成了以"委托—代理"或"放权—受权"为主要形式的契约式治理关系,这反映了新公共管理运动对东北亚高校内部治理的影响。随着新公共管理实践的深入,东北亚国家的政府积极推进简政放权,强调治理的效率,并着重凸显自身的服务功能,以应对现代社会治理的新形势。传统的对整个社会进行科层式直接管控的模式正逐渐被强调多主体参与、政府与社会协同治理的新模式取代。可以看到,现今东北亚国家的政府更倾向于通过间接、宏观的方式来调控(而非直接控制)高校的内部治理。在新模式下,东北亚高校也愈发关注内部治理的实际效益,一定程度上突破了"唯上级行政指令"的治理传统,采取新公共管理运动所提倡的效率、效益等符合现代治理需要的诸项原则来夯实内部治理的基础。

在新公共管理运动浪潮中,东北亚国家适时地为高校导入了法人治理理念和民间企业的经营方式,以应对全新的知识生产模式和瞬息万变的高等教育国际竞争形势,提高教育和科研活动的产出质量。以日、韩两国的国立大学为例,经过法人化改革的国立大学获得了两方面的利好:一方面,国立大学具备了独立行政法人的身份及相应的办学自主权,有利于提高国立大学自治水平和维护高校内在的发展规律;另一方面,法人化改革为过去主要依靠政府资金生存的国立大学引入了自负盈亏的机制,迫使国立大学进行独立运营并借鉴民间企业的经验,强化了国立大学作为自治组织的资源筹措能力,提高了国立大学与社会、市场的接轨程度,降低了国立大学借学术自由之故逃避公共责任的情况的发生频率。

吸纳多种先进的治理理念对于东北亚高校而言具有两方面的积极意义:一方面,东北亚高校根据实际需要进行理念的革新,这令其治理效益得到直接且显著的提升;另一方面,在吸纳各种治理理念的过程中,东北亚高校的内部治理理念体系能够始终保持开放性和多元性,这种开放、多元的元素十分有利于未来东北亚高校内部治理的进一步现代化。

(二)体系现代化:以东北亚高校内部"平权制衡"局面的形成为中心

东北亚高校内部"平权制衡",是指东北亚高校在内部治理现代化的过程中致力于建设有助于校内各类权力各司其职、规范化运行的一种格局,这种格局的形成可令东北亚高校内部治理的法制化、民主化水平和整体效能得到大幅提升。

1.顶层制度的现代化:东北亚国家的法制建设与东北亚高校的办学章程建设

东北亚高校内部治理体系是"主动模仿与设计"的产物,也就是说,东北亚高校内部治理体系是遵循由宏观设计到微观实施的逻辑而建构的,其"首端"即是东北亚高校内部治理体系中的"顶层制度"部分,它起到为东北亚高校内部治理体系奠定基调的作用。

纵观历史上东北亚高校内部治理体系的数次变动可以发现，引发这些变动的直接原因往往是东北亚国家政治形势的变化和相应的法制建设进程的推进，如俄罗斯高校的"去国家化"和自治自由化，又如二战后日本高校普遍实施的"教授会自治"。高校内部治理方面的这些重大变革几乎都以国家法律、制度的建设为先导。没有1992年《俄罗斯联邦教育法》和1947年日本《教育基本法》的出台和实施，俄罗斯和日本的高校是难以自发进行内部治理体系的建构的。即便是有能力建构，也会因为缺乏坚实的合法性基础而导致效力上的缺陷。近年来，在东北亚国家法治程度不断提高和国家治理制度体系不断完善的背景下，东北亚高校内部治理顶层制度设计更彰显了"法定主义"的特性。日本和韩国的国立大学法人化改革在正式启动之前，都经过了数十年的研究和争论，才最终形成具有可操作性的改革方案，并且国家还出台了具有高优先性的有关国立大学法人运作的特别法律，以供国立大学参照和遵循，这是东北亚国家法制建设之于高校内部治理体系改革的"先导作用"的鲜明体现。

对于东北亚高校"顶层制度"的生成具有重要意义的，还有东北亚高校内部的法制建设，主要是学校办学章程的制定和实施。相较于国家层面的法律法规，东北亚高校自主制定的章程更加具体地规定了学校的规章制度、组织架构、运行机制等与内部治理相关的内容。目前，东北亚高校的章程制定工作进展顺利，各高校都自主制定了办学章程，使得内部治理体系框架明确化、制度化，大大强化了学校治理的法治属性。当然，东北亚高校的办学章程建设工作也存在不少问题，比如许多学校的章程制定过程没有遵循公正、公开、民主的原则，章程内容偏重"办学"，忽视"治理"，章程在高校内部治理所依据的法制体系中的地位尴尬，以及章程落实情况不佳等。

不过，总体来看，通过国家法制建设和高校章程建设，东北亚高校基本上确立了内部治理体系的"顶层制度"，如日本和韩国的国立大学法人化改革后的"法人治理制度"，我国公立高校的"党委领导+校长法人治理"模式，以及俄罗斯高校遵循的"高等教育机构自治"原则。这些相对宏观的设计，无一不是通过国家法制建设与学校章程建设相结合的方式实施的。

2.权力结构的现代化:东北亚高校内部治理的平权制衡化

在内部治理现代化的过程中,东北亚高校内部的权力结构始终在变动,总体趋势是权力类型的多样化和各类权力间的分工制衡化。大部分东北亚高校内部形成的原始权力结构是高度一元化的,与国家/政府的隶属关系使得校内的政治/行政权力过度膨胀,占据内部治理的主导地位。这种权力结构往往随时间的推移而暴露出自身的不足之处,在这个过程中,东北亚高校内部其他类型的权力逐渐发展起来。

通常来说,由于高校是学术性机构,加上政府对高校学术性功能的重点关注,学术权力的解放和壮大一般发生较早。比较典型的事例如"二战"后日本高校的"教授会自治",这种模式实现了日本高校内部以学术权力主导的权力结构对以政治/行政权力为主导的权力结构的取代。不过,学术权力地位过高也使日本高校逐渐陷入了封闭保守、逃避公共责任、抗拒进步的状态中。

在叶利钦执政期间获得高度学术自由的俄罗斯高校也遭遇了这种问题,学术权力的分散及学术权力集团的排外性,使得学术权力主导下的高校内部治理难以满足现代高校在高效决策、整体性运营以及协调多元利益相关者等诸多方面的需求。

在总结历史经验的基础上,东北亚高校认识到了单一权力主导下的校内权力结构的局限性,开始寻求建立校内各类权力分工制衡的局面。以我国为例,我国高校的现行权力结构一般被认为是"政治权力+行政权力+学术权力+民主权力"的"四驾马车"模式,其中政治权力以学校党委为代表,发挥集体领导高校全局工作方向的作用;行政权力以校长及其领导下的各级行政组织和人员为代表,负责学校的行政工作;学术权力以学术委员会、教授会为代表,讨论、决定学校的教育科研相关事项;民主权力的代表不太具体,它主要依托教职工代表大会,对学校各项工作的民主咨询、监督渠道发挥作用。一般来说,随着与外部环境交流水平的提高,东北亚高校外部产生了越来越多的需要介入东北亚高校内部治理的利益相关者。他们会在东北亚高校内部产生一定的权力,使东北亚高校内部的权力类型更加丰富。区分高校内部的各类权力,有利于它们分工合作、各司其职、互相制衡、互不僭越的局面的形成。

东北亚高校只要能够做好相应的制度设计并贯彻执行,就能维护好这种局面。

长久以来,东北亚高校面临的一个普遍问题是校内行政权力的膨胀和泛化,这个问题往往随着东北亚高校内部集权趋势的加强而凸显出来。一方面,多数东北亚高校在章程中设有"行政权力服务于学术权力"的有关条款,但相关制度的实践却往往有利于校内行政权力对其他类型权力的干涉;另一方面,东北亚高校内部学术权力、民主权力的相对弱势,也受其发展情况的影响,这些权力的代表主体与行政权力的代表主体相比,显得比较分散,难以结合为有效地制衡行政权力的力量。

3.具体制度的现代化:东北亚高校内部治理的制度完善

在具体制度层面,东北亚高校内部治理体系的现代化表现为与治理相关的各项制度的逐步完善。"治理"意味着正式制度与非正式制度的协作,整个过程涉及大量的具体制度的联动,这要求东北亚高校进行更加细致的制度建设工作。考虑到现代高校活动的复杂性,东北亚高校需要不断进行具体制度的创新和实践,以更灵活地适应瞬息万变的外部局势。从逻辑上讲,东北亚高校内部治理体系的一切宏观制度设计和权力结构调整,最终都要落实到具体制度的实施上。因此,内部治理具体制度的不断完善,不仅是东北亚高校内部治理现代化的必然要求,也是东北亚高校内部治理体系现代化的阶段性成果。

根据制度的功能进行划分,现今的东北亚高校内部治理的具体制度一般包括决策制度(比如我国高校的党委会议、校长办公会议和二级学院的党政联席会议制度)、决策审议制度(比如俄罗斯高校的校务委员会制度)、监督制度(比如日本高校的监事制度)等等,基本上能够满足东北亚高校的内部治理需求。在制度的一般性基础上,东北亚高校还能够根据自身独特的治理需要对制度进行调整,比如首尔国立大学和仁川国立大学在其理事会中分别纳入中央、市级政府官员,显示出理事会制度的灵活性。东北亚高校的治理主体在制度实践的过程中不断深化对于制度的认识,并以此为依据来推动各项内部治理制度的创新。以我国为例,在新中国成立初期,我国高校在决策方面实际上只依赖一个"由学校进步教职员组成"的校务委员会,[①]事无巨细,均由校务委员会进行集体决策,尽管体现了民主原则,但不能就校内的政治、学术、行政等各项事务做合理的分工。直到1989年,国家对在高等教育领域加强党的领导有了新的坚定的认识后,才提出了高校领导工作的"政治核心+行政领导"的模式构想,实行一直沿用至今的党委领导下的校长负责制。又比如日本,其国立大学本是实行"教授会自治"的,经过法人化改革,才将决策制度确定为由校长、理事会、经营协议会和教育与研究评议会组成的一套合议制度。[②]

简言之,随着内部治理实践的深入,东北亚高校的内部治理制度将配合东北亚高校功能的逐步拓展而不断更新,而且会更多地具有"因地制宜""顺势而为"等特征,这是因为东北亚高校在内部治理上的自主权越来越高,对制度即时效能的需求也越来越大。

(三)能力现代化:追求决策、执行、监督、保障等多重制度能力的发展

1.决策能力的现代化:建立中央集权式的决策结构

在20世纪90年代之前,东北亚高校在决策体制上的面貌有着很大的不同。当时,日本高校仍在延续"教授会自治"的模式,依靠学部教授会的协商进行决策;我国正在接连试点"校长分工负责制"和"校长负责制",探索将高校的党组织从过去那种包揽一切的状态中解脱出来的决策模式;[③]俄罗斯高校在"休克疗法"中确立起以校务委员会为最高领导的集体决策体制;[④]韩国高校的校长须通过教授的民主投票产生,教授会掌握了很大的权力。

---

① 王木森.新中国成立后我国高等学校领导体制的实践与探索[J].贵州工业大学学报(社会科学版),2004(4):105-109.
② 胡建华."国立大学法人化"给日本国立大学带来了什么[J].高等教育研究,2012,33(8):93-98.
③ 黄建军.新中国成立70年党对高校全面领导的历史考察与基本经验[J].中国高等教育,2019(12):4-6.
④ 杨宁,杨广云.俄罗斯高校管理体制的民主化进程——基于前苏联与俄罗斯的比较研究[J].大学(研究与评价),2009(4):26-31.

就这一时期来看,东北亚高校在决策模式上各有特色,但比较普遍的特征是强调决策权应为校内尽可能广泛的集体所掌握,重视决策的民主性,这与当时东北亚国家政治形势的松弛化有很大关系。不过,在国家的开放和民主化浪潮中,东北亚高校在法律上仍处在国家权力机关的直接管控之下(俄罗斯除外),这就造成了国家权力机关与东北亚高校内部民主势力的对抗,外部的强势管制力量影响了东北亚高校内部领导阶层的权威性,但这反而保护了东北亚高校的基层自治权力。由此,在一些与国家大政方针牵扯较少的事项上,东北亚高校实现了民主决策。

民主决策模式的缺点也很明显,校内基层权力的膨胀为东北亚高校带来了治理碎片化的困境,使东北亚高校内部的学术权力和行政权力纠缠不清,并衍生出派系斗争、争权夺利和推诿责任等现象,严重损害了东北亚高校内部治理的效率。在这种情况下,东北亚国家着手扩大高校自主权的举措是一剂良药,一些国家逐步将高校确定为法人式的独立运营体,使其自负盈亏,并对其开展严格的监督评估,这使得作为法人代表的高校校长的职权得到强化。在政府放松管制,同时也减少资源支持的情况下,校长必须担负起把握学校运营方向、协调校内各方关系、迅速而有效地基于学校利益进行决策等重任,因此高校要形成"校长+校长决策辅助机构"的决策模式。简言之,东北亚高校目前的独立自主地位的强化,是其决策模式越来越倾向于校级集权化的直接原因。

2.执行能力的现代化:强化科层主义的行政执行体系

东北亚高校的体制与欧美高校大体上同根同源,这使"校—院—系"或类似的校内等级体系普遍地实行于东北亚高校之中,成为东北亚高校决策、指令执行能力的基石。科层主义的行政执行体系,能够有效地配合东北亚高校内部集权化的决策模式,它主要起对校长领导工作的辅助作用,使校一级的决策被高效、忠实地执行。

在巩固相对独立的自主运营地位的过程中,东北亚高校内部的行政系统普遍得到了强化。行政系统通常在名义上以校长为首,实际上往往由副校长负责领导和管理。东北亚高校的副校长一般不具备进行决策的权力,其主要职责是接受校长的授权、辅助校长的工作。目前,东北亚高校通常设置多位分管不同领域的副校长,比如首尔国立大学所设的教育副校长、研究副校长和规划副校长,这与东北亚高校校级行政系统规模的扩大是相适应的,每一位副校长需要负责数个归属于其分管领域的校级行政部门,比如教育副校长一般会负责教务处、就业处等部门。"校长+副校长+校级行政部门"的模式充分利用了行政权力的服务能力,从理论上来说可以促进校内行政权力与其他类型权力的"明确分工、精诚合作",使它们共同服务于学校整体目标的实现。[①]

科层体制在东北亚高校中的实施和强化,证明了高校内部治理中行政权力和学术权力之间"必要的张力"的存在价值。自20世纪90年代以来,东北亚高校大都选择了围绕校长构建强有力的行政执行体系的路线,这很大程度上就是为了修正因为学术权力的散漫和缺乏整体意识而导致的高校管理效率低下的问题,[②]东北亚国家(尤其是日本和俄罗斯)认识到了学术权力过度扩张的危害,产生了"高校内部学术权力的运行应该有其边界"的意识,因此采取了强化校长职权、扩大校级行政体系规模的举措。简言之,东北亚高校执行能力现代化的主要价值在于提高学校内部治理的效率和质量,因此,科层主义和具有一定规模的行政执行体系不可或缺。

3.监督能力的现代化:重视对高校内部权力运作的监督

治理理论伴随着"政府的失灵"现象而产生。通过行政手段控制社会生活方方面面的"全能政府"在20世纪70年代以来频频出现"供给失败"的情况,使人们认识到了"更少的政府,更多的治理"的必要性。[③]在东北亚高校内部治理现代化的过程中,"更少的政府"一般体现为政府对高校直接的、命令

---

① 朱剑,周九月,南淞妮.美英德日八所一流大学学术权力与行政权力的关系探析[J].浙江师范大学学报(社会科学版),2020,45(5):100-108.
② 许为民,陈霄峰,张国昌.大学学术权力与行政权力的合理定位与协调——从剑桥大学现代化治理改革谈起[J].中共浙江省委党校学报,2013,29(1):82-87.
③ 陈勇军,魏崇辉.公共治理理论对破解我国协商治理困境的意义[J].江西社会科学,2018,38(10):218-224.

式的行政控制力度的减弱,但是,出于对加快高等教育高质量发展的关切,政府又不能完全放任东北亚高校自治,因此,政府往往要通过监督、评估等手段,对东北亚高校的办学行为、办学质量进行间接的调控与引导。

政府主导实施的针对高校办学质量的全方位评估活动,促进了东北亚高校内部监督、制衡机制的生长。相比于从前"只有教职工参与,只对教职工负责"的高校内部治理模式,现今的东北亚高校内部治理需要面对来自校园内外的多元利益相关群体,这些群体对东北亚高校内部治理中的权力运作和利益分配起到了强有力的监督作用。如今,许多东北亚高校都在章程中明确规定了学校理事会、校务委员会、评议会等高级权力机构中,校外人士要占据一定比例。部分东北亚高校还设有独立的校内监督制度,如日本国立大学的监事制度,监事一职由具有官方背景的人士担任,其职权的行使完全独立于高校内部治理体系,可根据需要对国立大学的行为进行监督并随时将结果反馈至文部科学省。除此之外,东北亚高校目前普遍实行的"个体领导+集体决策"模式,本身也含有监督和制约个人专断、发扬治理民主的意味。

总体来看,如今东北亚高校内部治理的透明度较以往大有提升,这不仅得益于政府构建的外部监督评价体系以及其他间接引导东北亚高校改进内部治理的手段,更得益于东北亚高校内部治理日益提高的开放水平。目前,在容纳了更加多元化的利益相关群体的情况下,出席各种学校会议的代表的来源广泛性,决定了东北亚高校在内部治理行为上所受的监督和制约更加坚实。

4.保障能力的现代化:现代东北亚高校与其办学资源的"双向互动"

组织生存的关键在于获得资源和维持资源的能力。[1]今天,大部分东北亚高校虽然不能说较以前拥有更加丰富的办学资源,以保障其内部治理优化进程的持续展开,但所拥有的资源筹措能力较以前是有所进步的。在东北亚国家高等教育事业的初创时期,东北亚高校获取办学资源的方式非常单一,

---

[1] 希拉·斯劳特,拉里·莱斯利.学术资本主义[M].梁骁,黎丽,译.北京:北京大学出版社,2014:62.

第五章 东北亚高校内部治理现代化：特征、问题与抉择

即完全依赖政府的拨款。这种资源获取方式比较稳定,并且可以使高校将主要的精力集中在教育、科研事业上。然而,完全依靠国家财政支持对于高校来说也有诸多弊端,其中最主要的就是高校会受到政府的直接管制,[1]这不利于激发高校的办学活力。

近年来,大部分东北亚高校开始摆脱完全依赖国家财政的局面,部分地掌握了财政自主权,并培育了一定的筹措办学资源的能力。目前,许多东北亚高校已经建立起多元化的经费筹措体系,比如日本国立大学的办学经费就由政府的运营费交付金、学费、竞争性资金、自主营收、附属医院收入、私人捐赠等多个部分组成,而且政府所拨付的运营费交付金还在以每年1%的比例持续下降,使得日本国立大学必须不断开辟经费来源的新渠道,提高自身的营收能力。日本国立大学面临的状况,大部分东北亚高校也即将或正在经历。现代政府在公共治理中的角色转变使高等教育的部分财政压力转嫁给了高校,高等教育市场越来越强大的资源配置作用,以及高校自身治理理念的"民间企业化",这些因素都使得东北亚高校需要与办学资源形成"双向互动"的关系,不仅要获取,还要追求获取的主动性和利用的高效性。

不过,政府拨付的常规性经费目前仍然是许多东北亚高校生存发展的主要依靠,因为竞争性的经费和强大的自主营收能力往往只有水平卓越的高校才能兼而有之。部分学者认为,增加高校的财政压力是政府逃避责任的表现,如果政府一再削减对高校的资金援助数额,会导致高校放弃用于教育和基础研究的时间而投身于追求经济利益,[2]这样是得不偿失的。

---

[1] 王轶玮.法人化改革下日本国立大学财政转型的分析与启示[J].中国人民大学教育学刊,2017(04):139-152.
[2] 国立大学法人化後の現状と課題について(中間まとめ)[EB/OL].[2022-01-21].http://www.mext.go.jp/a_menu/koutou/houjin/1295896.htm.

二、东北亚高校内部治理现代化的问题及其应对

由东北亚高校内部治理现代化的总体趋势可知,在近30年里,通过持续的内部治理变革,东北亚高校内部治理体系的面貌发生了巨大改观,内部治理能力也取得了长足进步。现今的东北亚高校更加全面地具备了"治理"的各种要素,并且大体上能够按照现代高校治理的逻辑来安排内部组织、制度的运作。但是,高校的内部治理现代化归根结底是沿着"新问题产生——探索应对方案——解决问题——新问题产生"的路线发展的。处于现代化道路上的高校内部治理在不断取得成就的同时,也始终面临着新问题的挑战。

东北亚高校内部治理的现代化,是在引进别国模式并促使其本土化的基础上展开的。经过数十年的实践,东北亚高校已经普遍认可了"大学自治,学术自由"、法人治理、多元共治等理念,并且能以法律、章程的形式使其成为内部治理原则。对上述理念的接纳固然充实了东北亚高校内部治理中的现代性元素,但也使东北亚高校在内部治理的过程中需要考虑并解决"治理有效性"的问题。既然东北亚高校内部治理的基础性框架是引自别国,那么框架所含的理念、体系是否得到了完整贯彻?此为东北亚高校内部治理现代化的形式有效性问题;引入框架后,东北亚高校是否实现了预期中治理效能实质性提高的目标?此为东北亚高校内部治理现代化的实质有效性问题。

(一)东北亚高校内部治理现代化的形式有效性问题及其应对

治理的"形式有效性",简言之就是利益相关者在参与治理的过程中是否依据程序正义原则,是否实现了自身的民主诉求[①]。东北亚高校在内部治理的现代化过程中,常常出现"治理失范"(即未能按照理想的、明文规定的规章制度实施治理行为)的现象,这些现象包括府学关系的失衡、高校内部的过度集权化或分权化、高校治理的"过度民营化"等等,它们在根本上是由东北亚高校内部或外部的权力格局失衡所导致的。

---

① 朱家德.大学治理现代化的困境与超越[J].高校教育管理,2017,11(05):30-37.

第五章　东北亚高校内部治理现代化：特征、问题与抉择

20世纪90年代的俄罗斯高校和法人化改革前的日本国立大学就存在着严重的"治理失范"问题。这些高校在名义上均根据"大学自治,学术自由"的原则构建治理框架、实施治理行为,实际上却受到形形色色的不利条件的制约。最终,"去国家化"的俄罗斯高校由于缺乏办学资源而被迫产生了对经济利益的畸形需求,实行"教授会自治"的日本国立大学则成为"学术寡头的独立王国",与国家的经济、社会发展需求严重脱节。追根溯源,这些高校的内部治理在形式有效性方面存在的问题是源于其所处环境和现实条件的。

以"教授会自治"下的日本国立大学为例,其相关理念与制度安排是借鉴德国、美国的研究型学府,本意是使日本国立大学摆脱军国主义和政府行政专制的束缚,以学者的高度自由促进学术研究水平的提高和整个社会的民主化。可以看到,在"教授会自治"制度确立的最初一段时间里,日本国立大学及其学术人员的确获得了充分的自主治理权,战时被压抑的学术活力也开始释放出来。但后来,在校内过度分权和政府仍然从经济上实际控制着国立大学的情况下,缺乏内部凝聚力的国立大学开始拒绝变革、走向保守,把学术自由权凌驾于学校的公益性之上。而以校内民主和学术自由为精神根基的"教授会自治"制度本身,在20世纪末期也已经沦为学术寡头专制、学术人员争权夺利和学术近亲繁殖的温床,完全背离了制度创设的初衷[①]。因此,20世纪末期"教授会自治"下的日本国立大学,在进行内部治理时已然产生了极严重的形式有效性问题,"学术自由"早已名不副实。除此之外,封闭的国立大学对日本经济社会发展所做出的贡献也相当有限,引发了日本社会的不满。

俄罗斯高校内部治理的形式有效性问题一度也非常突出,其中又以经费和内部权力结构方面的问题最为鲜明。在叶利钦执政之后,俄罗斯高校全面引用西方高校的内部治理框架,意图在高校的治理上去中心化、去国家化,全面走向民主化,以配合高校的内在需求和国家的转型。但在俄罗斯高校内部治理的民主化过程中,经费的短缺成为最大的绊脚石。俄罗斯联邦政府一面扩大高校的办学自主权,一面积极削减对高校的拨款数额,这使得俄罗斯高

[①] 张俊超.从教授会自治到大学法人化——日本大学教师聘任制的改革趋势及启示[J].高等教育研究,2009,30(2):99-104.

校在实施内部治理时,越来越多地将精力放在筹措预算外资金而不是科研、教育上。除了经费问题,俄罗斯高校内部的部分治理原则(如民主性、国家-社会性、自主性[①])也未能落实。有学者指出,俄罗斯高校校长的权力过大,作为学校和校务委员会的领导者,校长拥有按个人意志独断专行的条件,同时校务委员会的人事工作公开性不足,同其他机构的权责界限也不够明确[②]。

东北亚高校在内部治理现代化过程中出现形式有效性问题,往往是出于下列原因:其一,受到本国的政治体制状况和经济、社会的发展水平限制,国家的政治体制基本决定了高校的内部治理模式,经济、社会的发展水平则关系到高校是否能够从外部环境中汲取到足够的办学资源,并决定其是否有能力贯彻先进的治理理念和制度;其二,高校自身对于治理理念和制度的理解不充分,部分学校的治理主体将学术自由、民主治理等原则视作争权夺利的工具,缺乏对这些理念和制度的敬畏感,因此在执行过程中产生了较大偏差;其三,法制建设工作滞后,东北亚高校往往依据先行的政策方针进行内部治理改革,推行先进的治理理念和制度,但相关的法律、章程的制定和实施进度通常滞后,使东北亚高校在执行制度的过程中缺少明确的依据,出现内部各类组织间权责利关系不明晰的情况;其四,平权制衡的机制尚待健全,实现权力的制衡是高校内部治理的一项重要内容,无论集权过度还是分权过度,都是对高校内部治理的开放度、民主性的损害;其五,东北亚高校的内部治理现代化存在着"本土适应期",在引进外国模式以后,是不能奢求其有"即插即用"的效果的。因此,东北亚高校内部治理的现代化必然会面临形式有效性问题,关键在于如何应对这些问题。

针对高校内部治理的形式有效性问题,东北亚国家出现了几种应对方案。第一种是实行系统性的高校内部治理改革,如日本、韩国的国立大学法人化改革,赋予国立大学独立的行政法人地位,准许其引入民间经营的方式,以整体的姿态面向市场和社会进行运营,这种改革方式能够激发高校内部协

---

① 陈先齐.俄罗斯高教体制改革评析[J].比较教育研究,1998(3):2-7.
② 杨宁,杨广云.俄罗斯高校管理体制的民主化进程——基于前苏联与俄罗斯的比较研究[J].大学(研究与评价),2009(4):26-31.

调一致的信念,同时保证相关的制度、机制建设的步调一致。第二种是从意识形态的角度改造高校的内部治理,使其精准定位自身的办学理念和使命,增进价值理性在高校实施内部治理行为时的作用,同时也强化高校外部各种利益相关群体对高校内部治理的认可度和参与欲望,例如普京执政后提出的"俄罗斯新思想",以及后来俄罗斯高校的"国家、社会共管"原则的发展,均是为了消解自苏联解体以来俄罗斯高校内部治理过度"去国家化"的倾向。第三种是落实法治,包括加快法律体系建设、完善细节性条款、推进高校内部的建章立制等等,法治的程度在某种意义上等同于高校内部治理的形式有效性。第四种是保障对高校的合理的资源输入规模,将其从"一切向钱看"的困局中解放出来,转变其治理观念,并使其有能力履行职责,东北亚高校在这一方面的总体趋势是财政自主化、资金来源多样化,目前日本国立大学实施的运营费交付金制度、独立法人会计制度就具有很强的代表性。第五种是建立高校内部的权力制衡机制,厘清各类治理主体的权力、责任和利益关系,使政治、行政、学术等类型的权力能够在高校的内部治理过程中形成合力,在这方面,韩国高校内部的权力架构比较典型,尽管在组织结构上与日本高校类似,但韩国高校的校长一般不允许兼任评议会、理事会的主席,这就使其行政权得到了合理的制衡,也有助于协商、评议性质的机构正常发挥其功能。

(二)东北亚高校内部治理现代化的实质有效性问题及其应对

实质有效性的核心是效率原则,如果一个组织的治理结构、治理过程、治理能力有利于各种资源得到合理配置,该组织治理就具有实质有效性[1]。东北亚高校内部治理现代化的实质有效性,是由东北亚高校在内部治理现代化的过程中所体现出来的"效率优化"的程度所决定的。经过以现代化为目标的一系列变革,东北亚高校越能使自身的内部治理效率得到提高,其内部治理现代化就越具有实质有效性。东北亚高校内部治理现代化中所存在的实质有效性问题,一般体现为内部治理的凝滞、低效。

---

[1] 朱家德.大学治理现代化的困境与超越[J].高校教育管理,2017,11(5):30-37.

俄罗斯高校自20世纪90年代以来就在国际学术竞争中表现不佳,其国际排名一再下滑,反映出俄罗斯高校内部治理的质量问题。有俄罗斯学者指出,俄罗斯高等教育机构的从业人员往往将较多的精力投入地方性、政府性的行政或者教学工作中,而较少关注全球学术系统的动态[1],在学术竞争中取得成就对于他们来说显得诱惑力不足。在俄罗斯高等教育系统内部,校与校之间的水平分化趋势也日益凸显。莫斯科大学在ARWU榜单中连续五年位列世界前100名,而同样是国家重点学府的远东联邦大学、南乌拉尔国立大学等校的排名却连年止步不前[2],这也体现了俄罗斯高校的治理水平差距。20世纪末,日本政府、社会公众和一部分学者认为,日本高校具有强烈的回避社会责任的倾向,而且未能培养出适应日本经济社会发展需求的人才。进入21世纪,日本需要的是能够适应全球化的创新型人才,传统的高校办学模式无法满足这一需求[3]。当时日本高校内部的学术沟通渠道颇为不畅,在一项研究中,有64%的日本高校教师认为自己"专注于单一学术领域",同时他们还强烈地拒绝他人对自己科研的评价[4]。韩国的高校内部治理一度受到政府的行政干预,像招生数额、学生入学和教师人事管理等方面的事宜在1995年前均由韩国政府决定,但此种方式并未使韩国高校的教育与科研质量得到明显提升,尤其是政府直接管制下的韩国国立大学财政体制不适应现代市场经济,使韩国的国立大学无法按照自身的发展需要获得类型适切、数量充足的资源支持。

东北亚高校内部治理现代化的实质有效性问题主要与下列不利条件有关:其一,高校内外部的权力制衡问题,可以看到,在高校内部治理中,无论是纵向的行政控制过强,还是横向的学术控制过强,都不利于高校内部治理质

---

[1] YAROSLAV KUZMINOV,MARIA YUDKEVICH,韩梦洁.横向学术治理与纵向行政约束的博弈——俄罗斯大学治理模式变革案例分析[J].中国高教研究,2016(5):73-76,80.
[2] 肖甦,朋腾.俄罗斯高校离世界一流还有多远?——基于世界大学排行榜最新结果的分析[J].教育科学,2021,37(2):75-81.
[3] 程敏.日本世界一流大学建设评价推进机制研究——以"全球顶尖大学计划"为例[D].扬州:扬州大学,2021:18.
[4] 金子元久,徐国兴.大学教师文化的日本特征:传统、现实及变化趋势[J].北京大学教育评论,2021,19(3):2-20,188.

量的提高;其二,高校内部治理与经济社会发展脱节,不能胜任现代社会对高校公益性责任的要求,不能适应现代市场经济的条件,导致体制机制僵化;其三,办学资源短缺,依靠单一的(主要是国家)资金供应渠道的高校,常常面临财政自主程度低下和额度不足的困扰,这使校与校之间的办学质量差距持续拉大,损害了许多学校进行内部治理改革的积极性;其四,如果高校内部不能形成有助于强化组织向心力、凝聚力的组织文化,将会影响高校内部治理的主体效率,在这方面,"学术原理主义"和"学术门阀主义"曾给日本国立大学的内部治理带来严重的消极影响;其五,高校作为独立办学整体的自主性问题,现代标准下的高校内部治理要求高校能够灵活、迅速地根据现实需要调整治理行为,如果高校不具备切实的治理自主权,就难以适应瞬息万变的现代经济社会局势。

相较于形式有效性问题,东北亚国家更关注高校内部治理现代化的实质有效性问题。为了解决高校内部治理的僵化、低效等问题,东北亚国家一般从以下几个方面入手:其一,强化高校内部治理的形式有效性,进一步完善高校的内外部治理结构,在高校内部设计和建设规范权力运行、扩大民主参与的体制机制,在高校外部构建严密的监督和评估体系,从制度的角度确保高校具备完善的现代高校治理功能,并且能够对该功能的实现情况进行持续、有效的监测;其二,提高高校内部治理系统的开放程度,"软化"和"活化"高校的内部治理体系,并引入校外力量的支持。通过落实《国立大学改革创新报告》和执行《研究型大学强化促进计划》《国立大学公司运营体系》等方案,日本国立大学与企业、海外高校的交流合作水平得到了大幅提高,国立大学的内部治理结构也更加开放化,为国立大学筹措资金和发挥社会影响力提供了便利[1];其三,增加对高等教育的投入,一方面通过卓越高校建设计划提高对高水平高校的政策和资金扶持力度,如俄罗斯实施"5-100"计划、韩国实施"BK 21"工程,均是将大量的资金注入本国的几所高水平学府中,用以提高其国际竞争力,另一方面,强化高校自身的资源筹措能力和有效配置利用资源的能力,避免浪费资源的现象。

---

[1] 王佳桐,付八军.开放式创新战略背景下日本大学产学合作政策及其启示[J].中国高校科技,2021(4):53-57.

第六章
启示:我国高校内部治理现代化的应然选择

一、我国高校内部治理的变革趋势与现存问题

以俄、日、韩的高校内部治理现代化为参照,结合我国的高校内部治理现状,笔者总结了我国高校内部治理的变革趋势及现存问题。我国高校在内部治理变革的过程中,也遭遇了俄、日、韩三国的高校内部治理现代化过程中所遭遇的部分问题,同时也体现了我国的历史传统和体制特色。

(一)理念调整:强调高校内部治理的价值理性

随着高校治理的研究和实践在我国的兴起,我国高校的办学主体也逐渐形成了关于高校治理的理念。我国高校的内部治理理念大致由三个方面构成:一是我国社会治理理念——"共建、共享、共治",该理念代表着我国社会治理的发展趋势,也必然影响到高校的内部治理,按照该理念的要求,未来我国高校内部治理的开放性、程序正义性和普惠性会得到进一步强化;二是我国的高等教育发展理念,包括新中国成立以来党和政府在高等教育发展上所积累的经验,其主要精神是体现高校的社会主义属性——坚持中国共产党的领导,服务于国家振兴和人民群众的根本利益;三是现代的学术治理理念,通

过在校内建立平权制衡机制、激发学术权力的活力,提高我国高校办学的自主性和学术性,"营造民主的、宽松的学术氛围,为科学创造提供良好的学术环境"[①]。总的来说,当前我国高校的内部治理理念比较强调高校作为学术组织的特殊性,凸显了学术治理的价值理性。

由以上所述可知,我国高校内部治理理念总体上正逐渐向开放化、公益化和学术本位化演变。这种趋势表明,我国在持续发展高等教育事业的同时,也形成了对高等教育和高等教育机构内在特殊价值的准确认识。正因为认识到了高校独特的发展规律,我国才能适时地放松对高校的过度约束,转而扩大高校的办学自主权,探索现代化的高校内部治理形式。

在我国高校内部治理理念的演变过程中,一些问题也涌现出来,其中最主要的是学术治理理念的发育问题。自1991年我国启动高校内部管理体制改革以来,在政策和法律意义上,我国高校的自主权和学校内部治理的学术理性就不断被强调,但在"政府放权"的情况下,"学校确权"工作还有待改善,其中存在的主要矛盾是高校内部行政权力与学术权力之间的矛盾。在行政权力泛化的情况下,"已经规定的办学自主权实际尚未到位,没有得到根本落实,改革的效果不能令人满意"[②],其原因是学术本位的治理理念仍未能在我国高校内部确立起坚实的地位,而校内治理主体也未能就这一理念形成共识。

(二)体系变革:构建中国特色的高校内部治理体系

在近30年的高校治理体系变革历程中,我国逐步建立了以"党委领导下的校长负责制"为核心的富有中国特色的高校治理体系。"党委领导"的原则是我国高校内部治理体系构建的出发点,在当前我国高校的内部治理工作中,党委把握着思想政治领导权、对重大问题与重大事项的决策权和对重大决议执行情况的监督权,并负有对学校发展的战略性、全局性、根本性问题做出决策的重大职责。[③]在"党委领导"的原则下,我国高校的内部治理主要通

---

① 张应强,康翠萍,许建领,贾永堂.大学管理思想现代化研究[J].高等教育研究,2001(4):40-48.
② 甘阳,李猛.中国大学改革之道[M].上海:上海人民出版社,2004:214.
③ 顾海良.完善内部治理结构建设现代大学制度[J].中国高等教育,2010(Z3):18-20.

过以校长为首的行政系统和以学术委员会为首的学术系统来进行,同时,教职工代表大会、学生代表大会等民主性质的治校组织的作用也日益凸显。目前,我国高校内部已形成"党委领导,校长负责,教授治学,民主管理"的合理分工模式,在此模式之下,"两会制"、学院/学部制、学术委员会制、党政联席会议制等制度承担了具体的决策、执行、监督等职能。总体上看,这套制度体系是对传统的"权力一元"和"命令—服从"式的高校管理体制的突破,比较适合当今我国高校内部治理的实际需要。

有学者认为,建立现代高校制度的根本目的就是处理好高校内外部的各种关系,即府学关系和校内的政治、行政、学术和民主间的关系。[①]当前,在理想的情况下,我国高校的内部治理体系能够较好地兼顾决策、执行、监督等功能的实施效率和程序正义性,使各类权力主体、利益相关群体的诉求在高校内部治理的过程中得到合理体现,但在实际情况中,行政权力泛化的现象依然严重,越界侵袭其他权力运作场域的情况还时有发生。此外,学术权力和民主权力在高校内部的地位还有待巩固,高校的学术人员往往要借助行政级别参与重大决策,教职工代表大会、学生代表大会的功能尚需落实到位。

(三)能力发展:促进高校治理能力的现代化

有学者认为,如果将高校的治理体系看作骨骼,那么高校的治理能力就是血肉。高校的治理能力以治理体系为载体,是治理体系的"外显"[②]。要使"血肉"和"骨骼"凝聚在一起,实现"高校治理"这一有机整体的生动化,就必须追求高校治理体系现代化基础上的高校治理能力现代化。目前,依靠以党委领导下的校长负责制为核心的内部决策体系和民主集中制的原则,我国高校及其基层行政、学术治理组织形成了自主化的有效率的决策能力;在决策执行方面,通过对"校-院-系"三级执行体系的完善和对学部制的探索,我国高校基本建立起了畅通的命令执行和意见反馈渠道;在监督方面,我国高校内部的诸多制度都蕴含着监督和制衡的机能,而最主要的监督对象就是有着

[①] 方明,谷成久.现代大学制度论[M].合肥:安徽大学出版社,2007:1.
[②] 章竞.大学治理体系与治理能力现代化建设的内涵与切入点[J].中国高等教育,2014(20):12-14,32.

泛化倾向的校内行政权力,除了要制约行政权力对其他类型权力运作场域的干扰,还要防范由此而生的高校廉政风险;在保障方面,我国高校在内部治理改革上获得的政策和法律支持比较充足,高等教育的成本分担模式也大大缓解了高校的资金压力,并促进了高校财政自主权的扩展。此外,在"尊师重道"的传统风气影响下,我国高校还通常享有社会公众的舆论支持。

总体上看,促进高校内部治理能力发展,就是通过解决高校内部治理的形式有效性问题,强化高校内部治理的实质有效性。当前,我国高校的内部治理结构相对完善,具备了充分发挥现代高校治理功能的潜能。在未来一段时间里,我国高校需要充分激发既有制度的效能,使预期的治理能力体现出来。目前,部分高校还存在着实际决策情境中"党委领导"与"校长负责"之间、行政权力与学术权力之间、学校与二级学院之间的种种矛盾冲突,以及对学校发展战略的共识不足、执行的科学性和规范性不强等问题,[①]需要我国高校本着效率原则和尊重学术治理规律的态度来发展治理能力。

二、我国高校内部治理现代化的应然选择

(一)平衡高校内部治理现代化的工具理性与价值理性

福泽谕吉曾说:"越是'后进'国,越具有目的意识。因为在那里,事先有了近代化的模式,只是以其目标来推进近代化。由于(这个过程)是'目的意识性'的,所以当然会带上较强的意识形态性格,亦即某种意识形态指导下的近代化。"[②]福泽谕吉所言的"后进"国家在追求近代化的过程中产生的"目的意识性",实际上也存在于当前东北亚国家这类后发现代化国家的现代化进程。这种"目的意识性"的国家现代化深刻地影响了东北亚高校内部治理的现代化。

---

① 李福华.论我国大学的战略执行力[J].江苏高教,2013(3):5-7.
② 丸山真男.福泽谕吉与日本近代化[M].区建英,译.北京:北京师范大学出版社,2018:174-175.

第六章　启示:我国高校内部治理现代化的应然选择

　　东北亚高校内部治理的现代化,是以欧美高等教育强国的高校治理模式及其治理水平为标杆的,而东北亚国家启动这一进程的更高层次的考虑,则往往是谋求以高等教育机构的卓越促进国家的卓越,因此可以说,东北亚高校内部治理现代化是在国家利益至上的意识形态指导下的现代化。东北亚高校内部治理现代化的这种"目的意识性",在较短的历史时期内帮助东北亚高校大大缩短了与世界一流高校治理水平的差距,使东北亚高校具备了相对健全的内部治理要素,但它也导致了东北亚高校内部治理强烈的国家主义倾向,使其易受国家政治权力的干涉,并且对现今情势多变的外部环境产生不适。这也证明,"目的意识性"对于东北亚高校的内部治理现代化来说是具有很大的指导意义的,但是随着时代的进步,它也需要"维护"。"维护"的行为既包括"修理"——赋予"目的意识性"在未来仍能发挥作用的部分以现代意义,也包括"更新"——为"目的意识性"增添之前不曾具备、但现在所迫切需要的成分。

　　对于我国高校来说,"修理"的行为主要针对的是内部治理现代化中的国家主义元素和"追赶者"心态。国家主义的高校内部治理,可以规范高校的职能发挥,使其符合国家和社会的利益,但同时也可能与高校的独立自主精神产生矛盾。在未来,我国高校必然会继续坚持国家主义的办学路线,但考虑到现代知识生产模式的复杂化、专业化,国家主义对我国高校内部治理的要求将会越来越原则化、基本化,而不是谋求渗透到高校办学的方方面面。只要我国高校的内部治理整体上符合国家利益的需要,就不应受到过多的外部政治权力的干涉。至于"追赶者"的心态,则要从对欧美高校的"亦步亦趋"逐步调整为对世界一流水平的追赶,追求卓越而不追求模仿。

　　就"更新"来讲,过去我国高校内部治理现代化的"目的意识性"中,比较缺乏对高等教育和高校独特发展规律的认识和尊重,在高校内部治理革新上往往重"政治论"而轻"认识论"。但在今天,任何高等教育机构如果想要跻身世界一流行列,就不能不重视在教育、科研及其他学术活动上取得突破的可能性。如果忽视和违反学术的发展逻辑——高等教育机构自治和学术自由,那么这种可能性将不复存在。因此,我国高校需要遵循高等教育、高校的发展规律和学术的发展逻辑,并将其融入内部治理现代化的"目的意识性"之中,使这一过程能够以符合规律、可持续的状态来进行。

(二)强化高校内部治理现代化的系统性

高校的内部治理现代化是理念、体系和能力协调并进的过程,同时这一过程也是附属于整个国家治理现代化系统的子系统之一,因此高校内部治理的现代化应是一个体现系统性的过程。

唯有实现了理念、体系和能力现代化的协调并进,我国高校的内部治理现代化才能较好地实现改革的目标,并且展现出一定的效能。根据俄罗斯高校内部治理现代化的教训,强行突出高校内部治理的制度体系变革,忽视理念革新的作用,置内部治理能力的表现于不顾,只能导致高等教育整体质量的萎靡不振。而日本的国立大学法人化改革就是一个凸显了"整体性"的过程,改革经历了漫长的争论和研究,拥有严密的实施方案,涉及立法、周期性评价等多个方面,因而能够有效促进日本国立大学整体水平的提升。

前文已提及,东北亚高校的内部治理现代化是从属于东北亚国家治理现代化进程之中的,因此,我国政治、经济、文化、社会等方面的发展也深刻地影响着我国高校内部治理的现代化。目前,我国高校进行内部治理实践的直接动力是政府在公共行政上的新公共管理化,政府角色的转变赋予高校以更大的自主权和更多自主活动的空间,使其能够合法地由政府下设的行政隶属机构转变为具有法人身份和一定办学自主权的学术性机构。我国经济社会的迅速发展则为高校的内部治理现代化提供了资源支持。随着高等教育市场规模的不断扩大,我国高校越来越具备进行自主经营的条件,我国的民间企业、社会团体和个人也越来越具有投资高等教育的兴趣和能力。社会主义文化的发展和繁荣也塑造了可靠的公民社会,使得我国高校外部产生了多元化的有参与高校内部治理意愿和能力的利益相关群体,他们积极投身到我国高校内部治理的优化过程中,极大地提升了我国高校内部治理的透明度和开放度,并且对我国高校履行社会责任起到了监督作用。

由此来看,我国高校的内部治理现代化不仅要注意理念、体系和能力现代化的协调并进,也要明确国家治理现代化对这一进程的强大辐射作用,以整体的视角看待和推进这一进程的发展。

(三)须破除对高校内部治理现代化"道路唯一"的迷信

我国高校应从自身实际情况出发,合理规划自身在"世界高等教育生态系统"中的生态位[①]。前文讲到,东北亚高校内部治理现代化的起源是对欧美国家高校内部治理的模仿,其目的是使东北亚高校的内部治理水平能够追平乃至超越被模仿对象。从逻辑上讲,如果只是单纯地进行模仿,完全以被模仿对象的方式去行事,那么东北亚高校内部治理水平发展的上限就是被模仿对象在被模仿时的水平,而且这还是理想化的结果。因此,照本宣科地引入欧美国家的高校治理模式,是无助于我国高校在内部治理水平上寻求突破、跻身世界一流行列的。我国与欧美国家的政治、经济和文化状况有天壤之别,不可能为高校内部治理提供如欧美一般的发展环境,也就难以使这些"舶来品"发挥出理想中的作用。

哈耶克认为,"良好的社会……应依赖于一套复杂的法律、道义传统和行为规则的框架,这套框架的特点应该为大多数社会成员所理解和认同"[②]。以此类推,"良好的高校内部治理框架"也应该为大多数高校利益相关群体所理解和认同,这些理解和认同是建立在"复杂的法律、道义传统和行为规则"的基础之上的,这个基础显然只有通过国家现代化才能铸就。因此,我国高校内部治理的现代化,应该走"扎根中国大地办教育"的路线,既遵循教育的基本规律,也符合中国特色社会主义体制的要求。[③]除此之外,以模仿别国为主要路径的高校内部治理现代化,还可能使我国被动地接纳被模仿国输出的高校治理价值观乃至其背后的政治意识形态[④],影响我国高校内部治理的正常秩序和国家安全。因此,具有"道路唯一"特性(尤其是以模仿别国的道路为

---

① 潘黎,邢颖.德国"卓越大学"理念嬗变及对我国"双一流"建设的启示[J].教育科学,2020,36(1):66-72.
② 弗雷德里希·奥古斯特·冯·哈耶克.通往奴役之路[M].王明毅,等译.北京:中国社会科学出版社,1997:3.
③ 马陆亭,刘承波,张伟,鞠光宇.中国特色社会主义教育发展道路的历史总结[J].教育科学,2020,36(3):25-33.
④ 杜岩岩,刘玉媚.俄美欧中亚跨境教育的战略构想及实施策略[J].教育科学,2020,36(6):61-68.

唯一路径)的高校内部治理现代化路径并不可取,我国的高校内部治理现代化需要以我为主、博采众长。

(四)强化治理能力,兑现制度效能

所谓治理能力,简而言之就是治理体系实施治理行为、达成治理目标的能力。治理体系决定和影响治理能力的发挥,而强化治理能力则往往构成治理体系自我改革和重构的前提。[①]前文曾说到,东北亚高校内部治理现代化伴随着强烈的功利主义倾向,即追求制度的实际功效而不是表面形式,这与"治理能力现代化"的精神是不谋而合的。早在2010年,我国就提出要将发展高等教育的重点放在提高质量上,2015年又确立了"双一流"建设计划,以提升我国高等教育的国际竞争力和话语权为目标,促使我国由高等教育大国向高等教育强国转变。[②]这一系列旨在提升我国高等教育质量的计划,需要我国高校以高水平的学校内部治理能力来做支撑。

经过数十年的制度建设探索,目前我国高校基本上建立起了要素齐全、功能完善的内部治理体系。将内部治理现代化的主要精力从制度体系的建设完善转移到激发制度体系的效能上,并且强化自身的治理能力,是我国高校在很长一段时间内将面临的挑战。俄罗斯高校能在很短的时间内抛弃旧有的僵化的体制并全面引入西式高校治理模式,却未能挽救高等教育质量的颓势,被迫走上继续改革的道路,这证明看上去先进但不具备效能的制度体系,不能为高校内部治理的现代化提供助力。帕森斯提出,判定社会系统是否在进化的标准,除了要观察其子系统是否发生了分化之外,更应留意该系统"驾驭外部复杂环境的能力"有没有提高,它的整合度有没有提高,它所传达的价值有没有普遍化。[③]也就是说,像高校这样的社会系统,它内部的子系统也许分化到了令人叹为观止的精致程度,但如果它在面对外部环境时没有表现出能力上的进步,其内部运作的制度、组织文化等因素难以获得普遍的认可,那么这也不能视为发生了"进化"。

---

① 魏治勋."善治"视野中的国家治理能力及其现代化[J].法学论坛,2014,29(2):32-45.
② 王美,曲铁华.我国高等教育政策的历史演进、现实困境与疏解策略[J].教育科学,2021,37(2):69-74.
③ [美]塔尔科特·帕森斯.社会行动的结构[M].张明德,夏遇南,彭刚,译.南京:译林出版社,2003:215.

第六章　启示:我国高校内部治理现代化的应然选择

总而言之,在强烈的国家主义、工具理性的指导意识的作用下,以及现代知识创新领域中重视产出、重视应用的原则的要求下,我国高校必须在内部治理现代化的过程中努力激发自身的制度效能,不断取得足以证明自身治理能力处于进步状态的成果。

(五)谨慎对待高校内部治理现代化进程中的权力失衡现象

权力失衡是东北亚高校内部治理中的一个普遍现象,它通常指政治/行政权力在东北亚高校内部治理中的过度膨胀并引发的一系列治理危机,比如官本位问题、权责利关系纠结不清、校内学术人员独立学术地位的软弱化等。这些危机严重影响高校内部治理的效率,并且侵蚀了高校的本来目标和理念。[1]

我国高校的内部治理也长期存在权力失衡的现象,这是多重因素综合作用的结果,包括国家主义高等教育发展路线和法制建设进度滞后等。新中国成立以来,我国高校长期处在国家权力机关的直接控制下,通过对国家体制的复制形成了等级森严、上传下达的"命令—控制"式行政体制,使得高校外部的国家政治权力和高校内部以校长等行政人员为代表的行政权力能够轻易地主导学校的管理。正因如此,我国高校内部治理中由于政治/行政权力的过度膨胀而引起的权力失衡问题长期以来难以根除。

为了解决权力失衡的问题,我国高校采取了很多措施,大体上包括以下几方面:一是加强法律体系建设和学校章程建设,对高校内部行政、学术和其他类型权力的界限做出明确的规定,否决高校内部权力越俎代庖现象的合法性;二是通过高校内部的制度设计实现各类权力的制衡,比如在高校的重大事务决策上实行党政联席会和校长办公会制,制约核心权力主体的影响力,防止个人独断专行;三是强化学校的学术治理系统,提高学术人员的地位和作用,主要通过落实学术自由的原则,划清校内行政事务和学术事务的界限,防止学术人员的行政化和行政权力对学术事务的任意干涉;四是扩大高校内部治理的参与度,将校外人士引入高校的决策、监督体系之中,同时也提高学

---

[1] 方芳.大学治理结构变迁中的权力配置、运行与监督[J].高校教育管理,2011,5(6):16-20.

生、教职工等校内群体的话语权,使高校的权力体系保持开放。

我国高校内部治理中的权力失衡问题必须谨慎对待。除了采取上述几个方面的方案解决这种问题外,还应基于权力的具体作用和高校内部治理的实际需要进行考虑。政治权力和行政权力在我国高校的内部治理中起到的是规范、服务的作用,它们的过度膨胀固然有害,但盲目地对这两种权力进行消解和压制也不明智。我国高校内部治理的核心属性是为一定社会政治服务、为代表人民利益的政党和国家服务,[①]如果缺少政治权力的监督和引导,那么会造成两种情况:一种是盲目逐利、治理失序,另一种是高校逐步脱离社会、拒绝变革、封闭保守。这两种后果显然不是我国高校内部治理现代化所追求的。再者来讲,高校内部的政治权力还有其特殊的作用,是确保学校办学路线正确的关键,其地位的稳固性不应受到任何怀疑。而在对行政权力的处理上,我国高校应选择"既强化又规范"的手段,"强化"指的是强化校长的权力,构建起科层式的学校行政系统,以有效应对高校所需处理的日益庞杂的行政事务;"规范"则是积极引导高校内部的行政权力走为学术权力提供保障和服务的道路,使其相互配合、相得益彰。

简言之,"谨慎对待"意味着要解决权力失衡所带来的消极影响,需要变革主体本着利好于我国高校内部治理现代化的考虑来促进这一过程。

---

① 康翠萍,苏妍,刘璇.政策性与法律性统一:新时代教育发展规划之应然范式[J].教育科学,2021,37(2):46-53.

后 记

本研究聚焦于东北亚国家高校内部治理的现代化历程,通过呈现东北亚高校个性化的内部治理现代化实践路径,总结东北亚高校内部治理现代化的共同趋势,解析东北亚国家高校内部治理现代化过程的代表性方案、既有成就和经验教训,揭示东北亚高校内部治理现代化的内在规律,以期为我国及世界上其他后发现代化国家在高等教育、高校内部治理现代化上的探索提供文献上、理论上和视角上的思考与借鉴。

本研究围绕"东北亚高校内部治理现代化"这一主题,应用现代化理论与治理理论的相关观点,并以区域比较研究的视角揭示东北亚高校内部治理现代化的基本经验与内在规律,为我国的高等教育治理提供思考和借鉴。本研究的主要观点包括以下四点:

第一,东北亚高校内部治理现代化是一个沿着"理念更新→体系更新→彰显能力"的路径展开的历史过程,而"理念现代化""体系现代化"和"能力现代化"之间的循环关系,代表了整个高校内部治理现代化的过程。其中,高校内部治理的理念引领高校内部治理的价值取向和价值选择,高校内部治理体系设计和实施中蕴含着设计者所预期的制度效能,并直接决定着高校内部治理能力的高低。高校内部治理能力在发挥制度、体系效能并体现治理的成果的同时,又充当了能够反作用于治理理念的反馈机制,使得相关的主体能够不断地在这一过程中提高理念与实践间的契合度。

第二,东北亚高校内部治理在"理念""体系"与"能力"现代化方面具有某些共同特征。在理念现代化方面,东北亚高校内部治理普遍拥有体制完备的、以中央政府为核心的国家政治架构,国家主义理念是东北亚高校内部治理普遍的基本框架,同时吸收了法人治理、企业化经营等经验,促进了内部治理的公益化、独立自主化和运营化。在体系方面,东北亚高校以顶层制度设计为起点,重视通过建章立制的手段使各类权力的运行趋于规范化,并且进行了一系列具有创新性的制度实践。在能力方面,东北亚高校致力于在内部治理的主要环节——决策、执行、监督和保障上提高效率、发扬民主和扩大参与,以促进高校内部治理的民主、法治、公开等属性的形成和强化,实现高校内部治理效益度、合法性的相互促进。

第三,东北亚高校内部治理现代化是在引进别国模式并促使其本土化的基础上展开的,在内部治理的过程中存在着"治理有效性"的问题。东北亚高校内部治理现代化主要存在四个方面的问题:其一,东北亚高校内部治理的纵向行政控制与横向学术控制都过强,不利于高校内部治理质量的提高;其二,东北亚高校内部治理自身对于治理理念和制度的理解不充分,部分学校的治理主体将学术自由、民主治理等原则视作争权夺利的工具,缺乏对这些理念和制度的敬畏感,在执行过程中容易产生较大偏差;其三,东北亚高校内部治理的法制建设工作滞后,往往依据先行的政策方针进行内部治理改革、推行先进的治理理念和制度,但相关的法律、章程的制定和实施进度通常有所滞后,使得东北亚高校在执行制度的过程中缺少明确的合法依据,造成东北亚高校内部各类组织间权、责、利关系不明晰;其四,东北亚高校内部治理的平权制衡机制尚待健全,对高校内部治理的开放度、民主性有所损害。

第四,中国高校的内部治理变革深深地根植于我国的历史传统和体制特色之中,也遭遇到了东北亚高校内部治理现代化过程中的部分问题。中国高校内部治理现代化应平衡高校内部治理现代化的工具理性与价值理性,在理念、体系和能力等方面强化高校内部治理现代化的系统性,从自身实际情况出发合理规划自身在世界高等教育生态系统中的生态位,强化治理能力,兑现制度效能,谨慎对待高校内部治理现代化进程中的权力失衡现象。

东北亚高校内部治理现代化研究是一个非常复杂又兼具系统性的研究域。东北亚国家的高校治理变迁和路径差异较大,政治、经济、文化等方面存在着诸多的深层影响因素,尚需进行多学科的阐释,这也是未来本研究努力深化和探索的方向。

后 记

本书是笔者带着三位博士生历经三年多的时间合作完成的作品。其中，阮航承担了主要的撰写工作并负责全书统稿，于一帆撰写第三章，张赫撰写第四章。在此谨向所有在研究过程中提供宝贵意见的专家学者致以深深的谢意，向西南大学出版社钟小族老师在审稿、编校过程中给予的指导表示衷心的感谢！

杜岩岩
二〇二三年六月